中国百村调查丛书

『九五』国家社会科学基金重点项目

『十一五』国家社会科学基金重点项目

『十五』国家重点图书出版规划项目

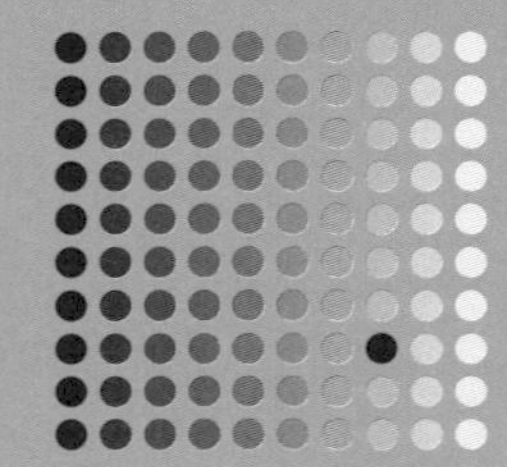

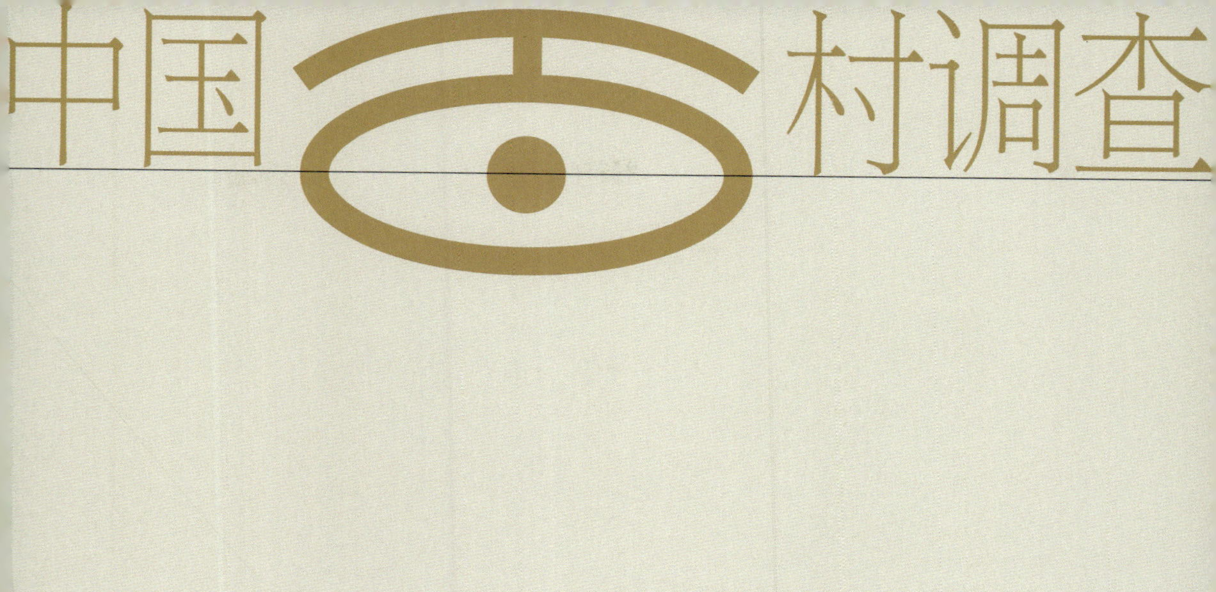
中国
村调查

中国百村调查

中国百村调查丛书 · 巡检村

嬗变中的古村镇

湖北省应城市巡检村调查

The Old Town in Changing

李咬明　水延凯/主编

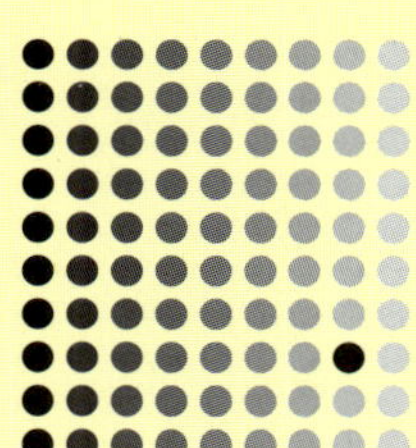

社会科学文献出版社
SOCIAL SCIENCES ACADEMIC PRESS (CHINA)

第一篇　总调查报告

第一章　概述

第一节　历史沿革　苏格清

第二节　村镇特点　苏格清

第三节　区位条件和资源　苏格清

第四节　人口和劳动力　程万波

第二章　经济制度和经济结构

第一节　经济制度　袁学清

第二节　产业结构　李圣桥

第三节　户村经济　李圣桥

第四节　打工经济　李圣桥

第五节　农村金融　袁学清

第三章　村级组织和村务管理

第一节　发展历程　鲁以雄

第二节　村党支部　鲁以雄

第三节　村委会和其他组织　鲁以雄

第四节　村务管理　鲁以雄

第五节　巡检村现任领导班子　苏格清

第四章　文化、教育和卫生

第一节　农村文化　方显峰

第二节　农村教育　吴天元

第三节　农村卫生　鲁楚清

第五章　社会建设和社会治安

第一节　劳动就业　何　文

第二节　分配制度　何　文

第三节　社会保障　何　文

第四节　社会治安　詹檐鹏

第六章　婚姻、家庭和生育

第一节　婚姻　金亚慧

第二节　家庭　周　乾

第三节　生育　曾晓娥

第七章　基础设施和居民住宅

第一节　农业基础设施　熊主武

第二节　公用基础设施　熊主武

第三节　居民住宅　熊主武

第二篇　专题调查报告

认真搞好人口和土地调查　水延凯

村民收入影响因素分析　王　莉

糯稻之乡的新探索——巡检糯米协会调查　方显峰

协会+基地+农户的养猪模式——巡检养猪协会调查　方显峰

发展中前进　变革中壮大——巡检村运输业调查　苏格清

宝贵的资源　可怕的浪费——巡检村土地浪费调查　何　文

九年一贯制的巡检学校　吴天元

巡检的社区精英　王慧雄　苏格清　鲁礼信　彭学军　程万波　何　文

第三篇　问卷调查报告　水延凯

中国百村调查

巡检村委会办公楼

巡检村示意图

湖北九盛种猪有限公司

巡检村渡口和渡船

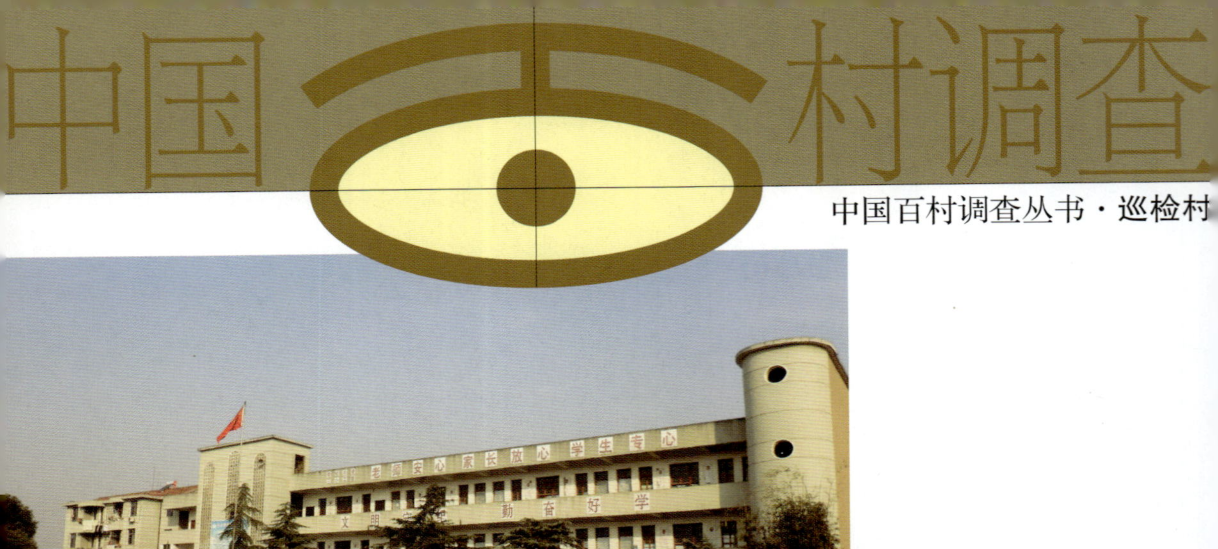

巡检村初中教学楼

享有“糯米之乡”美誉的巡检高产优质稻田

丰江米业

巡检村集贸市场

巡检村新街

《中国百村调查丛书·巡检村》编辑委员会名单

《中国百村调查丛书·巡检村》编写组成员名单

主　　编　李咬明　水延凯

副 主 编　王顺利　苏格清　何喜元

调研和撰稿人员　（以姓氏笔画为序）

王　莉　王慧雄　方显峰　李圣桥　吴天元
何　文　周　乾　金亚慧　袁学清　彭学军
程万波　鲁以雄　鲁礼信　鲁楚清　曾晓娥
詹檐鹏　熊主武

调查人员　（以姓氏笔画为序）

王会斌　代海峰　朱华臣　严俊波　肖建祥
冷兴旺　邹玉芳　张云峰　张望忠　张淑娥
陈金清　陈清波　邵庆辉　周映兵　罗海平
郑江帆　胡　慧　袁胜华　徐　哲　黄爱美
彭应兵　鲁　新　曾凯军　鄢忠亮　蔡俊雄
熊　燕　熊喜望

数据处理和校对人员　（以姓氏笔画为序）

王　莉　张　冉　郑江帆　胡　慧　柳祥珍

测绘人员　（以姓氏笔画为序）

王　文　李进明　吴　强　张丽芳　郑立新
胡子龙　饶　凯　洪远龙　殷　波　殷进平
龚无名　彭伍发

摄影人员　（以姓氏笔画为序）

水延凯　苏格清　彭学军　鲁以雄

总　序

中国百村经济社会调查，是继全国百县市经济社会调查之后，又一项由中国社会科学院组织协调的大型社会调查研究项目。进行这项大规模调查研究的目的，是为了加深对我国国情的认识，特别是为了加深对我国现阶段农民仍占总人口70%的农村社会的认识。

1988年初，中共中央宣传领导小组提出，为了拓宽拓深对社会主义初级阶段理论的认识，要进行国情调查。中国社会科学院承担了这项工作，指派专业人员进行策划、拟定开展国情调查的方案，并于1988年4月在全国社科院院长联席会议上，向全国社会科学界发出了“开展县情市情调查”的倡议，得到了各省、市、自治区社会科学院、党校、高校和政策研究机构的响应和支持，并得到国家社会科学基金会的资助，被列为“七五”国家哲学社会科学重点课题（以后又列为“八五”国家哲学社会科学重点课题），从此，此项大规模的国情调查就在全国31个省、市、自治区开展起来。

1988年8月，在全国范围内选定了41个县市作为国情调查的第一批调查点。8月在郑州召开了首次国情调查协调会议，会议主题是讨论如何开展此项调查，怎样选点、怎样调查、调查内容和调查方法，与会代表对此项国情调查的重要意义和目标作了进一步的讨论，还就如何组建调查专业队伍等问题交流经验；会议还讨论修订了统一的县、市情调查提纲和调查问卷。

1989年5月24~25日在南京召开了第二次国情调查协调会议。会议是在南京师范大学开的，由当时中国社科院分管政法社会学片的副院长

郑必坚同志主持，会议集中讨论了本次国情调查成果的编写方针问题，与会者结合已写成的《定州卷》等初稿，进行了热烈争论。最后确定，国情丛书的编写方针是，以描述一个县（市）1949年以来，特别是改革开放以来的政治、经济、社会、文化的发展状况为主的学术资料性专著。实事求是，以描述为主，要具有科学研究价值、实用价值。会议还决定，本丛书正式定名为《中国国情丛书——百县市经济社会调查》。

1990年8月在北京西郊青龙桥军事科学院招待所召开了第三次国情调查协调会议。出席这次会议的有总编委会的主要成员和各地分课题组的负责人共80余人。会前中国社科院党组决定了总编委会的组成人员，主编丁伟志，副主编陆学艺、石磊、何秉孟、李兰亭，何秉孟和谢曙光分别为正副秘书长。经过多方协商，丛书由中国大百科全书出版社出版，出版社总编辑梅益等领导同志给予了极大的支持，并于1991年成立以谢曙光同志为主任的中国国情丛书编辑部，专事于这套丛书的编辑出版工作。该编辑部后来成为总编委会事实上的日常办事机构。

本次会议的主题是研讨如何定稿。丁伟志同志在会上提出了这套丛书要在坚持正确的政治方向的同时，坚持严肃认真的科学态度，从实地调查到写作、定稿都要贯彻真实、准确、全面、深刻的方针，并为此作了详细的阐述。经过讨论，大家一致通过这个方针，认为这是实现这项大型经济社会调查既定目标的保证，也是检验每项调查、每本书稿的标准。为了保证丛书的质量，会议还确定，各地的书稿定稿后，先送总编委会，由总编委会指定专家进行审阅，通过后再交出版社编辑出版。本次会议还就第二批调查点的布点问题作了认真部署。

青龙桥会议以后，各课题组对初稿按总编委会的要求进行了认真修改，第一批书稿陆续送到北京。经何秉孟同志为首的专家审稿组的认真审阅，丛书编辑部编辑加工，第一本《中国国情丛书——百县市经济社会调查·定州卷》于1991年4月正式出版。20世纪30年代，社会学家李景汉教授曾写过《定县社会概况调查》，定州卷则是描述了30年代以来，特别是1949年以后40多年的经济社会的变迁状况。

1991年4月，总编委会在河北省香河县中国科学院大气物理所的工作站召开了第四次国情调查协调会议。其间，国情调查的第二批点 21 个县市的调查已在各地展开，会上总结了国情调查 3 年来的经验和教训，对第一批点还未定稿的几个县市作了如何扫尾的安排，对第二批点的调查和写作提出了规范化的要求，特别强调从第二批点开始，都要求对城乡居民进行 500～700 户的问卷调查，此后问卷由总编委会统一印制，抽样、调查方法由总编委会数据组统一规定。经过大家讨论，认为强调县市调查要有居民家庭问卷调查，这是使本项调查更加科学规范，并能获得更深层第一手资料的保证。大家一致同意，从第二批调查点起，没有城乡居民家庭问卷调查及其数据分析的，不能通过评审和出版。会议上总编委会对第三批调查作了部署。

1991 年 9 月总编委会在中国社科院报告厅举行了《中国国情丛书——百县市经济社会调查》定州卷、兴山卷、诸城卷、海林卷、常熟卷首批 5 卷成果发布会。丛书总编委会顾问邓力群、中国社科院副院长刘国光、著名学者陈翰笙等专家学者与上述 5 卷的主编和调查点的党政负责同志共百余人出席了会议。著名经济学家董辅礽、文献专家孙越生等学者对丛书首批成果作了评述。专家们对这项大型国情调查首批出版的成果都表示了充分的肯定和赞赏。从此，这套丛书就在国内外公开发行。

1993 年 7 月，总编委会在中央党校召开了第六次国情调查协调会议。在会前，考虑到此项国情调查已经进行了 6 年，各地涌现了一批从事此项调查的专业骨干，他们都有继续长期进行国情调查，并作进一步研究的希望和要求，为了便于交流和研讨问题，经过酝酿并得到中国社会科学院的批准，决定成立中国社会科学院国情调查研究中心，由陆学艺任主任，何秉孟、谢曙光为副主任，北京和各地的一部分专家（多数是从事此项调查的）为研究员，聘请丁伟志、邢贲思为顾问。在协调会议期间国情调研中心举行了成立大会。此次协调会主要是研究讨论并解决调查点的调研、写作中的问题。考虑到前两批点，调查已经完成，但由于研究分析和写作、统稿等方面的原因，有些卷的质量达不到要求（有连续三次退回修改的），而调查的材料已有 3～4 年了，所以会议要求，第

一、第二批点未完成写作任务的，都要求再做新的调查，要把近几年的变化写进去。会议还布置了第四批点的调查。

到1994年底，有约50个县市完成了调研和写作，出版了30余卷。就全国范围说，100个县市调查的布点工作已经结束，但各地的课题组仍在继续进行调研和审稿工作。开始时总编委会商定，每个省市自治区根据人口区划的不同，部署2～5个调查点，要求选取不同经济发展程度，不同类型（山区、丘陵、平原等）和有各种代表性的县市，以求全面、准确地反映整体国情。1995年以后，总编委会根据各地调研的实际情况，又陆续批准了一些新调查点，以求填平补齐，使布点尽可能达到合理。另外还有一些是由于丛书出版以后，社会反响很好，有些市、县的领导主动要求列为调查点，如新疆的吐鲁番市、广东的珠海市等，总编委会根据总的布局平衡，也批准了一些新点，所以到最后全国一共布点108个。

1994年以后，总编委会的几位同志曾先后到湖北、新疆、广西、辽宁、山东、广东、江苏、云南、江西、海南、黑龙江等省区，同当地的社会科学院、党校的同志一起走访了这些省区被调查点县市的领导和群众，听取他们对丛书的意见，也参加一部分书稿的评审会或出版后的发布会。各地对本丛书调研、写作和出版都很重视，给予了很高的评价，有不少卷被当地评为社会科学优秀著作并获奖。

从1988年2月，中国社会科学院开始酝酿组织这项大型国情调查时起，直到1998年10月最后一卷出版，历时10年零8个月，终于完成了这项国情调查任务，这是中国自1949年以来进行的少数几次大规模经济社会调查之一。先后共出版了105卷，总数4000多万字。后来，经过总编委会和国情丛书编辑部的同志开会评议、协商，从中减去了5卷。所以，最后送交中国社会科学基金会作为最终成果的是100本。当时预定的目标，是希望通过对100个县市经济社会政治文化等方面的调查，对1949年以后特别是改革开放以来所取得的成就以及现代化建设中面临的各种矛盾、问题进行全面系统的调查研究，从多种角度、各个层面来提供第一手的真实准确的资料和数据，以便进一步摸准摸清我国的基本国

情，拓宽加深对于社会主义初级阶段理论的认识。可以说，这个目标是基本实现了。这100本国情丛书，每一本都是以描述一个县（或市）的历史和现实发展状况为主的学术资料性专著，它既可以作为制定政策和发展战略的依据，也可以作为全面研究基本国情或研究社会科学某一方面专题的资料，亦可作为进行国情教育的基础参考书，所以这套丛书既具有实用价值，又有科学研究价值。因为它是在20世纪80～90年代真实记录分布在全国31个省市自治区的各种类型、各种发展水平的100个县（市）的实际状况和发展轨迹，这些资料来之不易，十分珍贵，所以这套丛书又具有保存价值，历史愈悠久，其价值愈可贵。

国情丛书出版以后，受到国内外学术界的欢迎，被认为是社会科学界的一项很重要的学术资料基本建设，具有十分重要的学术价值。广东省社会科学院的一位领导说，将来这套丛书的资料和数据能培训一大批博士、硕士出来。实际工作部门的同志也很欣赏，诸城市委的领导在读了《诸城卷》之后，认为这部书是诸城的百科全书，应该是诸城干部特别是市委、市政府的领导干部必读的书，对熟悉市情，对做好工作，以及对外交流都很有意义。中国社会科学院在建院20周年，评选建院以来优秀成果时，给“中国国情丛书——百县市经济社会调查”颁发了特别荣誉奖。

国情丛书总编委会原来有个设想，在100个县市情调查告一段落以后，要组织相应的课题组，对这100个县市调查提供的资料和数据，分门别类，进行纵向的专题研究，写出如农业、工业、社会、文化、教育、科技等专题研究专著，最后进行综合研究，写出集大成的国情分析报告。20世纪90年代中期曾经启动过几项专题研究，但因人力、财力等各方面的原因，此项研究计划并没有付诸实施，这是美中不足的一个方面，有待以后弥补。

1996年，当百县市调查基本告一段落的时候，课题组内外的一部分专家提出，百县市经济社会调查是一项重大的学术成果，对认识国情有很重要的价值。但一个县市，上千、几千平方公里，几十万、上百万人口，所以，对县市经济社会的调查，总体上属于中观层次的调查。对农

村基层情况的调查还是比较少。而中国是一个农民占绝大多数的大国，改革开放以后，农村率先改革，这20年，农民变化最大，农村基层社会变化最深刻，这是决定中国社会主义现代化命运的基础，是弄清国情必不可少的。如能在百县市情调查的基础上，再做100个村的调查，从微观层次上对这些村乃至村里的每个农户在改革开放以来的变化状况加以调查，经过分析，全面系统地加以描述，形成村户调查的著作，这就更有意义了。百村调查是百县市经济社会调查的姊妹篇，两者结合起来研究，将相得益彰，对加深认识中国的基本国情，就更加完整了。对此建议，总编委会的几位同志经过反复研究，认为这个意见很好，而且很及时。于是做了两件工作：一是组织一个课题组，到河北省三河市行仁庄进行试点调查，形成村的调查提纲、调查问卷和写作方案，以便为将来开展此项调查作准备；二是在1997年7月写出了“中国国情丛书——百村经济社会调查”的课题报告，向国家社科基金会申请立项，基金会的领导同志认为这个创意很好，很有价值。但因为此时国家社科基金“九五”重点课题都已在1996年评审结束，立项时间已过，不好再单独立项。后来经过总编委会同国家社科基金会反复协商，基金会考虑到百县市经济社会调查课题组很好地完成了任务，考虑到再作一次百村调查是百县市国情调查的继续，很有必要。所以，于1998年10月特别批准了“百村经济社会调查”这个课题，将其补列为国家社科基金“九五”重点项目，并专门下批文确认，批文为98ASH001号。

“百村经济社会调查”立项后，受到各地社会科学界，特别是原来进行百县市经济社会调查的单位和专业工作者们的欢迎，至今已经有30多个单位组织了课题组，并已陆续选点、进点，开展了村情的调查。

“百村经济社会调查”的目的，同样还是为了加深对全国基本国情的认识，特别是要对全国农村、农民、农业的现状和发展有一个科学的认识。“不了解中国农民，就不了解中国社会”至今仍不失为至理名言。现阶段的农民境况到底怎样？他们在做什么？想什么？特别是他们将来会怎样变化？中国的农村将怎样实现社会主义现代化？不同地区的状况是不同的。我们要通过对不同地区、不同类型、不同发展程度的农村进行

调查研究，来描述、反映中国50年来农村、农业、农民变化的状况。

行政村是中国农民世世代代繁衍生息的最基本的地域单元，也是构成中国农村社会最基础层次的政治单元。20世纪80年代中期以后，农村实行了村民自治，由全体村民直接选举村委会主任和委员，组成村民自治委员会，实行民主选举，民主决策，民主管理，民主监督。十多年来，中国的村民自治已经取得了很大的成绩，积累了很多经验，造就了农村社会安定有序的政治局面。所以，党的十五届三中全会称赞村民自治是中国农民的又一个伟大创造。

行政村还是一个事实上的经济实体。它的前身是人民公社下属的生产大队。原来在政社合一体制下，既有组织生产经营的经济功能，又有行政功能。改革以后，农村实行家庭联产承包责任制，在生产大队一级组织村民自治委员会。法律规定，村委会是土地集体所有的承担者，是土地的发包单位。这些年实践的结果有多种情况，有些集体经济比较雄厚的村，在村民自治委员会以外，还组建有农工商公司或（合作）经济委员会，同受村党支部（或党委）领导，村是一个比较完整的经济实体，但这类村是少数。现在全国绝大多数村的状况是，村已不是完整的集体经济、生产经营单位，村作为集体所有土地的发包单位，把土地（包括山林等）分包给农户，农民家庭成为自主生产经营的实体。其中的一些行政村，还有一部分经济职能，对农业生产实行统一灌水排水、统一机耕、统一供种、统一植保等社会服务。而在经济不发达和边缘山区，行政村连这类社会化服务也办不到，只是一个基层的行政单位和土地发包单位。

从农村实行家庭承包责任制至今，已经二十多年了，总的发展是好的，农村有了很大的变化，但各地区村庄的发展过程和发展状况千差万别，农户分化的状况也是千差万别。我们这项百村经济社会调查，就是要通过对这100个村及其农户的调查，对这些村自1949年以来，特别是改革开放以来的政治、经济、社会、文化的变化过程、变化状况“摸准、摸清”，经过综合分析，通过文字、数据、图表把这个村过去和现在的状况如实地加以描述，既能通过这个村的发展展示农村50年、20年来发展

的一般规律，也能展示这个村特有的发展轨迹。

现在展示在大家面前的是一套与“中国国情丛书——百县市经济社会调查”有着天然联系的关于现实中国农村的调查研究成果，经与出版单位反复酝酿，最后定名为《中国百村调查丛书》，后缀所调查的村名。每本书有一个能概括该村庄内在特质的书名，如行仁庄是一个内发型村庄为基本特质的村落类型，我们就把这一卷定名为《内发的村庄》。

“中国百村调查丛书”同样是一项集体创作、集体成果。参加这项大型国情社会调查的，有国家和各省、市、自治区的社会科学院、大学、党校以及党政研究机构的社会科学工作者，同被调查地区的党政领导干部相结合，并得到他们的支持和帮助，并且只有被调查行政村的干部和群众积极配合，实行专业工作者、党政部门的实际工作者和农民群众三结合，才能共同完成这项科学系统的调查任务。

中国百村调查丛书
总编辑委员会
2000 年 12 月

序*

孝感是武汉城市圈的副中心城市，“依托武汉、服务武汉、融入武汉、发展孝感”，是孝感发展的总体思路。应城是孝感的重要组成部分，是武汉城市圈的组团城市之一，工农业基础雄厚，素有“膏都盐海”、“糯米之乡”的美誉。2010 年，应城糯稻发展到 32 万亩，其产量稳居全国籼糯县市第一。杨河镇是应城糯稻集中产区之一，巡检村则是应城糯稻生产、加工重要基地。

巡检是应城西北农业区的一个古村镇。随着时代发展变化，巡检村的面貌发生了巨大的变化。在孝感管辖区域的农村中，巡检村的经济社会发展处于中等水平，具有一定典型性和代表性。目前，巡检村的糯米生产和加工、肉猪和种猪养殖、机械动力运输这三大支柱行业，都有较好基础和光明前景；土地和劳力这两大资源，尽管数量有限，但都有较大潜力。只要有一个好班子带领，一定会有更好、更大的发展，一定会早日建成全面小康的新农村。

在《中国百村调查》总课题组的指导、中共应城市委市政府的支持和中共应城市委党校的配合下，中共孝感市委党校组织调查、撰写的《嬗变中的古村镇——湖北省应城市巡检村调查》，比较系统、全面地反映了 1949 年以来该村经济、政治、文化、社会等方面的变化，既比较充分地肯定了它的进步和发展，又实事求是地揭示了它的困难和问题，比较真实、具体地记录了该村半个多世纪的频繁变化，对研究中国中部地区农村具有重要参考价值。

---

* 本序作者潘启胜为中共孝感市委副书记、市委党校校长。

社会调查是中国共产党的优良传统，是识世之途，善政之基，正风之策，育才之道，悟人之术，是一切党政干部、社会工作者、社会科学工作者的基本功和必修课。愿我们共同在社会调查过程中，深解社情民意、增长知识才干、端正党风学风，把自己锻炼成为一个德才兼备、全心全意为人民服务的好干部。

潘启胜

2012 年 6 月 30 日

目　录

第一篇　总调查报告

目　录

目　录

第二篇　专题调查报告

第三篇　问卷调查报告

农民工的历史、现状和未来

——以应城市巡检村为例

一　农民工的历史回顾

农民工，是指进入第二、第三产业就业的农业户口劳动力（简称农村劳动力）。它有广义和狭义之分：广义的农民工包括两个部分，一是在本地从事第二、第三产业的农村劳动力，二是到外地从事第二、第三产业的农村劳动力；狭义的农民工主要是指后一部分农村劳动力。

"农民工"问题，实质上是农村劳动力流动进入第二、第三产业就业的问题。我国第一个五年计划时期（1953～1957年），为了适应工业化需要，农村劳动力曾通过招工等形式大批进入第二、第三产业就业。据统计，1957年全国第二产业从业人员2115万人，第三产业从业人员2356万人，分别比1952年增加了587万人和471万人，① 其中相当多的从业者就是从农村劳动力转移过来的。此后，由于城市出现食品供应短缺等问题，以1958年颁布的《中华人民共和国户口登记条例》为标志，国家实行了严格控制农村人口向城市迁移的政策，从而堵塞了农村劳动力向城镇流动就业的可能，形成了城乡分割的二元结构体制。

1978年改革开放后，特别是1983年中共中央、国务院发出《关于实行政社分开建立乡政府的通知》和实行家庭承包责任制后，随着农村人民公社解体，城乡二元结构体制松动，农村劳动力流动进入城镇第二、第三产业就业才再次成为可能。此后，随着改革开放的深入和社会主义现代化建设事业

① 国家统计局：《中国统计年鉴1996》4－2。http：//www. stats. gov. cn/ndsj/information/zh1/d021a。

的发展，农民工的人数越来越多，规模越来越大，在 1978～2011 年期间，其发展大体经历了 3 个阶段。

（一）“离土不离乡”阶段（1978～1992 年）

1978 年改革开放后，农业生产力得到迅速发展，乡镇企业异军突起，大量农村劳动力进入乡镇企业就业，开创了“离土不离乡”的农村劳动力转移模式。1984 年 1 月，中共中央《关于一九八四年农村工作的通知》指出，“不改变‘八亿农民搞饭吃’的局面，农民富裕不起来，国家富强不起来，四个现代化也就无从实现。”1985 年 1 月，中共中央、国务院颁发了《关于进一步活跃农村经济的十项政策》，取消了农副产品统购派购制度。这些政策的贯彻落实，既促使传统农业向专业化、商品化、现代化方向发展，又促进农村劳动力向第二、第三产业转移。据统计，到 1987 年，全国乡镇企业从业人员达 8805 万人，产值 4764 亿元，占农村社会总产值的 50.4%，第一次超过了农业总产值。[①] 这个时期，农村劳动力进入城镇务工经商的人逐渐多了起来，但是，从总体上看，仍以进入本地乡镇企业“离土不离乡”的模式为主，因而称之为“离土不离乡”阶段。

（二）“候鸟式民工潮”阶段（1992～2001 年）

从 1992 年开始，农村劳动力大量进入城镇务工经商，他们在城乡之间做“候鸟式”转移，春去冬回时形成波涛汹涌的“民工潮”。农村劳动力转移模式从“离土不离乡”阶段向“候鸟式民工潮”阶段转变，有两个方面的原因：一是 1992 年初邓小平的南方讲话，促使全国经济进入了一个新的发展阶段，特别是“珠三角”、“长三角”等先开放地区的快速发展，对“候鸟式”农村劳动力转移产生了巨大拉力；二是乡镇企业规模小、水平低，经过若干年发展后已呈现出后劲乏力的疲态，再加上 1988 年后国家采取紧缩政策，致使乡镇企业出现了不景气局面，吸纳农村劳动力能力大幅下降，从而对“候鸟式”农村劳动力转移产生了巨大推力。正是在这种拉力与推力

---

① 胡绳主编《中国共产党的七十年》，中共党史出版社，1991，第 512 页。

的共同作用下，1992 年出现了 4000 万农民工进城务工的“民工潮”，1993 年进一步增至 6200 多万人。[①] 直到 20 世纪 90 年代中后期，由于农民进城务工、城镇新增劳动力就业和下岗人员再就业“三峰叠加”，促使部分城市采取许多限制措施，才使“候鸟式民工潮”得到了一定程度的缓解。

（三）“农民产业工人”阶段（2001～2011 年）

20 世纪末的香港、澳门回归，特别是 2001 年 12 月 11 日中国加入世界贸易组织（WTO），促使港、澳、台地区，以及欧、美、日等发达国家的制造业大规模转移到中国东部沿海地带，使这些地区对产业工人的需求大幅增加，从而引起了新一轮的“民工潮”。然而，这个阶段的农民工已发生了显著变化。他们大都是“80 后”、“90 后”出生的新一代农民工——简称“新生代农民工”。他们具有“三高一低”特点，即受教育程度较高、职业期望值较高、对物质和精神享受的要求较高，工作耐受力较低。他们基本上没有从事农业生产的经历和技能，许多人都是从学生直接成为农民工的。他们对农业、农村没有特殊感情，大都没有农村理想，而只有“城市梦”。他们不满足于赚钱养家糊口——求生存，而倾向于掌握一技之长——谋发展。他们不满足于充当城镇的匆匆过客，而倾向于长期居住下去做城镇主人。他们不满足于个人独来独往，而倾向于举家迁移做城镇居民。正由于有这些特点，他们能较好地适应城镇的生产和生活，较多地学会城镇人的思维方式和行为方式，较快地成为建筑、制造、服务等行业工人的生力军。据权威部门统计，到 2003 年，已有超过 1/3 的农村劳动力转移到非农产业。跨地区流动的农民工约有 1 亿人。他们在第二产业劳动力中占 57.6%，在批发零售业和餐饮业中占 52.6%，在加工制造业中占 68.2%，在建筑业中占 79.8%。这标志着中国产业工人队伍的构成发生了历史性变化，农业户口劳动力在数量上已超过城镇户口劳动力，成为产业工人的主体。[②] 从农民工发展角度看，农业户口劳动力成为产业工人主体的阶段，就是我们所说的“农民（身份）产业工人”阶段。

---

① 国务院研究室课题组：《中国农民工调研报告》，中国言实出版社，2006，第 3 页。

② 徐京路等：《农民工已成为产业工人的重要组成部分》，2004 年 1 月 20 日《华声报》。

据国家统计局公布的我国农民工调查监测报告，2011年全国农民工已达25278万人，其中，本地农民工为9415万人，占37.2%；外出农民工为15863万人，占62.8%。在外出农民工中，个人外出为12584万人，占79.3%；举家外出为3279万人，占20.7%。①

二　农民工的现状调查

2009年底，巡检村有户籍村民386户、1447人。其中，有外出人员的农户为213户，外出人口370人，占村民户数的55.18%、村民人口的25.57%。2010年1月，《中国百村调查·巡检村》课题组对上述有外出人员的213户进行过一次问卷调查，其中有4份问卷的回答“不可信”。据对“可信”和“基本可信”的209份问卷的统计分析，其具体情况如下。

（一）客观情况

1. 外出的年度、年龄和年数

表1　开始外出的年度

单位：人，%

项目	有效回答	1984年以前	1985~1989年	1990~1992年	1993~1995年	1996~1999年	2000~2004年	2005~2008年	2009年
人数	209	2	6	10	6	33	73	61	18
比重	100.00	0.96	2.87	4.78	2.87	15.79	34.93	29.19	8.61

表2　开始外出的年龄

单位：人，%

项目	有效回答	<16岁	16~18岁	19~20岁	21~22岁	23~24岁	25~29岁	30~34岁	35~39岁	>40岁
人数	209	8	48	26	22	22	26	23	21	13
比重	100.00	3.83	22.97	12.44	10.53	10.53	12.44	11.00	10.05	6.22

① 百度百科：“农民工”，总体规模。http://baike.baidu.com/view/39288.htm。

表3　到2009年已外出年数

单位：人，%

项目	有效回答	<1年	1～2年	3～5年	6～10年	11～15年	16～20年	21～25年	>26年
人数	209	18	33	46	65	28	11	7	1
比重	100.00	8.61	15.79	22.01	31.10	13.40	5.26	3.35	0.48

表1和表2的数据说明：（1）开始外出的年度，1992年前的18人，占8.61%；1993～1999年的39人，占18.66%；2000年以后的152人，占72.73%。这说明，2001年中国加入WTO以后外出的人员最多。（2）开始外出的年龄，16岁以下的8人，占3.83%；16～20岁的74人，占35.41%；21～29岁的70人，占33.49%；30～39岁的44人，占21.05%；40岁以上的13人，占6.22%。据此计算，开始外出的平均年龄为25.7岁。这说明，多数人是在独立生活能力较强、劳动能力较成熟的年龄才开始外出务工经商的。（3）到2009年已外出年数，不足1年的18人，占8.61%；1～2年的33人，占15.79%；3～5年的46人，占22.01%；6～10年的65人，占31.1%；10～20年的39人，占18.66%；20年以上的8人，占3.83%。据此计算，平均外出7.4年。从总体看，该村的外出人员已有了较为丰富的在外务工经商经验。

2. 外出的途径和培训

表4　外出途径

单位：人，%

项目	有效回答	自找	父兄	亲友	中介	政府	网上	其他
人数	209	125	6	68	3	—	3	4
比重	100.00	59.81	2.87	32.54	1.44	—	1.44	1.91

表5　外出培训

单位：人，%

项目	有效回答	没有	学校	中介	政府	拜师	其他
人数	209	164	14	3	5	14	9
比重	100.00	78.47	6.70	1.44	2.39	6.70	4.31

表4和表5的数据说明：（1）从外出途径看，自找门路125人，占59.81%；亲友、父兄介绍74人，占35.41%；通过中介和上网各3人，各占1.44%；其他（为多种途径）4人，占1.91%。这说明，该村村民外出主要靠个人闯天下，中介组织作用微乎其微，政府没有发挥作用，网上寻觅开始发挥实效。（2）从外出培训看，没有培训164人，占78.47%；学校培训和拜师学艺各14人，分别占6.7%；政府培训5人，占2.39%；中介组织培训3人，占1.44%；其他9人，占4.31%。这说明，在培训方面，学校培训和拜师学艺起了较大作用。总体而言，巡检村外出人员基本上处于自发状态，政府和基层组织没有发挥应有作用。

3. 开始工作和2009年工作的情况

流动性大是外出人员的一大特点。巡检村外出人员从开始到2009年，工作地点、行业和职业都发生了很大变化（见表6～表8）。

表6　外出人员的工作地点

单位：人，%

项目		有效回答	本村	本乡镇	本县级市	本地级市	本省市区	外省市区	其他
开始工作	人数	209	49	10	17	4	21	107	1
	比重	100.00	23.44	4.78	8.13	1.91	10.05	51.20	0.48
现在工作	人数	209	4	—	7	4	32	159	3
	比重	100.00	1.91	—	3.35	1.91	15.31	76.08	1.44

表6的数据说明：从开始外出到2009年，工作地点的变化情况是，在本村的由49人减至4人，其比重由23.44%降至1.91%，下降了21.53个百分点；在本村外、本地级市范围内的由31人减至11人，其比重由14.82%降至5.26%，下降了9.56个百分点；在本地级市范围外、本省内的由21人增至32人，其比重由10.05%升至15.31%，上升了5.26个百分点；在外省市区的由107人增至159人，其比重由51.2%增至76.08%，上升了24.88个百分点。显然，工作地点的变化趋势是由近到远，而且越近降幅越大，越远增幅越大。

表 7　外出人员从事的行业

单位：人，%

项目		有效回答	种植业	养殖业	农产品加工	制造业	运输业	邮电业	商贸业
开始工作	人数	209	39	—	2	85	6	1	17
	比重	100.00	18.66	—	0.96	40.67	2.87	0.48	8.13
现在工作	人数	209	1	—	5	123	5	1	16
	比重	100.00	0.48	—	2.39	58.85	2.39	0.48	7.66
项目		餐馆业	金融保险	教育科学	文化休闲	医疗保健	社区服务	基层自治	其他
开始工作	人数	11	—	1	1	4	29	—	13
	比重	5.26	—	0.48	0.48	1.91	13.88	—	6.22
现在工作	人数	8	1	1	3	4	29	—	12
	比重	3.83	0.48	0.48	1.44	1.91	13.88	—	5.74

表 7 的数据说明：从开始外出到 2009 年，所在行业的变化情况是，第一产业的种植业由 39 人减至 1 人，其比重由 18.66% 降至 0.48%，下降了 18.18 个百分点；第二产业的农产品加工和制造业由 87 人增至 128 人，其比重由 41.63% 升至 61.24%，即上升了 19.61 个百分点；第三产业的有关行业由 70 人减至 68 人，其比重由 33.49% 降至 32.54%，即下降了 0.95 个百分点。从总体看，外出务工经商人员所在行业的变化趋势是，从第一产业和第三产业向第二产业集中，其中第一产业的降幅最大。

表 8　外出人员从事的职业

单位：人，%

项目		有效回答	农林牧渔业	普通工人	技术工人	营业服务员	个体业者	小商小贩
开始工作	人数	209	39	72	41	27	5	5
	比重	100.00	18.66	34.45	19.62	12.92	2.39	2.39
现在工作	人数	209	1	81	56	34	6	3
	比重	100.00	0.48	38.76	26.79	16.27	2.87	1.44
项目		办事人员	专业人员	管理人员	民企老板	单位负责人	军警人员	其他
开始工作	人数	1	9	3	—	—	2	5
	比重	0.48	4.31	1.44	—	—	0.96	2.39
现在工作	人数	1	11	9	—	—	—	7
	比重	0.48	5.26	4.31	—	—	0.0	3.35

表8的数据说明：从开始外出到2009年，个人职业的变化情况是，农林牧渔业劳动者由39人减至1人，其比重由18.66%降至0.48%，下降了18.18个百分点；普通工人和技术工人由113人增至137人，其比重由54.07%升至65.55%，即上升了11.48个百分点；营业员服务员、个体业者、小商小贩由37人增至43人，其比重由17.7%升至20.58%，即上升了2.88个百分点；办事人员、专业人员、管理人员和军警人员由15人增至21人，其比重由7.19%升至10.05%，即上升了2.86个百分点。这就是说，除农林牧渔业劳动者大幅下降外，其他职业群体基本上均呈上升趋势，其中普通工人、技术工人等蓝领增幅最大，专业人员、管理人员等白领也有一定增幅。

4. 2009年的收入和支出

表9　2009年的收入

单位：人，元，%

项目	有效回答	合计	工资	补助	奖金	养老	医疗	劳保	其他
人数	209	4263450	4052900	43550	31780	360	22660		112200
比重		100.0	95.06	1.02	0.75	0.01	0.53		2.63
人均		20399	19392	208	152	2	108		537

表10　收入分组

单位：元，人，%

项目	有效回答	<1000	1000～2000	2000～5000	5000～10000	10000～20000	20000～30000	30000～50000	>50000
人数	209	1	4	6	34	99	38	19	8
比重	100.00	0.48	1.91	2.87	16.27	47.37	18.18	9.09	3.83

表11　2009年的支出

单位：户，元，%

项目	有效回答	合计	吃饭	衣着	房租	水电	交通通信	医疗	其他
户数	209	2334589	974000	259860	400770	48290	341429	113900	196340
比重		100.00	41.72	11.13	17.17	2.07	14.62	4.88	8.41
户均		11170	4660	1243	1918	231	1634	545	939

表 12　支出分组

单位：元，户，%

项目	有效回答	<1000	1000 ~ 2000	2000 ~ 5000	5000 ~ 10000	10000 ~ 20000	20000 ~ 30000	30000 ~ 50000	>50000
户数	209	15	14	39	57	55	18	7	4
比重	100.00	7.18	6.70	18.66	27.27	26.32	8.61	3.35	1.91

表 9 和表 10 的数据说明：(1) 从收入水平看，2009 年人均 20399 元，是巡检村村民人均纯收入 5153 元的 3.96 倍。据统计，2009 年 20% 收入最高的 42 人，人均收入 35793 元；20% 收入最低的 42 人，人均收入仅 14787 元，前者是后者的 2.42 倍。(2) 从收入结构看，工资占 95.06%，补助、奖金、社会保障等合计仅占 4.94%。(3) 从收入分组看，10000 ~ 20000 元组人数最多，占 47.37%；20000 ~ 30000 元组人数次之，占 18.18%；5000 ~ 10000 元组人数第三，占 16.27%；不足 5000 元的占 5.26%；30000 元以上的占 12.92%。

应该说明，随着 209 名外出人员一起在外的还有 157 名家庭成员，在外人员共有 366 人，户均 1.75 人。表 11、表 12 的数据是按 209 户家庭支出计算的：(1) 从支出水平看，户均 11170 元，人均 6379 元。(2) 从支出结构看，第一是吃饭支出，占 41.72%；第二是房租、水电支出，占 19.24%；第三是交通、通信支出，占 14.62%；第四是衣着支出，占 11.13%；第五是医疗支出，占 4.88%。此外，“赶情送礼”、孩子读书和文化消费等其他支出，占 8.41%。这说明，外出人员的生活是非常简朴的。就吃饭支出而言，总额 974000 元，户均 4660 元，人均 2661 元，按每年在外 10 个月计算，每人每月生活费平均为 266 元，即每人每天不足 9 元。(3) 从支出分组看，5000 ~ 10000 元组最多，占 27.27%；10000 ~ 20000 元组次之，占 26.32%；2000 ~ 5000 元组第三，占 18.66%；不足 2000 元的占 13.88%；20000 元以上的占 13.87%。

据统计，2009 年这 209 户收支平衡情况如表 13 和表 14 所示。

表 13 和表 14 的数据说明：(1) 在 209 户中，收入大于支出的有 202 户，占 96.65%；支出大于收入的有 7 户，占 3.35%。这说明，外出务工经商不可能百分之百赚钱，存在一定风险。(2) 在收入大于支出的 202 户中，

10000~20000元组最多，占34.16%；5000~10000元组第二，占18.32%；20000~30000元组第三，占15.35%；30000~50000元组第四，占13.86%；不足5000元的占15.35%；50000元以上的占2.97%。（3）在支出大于收入的7户中，收入不足2000元的，占42.86%；2000~10000元，占57.14%。其原因有三：一是职业不稳定，经常处于失业状态；二是出现工伤或事故，不能正常劳动；三是老板出状况，不能正常发工资。

表13　收入大于支出

单位：元，户，%

项目	有效回答	<1000	1000~2000	2000~5000	5000~10000	10000~20000	20000~30000	30000~50000	>50000
户数	202	8	3	20	37	69	31	28	6
比重	100.00	3.96	1.49	9.90	18.32	34.16	15.35	13.86	2.97

表14　支出大于收入

单位：元，户，%

项目	有效回答	<1000	1000~2000	2000~5000	5000~10000	10000~20000	20000~30000	30000~50000	>50000
户数	7	2	1	2	2				
比重	100.00	28.57	14.29	28.57	28.57				

5. 2009年的劳动情况

表15　劳动合同

单位：人，%

项目	有效回答	无	口头	文字	其他
人数	209	53	72	76	8
比重	100.00	25.36	34.45	36.36	3.83

表16　履行合同

单位：人，%

项目	有效回答	能	部分	不能	其他
人数	156	90	44	15	7
比重	100.00	57.69	28.21	9.62	4.49

表 17 每天工作小时

单位：人，%

项目	有效回答	8 小时以下	8~10 小时	10~12 小时	12 小时以上	其他
人数	209	36	71	71	27	4
比重	100.00	17.22	33.97	33.97	12.92	1.91

表 18 劳动强度

单位：人，%

项目	有效回答	不大	一般	较大	很大	其他
人数	209	26	81	85	16	1
比重	100.00	12.44	38.76	40.67	7.66	0.48

表 19 防护用品

单位：人，%

项目	有效回答	帽子	口罩	手套	鞋	服装	其他
人数	195	41	11	7	33	31	72
比重	100.00	21.03	5.64	3.59	16.92	15.90	36.92

表 20 劳保措施

单位：人，%

项目	有效回答	饮料	药品	消毒	体检	休假	其他
人数	194	41	11	7	32	31	72
比重	100.00	21.13	5.67	3.61	16.49	15.98	37.11

表 21 工资发放

单位：人，%

项目	有效回答	及时、足额	大部分	很少	不能	其他
人数	209	169	26	4	1	9
比重	100.00	80.86	12.44	1.91	0.48	4.31

表 15~表 21 的数据说明：（1）从劳动合同看，无合同占 25.36%，有合同占 74.64%，但其中有文字合同的仅占 36.36%，这是维护劳动者权益的巨大隐患。（2）从履行合同看，在有合同的 156 人中，能履行的占

57.69%，部分履行的占28.21%，另14.11%为不能履行或不能保证履行。（3）从每天工作时间看，8小时及其以下的占17.22%，8小时以上的占80.86%，其中10小时以上的占46.89%，即差不多一半的人经常处于超长时间劳动之中，这不能不说是一个严重问题。（4）从劳动强度看，“较大”的占40.67%，“一般”的占38.76%，“不大”和“很大”的分别占12.44%和7.66%。（5）从防护用品和劳保措施看，有帽子的占21.03%，有鞋子的占16.92%，有服装的占15.90%，有口罩的占5.64%，有手套的占3.59%；有饮料的占21.13%，有体检的占16.49%，有休假的占15.98%。总体而言，防护用品和劳保措施都少得可怜。（6）从工资发放看，能及时、足额发放的169人，占80.86%；另外40人，连劳动报酬都无法保证及时全额领取。尤其是，有5人不能或很少领取劳动报酬，这是极其严重的社会现象，应该引起高度重视。

6. 2009年的生活情况

表22 居住情况

单位：人，%

项目	有效回答	免费	交费	合伙租房	单独租房	其他
数量	209	102	18	25	61	3
比重	100.00	48.80	8.61	11.96	29.19	1.44

表23 建筑面积

单位：人，%

项目	有效回答	<4（平方米）	4~8（平方米）	8~12（平方米）	12~20（平方米）	>20（平方米）
数量	209	31	45	34	53	46
比重	100.00	14.83	21.53	16.27	25.36	22.01

表24 每月租金

单位：人，%

项目	有效回答	<10(元)	11~20(元)	21~50(元)	51~100(元)	>100(元)
数量	107	1	2	10	14	80
比重	100.00	0.93	1.87	9.45	13.08	74.77

表 25　餐饮情况

单位：人，%

项目	有效回答	免费	供中餐	自己购买	合伙做饭	自己做饭	其他
数量	209	59	13	42	12	73	10
比重	100.00	28.23	6.22	20.10	5.74	34.93	4.78

表 26　卫浴情况

单位：人，%

项目	有效回答	免费洗浴	自费洗浴	合伙洗浴	单独洗浴	其他
数量	209	69	24	16	72	28
比重	100.00	33.01	11.48	7.66	34.45	13.40

表 27　医疗情况

单位：人，%

项目	有效回答	老板设施自费治疗	国有机构自费治疗	社区机构自费治疗	个体诊所自费治疗	医保组织部分自费	其他
数量	209	12	22	69	57	25	24
比重	100.00	5.74	10.53	33.01	27.27	11.96	11.48

表 28　娱乐情况

单位：人，%

项目	有效回答	老板设施免费消费	老板设施自费消费	社区设施自费消费	工友设施自费消费	自己设施自费消费	其他
数量	209	14	3	58	13	46	75
比重	100.00	6.70	1.44	27.75	6.22	22.01	35.89

表 22 ~ 表 28 的数据说明：（1）从居住情况看，免费提供住房的有 102 人，占 48.8%；交费、租房居住 107 人，占 51.2%。（2）从建筑面积看，人均 12.92 平方米，其中：8 平方米及其以下的占 36.36%，8 ~ 20 平方米的占 41.63%，20 平方米及其以上的占 22.01%。（3）从每月租金看，租房居住的 107 人人均约 150 元，其中：50 元及其以下的占 12.15%，51 ~ 100 元的占 13.08%，100 元及其以上的占 74.77%。（4）从餐饮情况看，免费的占 28.23%，供中餐的占 6.22%，自己购买或自己做饭及其他占 65.55%。

(5) 从卫浴情况看，免费的占33.01%；另2/3得靠自己解决。(6) 从医疗情况看，医保组织部分自费的占11.96%，其他都得自费治疗。(7) 从娱乐情况看，老板设施免费消费的占6.7%；另90%以上都得靠自己消费。总体而言，外出人员的生活只能保证有房住、有饭吃，而且主要靠自己，有关单位提供的福利少之又少。

(二) 主观看法

在《中国百村调查 · 巡检村》外出人员调查问卷中，课题组还设计了几个问题，专门询问外出人员的看法和建议。这些问题及其回答情况如下。

1. "您认为农村劳动力外出务工经商有哪些好处?"

对于这个问题的有效回答共175项，大体可分为4类：(1) 增加收入，改善生活。109项，占62.29%。他们的回答主要是，可增加收入，改善家庭经济状况；不用投资，可促进就业；家里没田种，外出可找到谋生机会；可赚钱供孩子上学。(2) 既赚到钱，又增长才干。44项，占25.14%。他们的回答主要是，既赚到钱，又学到谋生技能；减少父母负担，锻炼独立生活能力；开阔眼界、见世面、长见识。(3) 搞活经济，促进建设。20项，占11.43%。他们的回答主要是，可搞活经济，促进建设事业；对提高家庭收入、促进发展都有好处。(4) 不知道、说不清楚。2项，占1.14%。

2. "您认为农村劳动力外出务工经商还存在哪些问题?"

对于这个问题的有效回答共146项，大体可分为6类：(1) 政府关心很不够。19项，占13.01%。他们的回答主要是，希望政府组织农民工就业；关心农民工人权状况；农民工没有组织，政府放任自流；政府应加强中介管理，多设专业、可靠、免费的中介机构；担心受骗，不安全；交通费用高；信息不灵。(2) 社会保障不健全。16项，占10.96%。他们的回答主要是，工作不稳定；劳动条件差，安全没保障；社会保障制度不健全；合法权益不能得到充分保障；老板不遵守劳动法；劳动者合法权益受到侵犯时，很难维权。(3) 打工条件比较差。42项，占28.77%。他们的回答主要是，工作时间过长；加班没有加班费；居住条件差；劳动强度大；工资太低，福利太

少；有时不能按时发放工资；八小时外的事没有人管。（4）职业培训不充分。24 项，占 16.44%。他们的回答主要是，文化知识、劳动技能跟不上形势，应加强培训；法律意识不强，维权困难；没有手艺、没有技术、没有专长，只能干苦力活；应搞技术培训。（5）留守问题相当多。6 项，占 4.11%。他们的回答主要是，无法照顾老人；孩子无人管。（6）说不清楚。39 项，占 26.71%。他们的回答主要是，问题很多，说不清楚；没有具体看法；不知道怎么说。

3. "为了搞好农村劳动力外出务工经商，您对政府有哪些建议?"

对于这个问题的有效回答共 154 项，大体可分为 5 类：（1）完善立法和监督。32 项，占 20.78%。他们的回答主要是，完善有关法律和政策、多关心农民工；好政策要落实到位；应加强对企业的监督与检查；应严格执行劳动合同法；减轻劳动强度；搞好社会治安；火车票应优惠一些，打击票贩子。（2）搞好服务和维权。40 项，占 25.97%。他们的回答主要是，搞好服务、提高福利待遇；多提供劳务信息；政府应帮助农民工提高最低工资标准；保障能按时、足额领到工资；提供医疗保障；加大维权力度；提高农民工素质；设立维权办事机构。（3）加强培训和宣传。38 项，占 24.68%。他们的回答主要是，多组织技术培训；为农民提供法律教育、劳动技能培训、就业培训；加大对年轻劳动力培训，提高打工者素质；搞好订单式培训；对大学毕业生应跟踪培养，重视发现人才、培养人才。（4）发展本地经济。9 项，占 5.84%。他们的回答主要是，应该放宽政策，让做生意的人放心；最好能在本地办厂，在本地务工经商，既能发展经济，又能照顾家庭，解决老人、孩子照料问题；小孩在外读书费用太高。（5）说不清楚。35 项，占 22.73%。他们的回答主要是，说不清楚；没有具体意见；不知道怎么说；没有意见。

巡检村外出人员的上述情况和看法，只是全国农民工庞大群体的沧海一粟、林海一叶，不可能全面反映全国农民工的现状。然而，滴水见太阳，一叶知春秋。从这个角度看，巡检村外出人员的上述情况和看法，又可以看做 21 世纪初期中国农民工现状的一个缩影，因而具有重要参考意义和研究价值。

三　农民工的未来展望

（一）农民工的未来——城镇居民

农民工是我国特殊社会历史条件下形成的城乡二元结构体制的产物。随着城乡二元结构体制的逐步改革和消失，农民工这个特殊群体也必将逐渐减少直到完全消失。因此，可以断言，农民工没有未来，或者说它的未来就是城镇化，成为完全意义上的城镇居民。

然而，人们往往把人口城镇化简单地理解为“农村户口”转变为“城镇户口”，这是不全面的。应该指出，人口城镇化的全部含义，应该包括以下几方面内容：一是职业活动的非农化，即以从事第二、第三产业职业活动为主；二是居住地域的市镇化，即必须在城市或建制镇地域居住；三是社会权利的市民化，即在社会保障、社会福利方面应该享有与市民完全平等的权利；四是生活方式的城镇化，即思维方式、行为方式（包括劳动方式、消费方式、闲暇方式、交往方式、社会活动方式等）的城镇化；五是人口素质的文明化，即用开放、先进的城镇文明取代封闭、落后的农村文明，实现由“农村人”到“城镇人”的转变。上述几个方面是相互联系、相互影响的，其中，职业活动非农化、居住地域市镇化、社会权利市民化是基础，生活方式现代化是主体，人口素质文明化是核心。

据国家统计局的相关数据显示，2011 年底全国大陆总人口为 134735 万人，其中城镇人口为 69079 万人，占总人口比重首次超过 50%，达到 51.3%。[①] 但是，“在这 51 个百分点中其实还有相当数量的人并没有享受到城市市民的待遇……2011 年底，我国现有农业户籍人口 9.35 亿，如果说我们的 13.45 亿总人口扣除这个数，真正的城镇人口只有 4.1 亿，也就是说，我们所说的 51.3% 的城镇化水平，至少还要砍掉 1/3，这就意味着在目前的

① 国家统计局：《2011 年国民经济和社会发展统计公报》，中央政府门户网站 www.gov.cn2012－02－22。

城镇人口里至少有1/3的人还需要变成真正的城镇人口过程。"① 69079万人的1/3，就是23024万人，这就相当于2011年全国农民工的总数：25278万人。显然，如何让农民工"变成真正的城镇人口"，是中国人口城镇化所特有的一个十分重要的任务。

（二）让农民工成为历史的几点建议

改革开放以来，农民工为中国经济社会发展作出了巨大贡献。现在，他们中绝大多数虽然被统计为"城镇人口"，但是，实际上只是"四低三高"——低工资、低福利、低社保、低人权，高劳动强度、高职业风险、高环境污染的城镇"二等公民"。显然，这是与中华人民共和国公民在法律面前一律平等，与全心全意为人民服务的宗旨、"以人为本"的科学发展观、建设社会主义和谐社会以及"公平正义"精神相违背的。现在的任务是，必须尽可能快地改变这种现状，让农民工尽早成为历史。为此，我们建议：

（1）改革户籍制度，按照居住、劳动、生活的属地原则，实行户籍登记和管理，并按照户籍享有选举权、被选举权以及各种法律权利、政治权利、社会权利和参与权利。

（2）改革就业制度，废除劳动就业中的户籍限制，按照劳动能力招聘就业，实行劳动合同制度，定期检查劳动合同执行情况，严肃查处一切违背劳动合同的行为。

（3）改革工资制度，实行同工同酬的工资制度和福利制度，纠正一切带有歧视性的工资政策和福利政策，保证及时、足额发放工资和福利。

（4）改革社保制度，主要是改革社会保障的核心——社会保险，包括养老保险、医疗保险、失业保险、工伤保险、生育保险等。这些保险制度的设计，必须适应劳动力流动的客观需要，不能让劳动者因流动而遭受损失或被迫中断。

（5）改革住房制度，为农民工提供方便、适用的廉租房或保障房，使农

---

① 陈锡文：《认真总结经验教训，促进中国城镇化，更好的实现可持续》，2012－3－25在"2012中国城镇化高层国际论坛"上的演讲。http：//www.town.gov.cn/csph/201204/10/t20120410_537379.shtml。

民工能够安居乐业，并参与居住区的社会管理，这是促进农民工市民化的基础和前提。

（6）改革教育制度，无论是学前教育、义务教育，还是职业教育、高等教育，废除户籍限制，使农民工子女享有同等受教育权利，这是改变农民工命运的根本措施。

（7）加强职业培训，对于招收的农民工实行岗前培训、岗中轮训和晋级培训，这是提高农民工素质，促进农民工转变成为合格产业工人的关键环节。

（8）搞好各种服务，特别是搞好就业信息、劳动中介、职业培训、法律咨询、劳动仲裁等服务，使农民工遭遇困难时能够获得及时的帮助或指导。

农民工市民化，需要巨大投入。“据专家推算，农民工市民化的平均成本约为10万元”[①]。按此计算，25278万农民工市民化，需要投入25万亿元。这样庞大的投入，是不可能一蹴而就的。至于生活方式的城镇化和人口素质的文明化，更是一项十分艰巨、繁重的任务。实践证明，实现由“农村人”到“城镇人”的转变，往往需要经过两三代人的努力。但是，只要方向正确，政策对路，并持之以恒，这个世界性的空前规模的伟大历史性转变，最终是可以实现的，也是必然会实现的。

撰稿人：李咬明、王顺利、水延凯

① 朱丕荣：《努力提高城镇化的水平与质量》，《统筹城乡经济社会发展论坛通讯》2012年第1期。

第一篇

总调查报告

第一章　概述

第一节　历史沿革

一　村名的由来

巡检村原名巡检、巡店，亦称巡店堡、巡检司、巡检镇。

“巡检”二字，字面意义为巡视、检查，原来是古代的一种官名，如巡检使、巡检司。巡检官名，始于五代后唐庄宗年间（923～925年）。到了宋朝（960～1279年），京师府界东西两路各置巡检二人，京城四门各设巡检一人；沿边、沿江、沿海地区，则置巡检司，主要掌管训练甲兵、巡逻州邑等军防事务，职权颇重。后来，受所在县令节制。元朝期间（1279～1368年），巡检司开始演变为管辖人烟稀少地方的一种非常设组织，没有常设主管官员，其功能以军事为主，无行政裁量权。

明清时期（1368～1911年），巡检司进一步演变为县衙门之下的基层组织，凡镇市、关隘要害之处均设巡检司，归县令管辖，其官员一般为秩正九品，有的地方还有文武巡检之分，具有县政府派出机构的职能，亦有副巡检（从九品）之说。[①] 明朝洪武元年（1368年）后，全国各地大量设置巡检司，例如，洪武六年（1373年）正月，在江南上元等县一次设置寒桥等37处巡检司；洪武十四年（1381年）四月，复置直隶太平及广西桂林等府州县巡检司30余处。到了清朝，巡检司的设置就更为普遍了。

---

① 参阅《文献通考·职官十三》、顾炎武《日知录·乡亭之职》。

明清两朝，巡检是受县令节制的属官，巡检司是巡检的官衙，通常设在离县治较远的繁华市镇和关津要冲之地（关隘），其管辖范围可达百里左右。巡检的主要职责是，缉捕盗贼、盘诘奸伪、维护社会治安。巡检是个芝麻大的小官，巡检司是个基层行政组织，但是，它位卑权重，是百姓的“顶头上司”，是官府与民间的中介，直接管辖一方水土，对贯彻官府政令、维护地方秩序、保护百姓利益具有重要作用。

据雍正《应城县志》记载，明洪武十三年（1380 年），应城县于西北设崎山镇巡检司。据说，巡检司官衙设在巡检镇中心十字街西侧、老菜市场对面。它建于何年、毁于何时，已不可考。目前，村民宋元海兄弟的两套住宅，是大家公认的巡检司官衙旧址。清康熙五十二年（1713 年），崎山镇巡检司衙署移驻应城县东长江埠。此后，巡检只驻扎巡检司的派出机构，然而地名相沿成习，保留至今。

古老的陈氏祖祠

二　1949 年前的建制

据雍正《应城县志》记载，当时应城县分为五乡，每乡领上、下二里，

计编户十里。县北设怀仁乡，领二里，其户散编为村，村名不详。从地理位置看，巡检应属怀仁乡管辖。清朝末期，巡检曾名巡店。据《光绪应城志》记载，当时应城县划分为东、南、西、北四乡53个团（相当于后来的管理区），其中北乡设15个团，巡店是其中的一个团。

民国初年，改53个团为74个乡，并以东、南、西、北、中五个区领之。民国20年（1931年），巡检司升格为区，在全县设置的东、南、西、北、中五区中为第五区。当时，五个区共辖80个联保、574个保、5681个甲，巡检司管辖其中的1/5。民国27年（1938年）元月，原第五区巡检司划归新四区，区署杨家河。同年10月，应城沦陷，被日军占领，县府西迁。年底，沦陷区内重设四区，巡检司所属的杨家河仍为第四区。民国35年（1945年），应城重编乡镇，分3个镇、19个乡，共辖245个保、2521个甲。巡检司为民治乡治所。次年4月，设巡店乡，管辖原团结乡及厚生、民治两乡各一部。①

三 1949年后建制的变化

1949年6月至2010年12月，巡检村建制的变化，大体可分为三个时期：一是村公所时期（1949年6月至1958年9月）；二是生产大队时期（1958年9月至1984年1月）；三是村民委员会时期（1984年1月至2010年12月），其变化简况见表1－1。

具体说明如下：

1. 村公所时期（1949年6月至1958年9月，约9年）

1949年6月至1958年9月为村公所时期。这个时期，县以下设有区、乡、村三级机构。按1954年中华人民共和国宪法规定，县、乡两级为政府，区为县政府派出机构，村为乡政府派出机构。这个时期的巡检村，其性质是乡政府的派出机构。

1949年3月应城解放，6月县政府将全县划为8个区，共管辖69个乡。巡检为第二区巡检乡下属的一个行政村。

---

① 湖北省应城市地方志编纂委员会编《应城县志》，中国城市出版社，1992，第52～59页。

表 1-1　建制变化简况

时期	序号	起止年月	存续时间	区乡镇	小乡镇或区	村或大队
乡村政权时期	1	1949 年 6～10 月	4 个月	第二区	巡检乡	巡检村公所
	2	1949 年 10 月至 1956 年 10 月	7 年	杨河区	巡检乡	巡检村公所
	3	1956 年 10 月至 1958 年 9 月	1 年 11 个月	巡检乡	—	巡检村公所
人民公社时期	4	1958 年 9 月至 1961 年 5 月	2 年 8 个月	杨河公社	巡检管理区	同兴大队
	5	1961 年 5 月至 1975 年 2 月	13 年 9 个月	杨河区	巡检公社	巡检大队
	6	1975 年 2 月至 1978 年 11 月	3 年 9 个月	巡检公社	—	巡检大队
	7	1978 年 11 月至 1981 年 10 月	2 年 11 个月	巡检公社	巡检管理区	巡检大队
	8	1981 年 10 月至 1984 年 1 月	2 年 3 个月	巡检公社	巡检镇	巡检大队
村民委员会时期	9	1984 年 1 月至 1986 年 7 月	2 年 6 个月	杨河区	巡检镇	巡检村委会
	10	1986 年 7 月至 1987 年 11 月	1 年 4 个月	杨河区	巡检镇	巡检村委会
	11	1987 年 11 月至 2000 年 1 月	12 年 2 个月	杨河镇	巡检管理区	巡检村委会
	12	2000 年 1 月至 2010 年 12 月	10 年 11 个月	杨河镇	巡检片区	巡检村委会

资料来源：《应城县志（1882～1985）》，中国城市出版社，1992，第 60～64 页；《应城市志（1986～2005）》（送审稿），第 71～73 页。

1949 年 10 月，8 个区的名称由数字改为地名，将 69 个乡调整为 99 个乡。原第二区改名为杨河区，下辖巡检乡，巡检为杨河区巡检乡下属的一个行政村。

1956 年 10 月，撤区并乡，原 99 个乡合并为 27 个大乡，直接受县政府管辖。巡检设乡，乡政府设在巡检司，巡检村为巡检乡的派出机构。

2. 生产大队时期（1958 年 9 月至 1983 年 12 月，约 26 年）

1958 年 9 月至 1984 年 1 月为生产大队时期。这个时期，县以下设有公社（包括区级公社和乡级公社，简称大公社和小公社）或区、镇（社辖镇）或管理区、生产大队、生产队四级机构。其中，区是县政府派出机构，镇是基层政权机构，公社、大队和生产队是政社合一组织，管理区是公社的派出机构。这个时期的巡检大队，其性质是政社合一的基层组织。

1958 年 9 月，全县成立 9 个人民公社，原来的 27 个乡改为管理区，共辖 240 个生产大队，1375 个生产队。原巡检乡改为巡检管理区，隶属于东风人民公社，治所在杨河镇。1959 年元月，东风人民公社更名为杨河人民公

社。巡检村与邻近的周岗村合并，成立了同兴大队，大队部设在周岗。这个时期的巡检，成为杨河人民公社巡检管理区同兴大队的一部分。

1961年5月，恢复区的建制，缩小人民公社规模，实行以生产队为基本核算单位制度。全县设8个区、2个镇，下辖45个公社（区辖镇、场），409个生产大队，3042个生产队。这时，杨河人民公社改为杨河区，巡检管理区改为巡检人民公社（小公社），巡检村与周岗村分离，其中巡检村成为杨河区巡检人民公社下属的一个生产大队。

1975年2月，撤区并社、取消管理区，全县设18个人民公社（大公社）和1个良种场，下辖333个生产大队、2866个生产队。这时，原巡检人民公社升格为大公社，巡检村则成为巡检公社直辖的一个生产大队。

1978年11月，镇社分治，全县设3个镇（县辖镇）、10个人民公社和1个良种场，下辖54个管理区（社辖镇、场），305个生产大队，2734个生产队。巡检人民公社成为全县十大公社之一，下辖巡检等6个管理区。巡检村则成为巡检人民公社巡检管理区下辖的一个生产大队。

1981年10月，全县设7个社辖镇，其中巡检人民公社所属的巡检管理区改为巡检镇，其领属关系不变。从此，巡检村就成为巡检人民公社巡检镇下辖的一个生产大队。

3. 村民委员会时期（1984年1月至2010年12月，约27年）

1984年1月至2010年12月，为村民委员会时期。这个时期，县以下农村恢复区、镇（包括县辖镇和区辖镇）体制，1987年11月后还设有管理区、片区层次。其中，区为县政府派出机构，镇（包括县辖镇和区辖镇）为基层政权机构，管理区、片区为镇政府派出机构。这个时期的巡检村，其性质是基层群众性自治组织。

1984年1月，全县撤销人民公社、恢复区（县辖镇）乡体制，全县设7个区、4个镇、1个良种场，下辖38个乡、镇（区辖镇）；同年12月，撤销生产大队和生产队，建立393个村民委员会，3331个村民小组。这时，巡检人民公社被撤销，杨河区则管辖包括巡检镇在内的3乡、3镇（区辖镇），巡检村则成为杨河区巡检镇下辖的一个村民委员会。

1986年7月，撤销应城县、建立应城市，杨河区仍管辖包括巡检镇在内

的3乡、3镇（区辖镇）。巡检村则成为应城市杨河区巡检镇下辖的一个村民委员会。

1987年11月，全县撤区设镇，即撤销了原来的6个区，设立了杨河、三合、郎君、黄滩、陈河、杨岭等6个镇，下设53个管理区。其中，杨河镇下设巡检等5个管理区。这时，巡检村就成了应城市杨河镇巡检管理区下辖的一个村民委员会。

2000年1月，撤销管理区、设立片区，片区负责人由杨河镇工作人员兼任。这样，巡检村就成了应城市杨河镇巡检片区下辖的一个村民委员会。

第二节　村镇特点

一　村镇合一

明清以来，巡检一直是应城西北部一个相当繁荣的水旱码头。20世纪50年代末到70年代初，邻近的京山县在大富水河上游修建了高关水库，致使该河失去了通航功能。但是，巡检仍是一个服务周围农村的较大集镇。此外，在一个相当长的时期内，巡检还是应城西北部的一个基层行政中心。明洪武十三年（1380年），巡检设立了巡检司。民国20年（1931年），巡检司升格为区政府所在地。在1949年6月至2010年12月的61年半期间，巡检有10年10个月是大乡政府、大公社机关所在地，有24年11个月是小乡政府、小公社和区（社）辖镇政府所在地（其中，有2年3个月既是大公社所在地，又是大公社下辖镇所在地），有14年10个月是管理区所在地。这就是说，在1949年以来的61年半中，巡检有50年7个月是基层政权及其派出机构的所在地。

1949年后，巡检作为基层政权及其派出机构所在地，其非农产业相当发达。特别是作为大乡政府、大公社所在地的10年10个月期间，更是“七站八所”，机构林立，通常在20个以上，有时高达30多个。这些机构大体可分为3类：一是乡政府、公社直属部门和县乡（社）双层管理机构，如财政

闲置的原公社办公楼

所、派出所、司法所、法庭、经管站、客运站、小学、卫生院等。二是乡政府、公社直属事业机构，如农机站、农技站、种子站、林业站、水利站、计生站、文化站、广播站等。三是“条条管理”的机构，如税务分局（所）、邮政（电信）所、供电所、工商所、信用社、中学等。1978 年，巡检公社机关盖有 3 层楼房、108 间房，还有 1000 多平方米的院子。当时的巡检，不仅有小学和初中，而且办有高中，教职工近百人，学生达千人，是仅次于应城县一中的高级中学。巡检卫生院，也初具规模，其服务半径直达周围公社。农村集镇 + 基层行政中心，促使巡检的商业贸易、餐饮服务、交通运输、文化教育、医疗卫生等非农产业迅速发展起来，成为应城西北部的一个重镇。

2000 年 1 月，巡检撤销了管理区、设立了片区。片区没有常设机构，其负责人由杨河镇工作人员兼任，仅不定期来巡检指导工作。这样，原来的政府机构和“七站八所”撤销，高级中学搬迁，致使人流物流信息流大幅下降，非农产业受到极大削弱。目前，巡检只有一栋靠市财政补贴新建的带有一个小院的两层楼房，作为村党支部、村委会办公室和村图书室。此外，再无任何行政中心痕迹。然而，即使如此，巡检仍然既不同于一般农村，又不同于隔日集、露水集的农村集市，因为它的商贸、餐饮、运输、文教、医疗等非农业产业仍然具有一定规模，仍然是应城西北部的一个商贸物流集散中心。

移动通讯巡检代理点

总之，巡检尽管以农业、农民、农村为基础，但它不同于一般农村，而是农村与集镇的结合，其中集镇成分更为显著。2009 年，全村在业劳动力 857 人，其中从事非农产业的 666 人，占 77.7%，就是最好证明。可以说，村镇合一是巡检村的最大特点和优点。

二　村街分合

巡检是一个集镇成分较为显著的村镇，集镇人口较多。从 1954 年起，巡检不仅设有村组织，而且设有街机构。这样，就出现了一般农村所没有的村街关系。在 1954～2010 年的约 57 年间，巡检的街村关系经历了合—分—合 3 个时期。

1. 合的时期（1954～1983 年，约 30 年）

街道没有设立党支部，但设有街长，接受村组织管理。街长的任务比较

简单，主要是开展政策宣传，搞好计划生育，调解民事纠纷，维护社会治安，领取和发放非农业户籍人口的粮票、油票、布票，组织打扫卫生等。街长的工作，是义务性质，基本没有报酬。

2. 分的时期（1984～1992 年，约 9 年）

1984 年 1 月撤销生产大队、建立村民委员会时，为了便于管理非农业人口，在设立村党支部的同时设立了街道党支部。这个时期，街道干部承担的任务有所增加，除负责政策宣传、计划生育、调解纠纷、维护治安、打扫卫生外，还承担了收缴部分税费和搞好市场管理等任务。这个时期的街道干部，有少许报酬。

据村干部、村民回忆，1954～1992 年，街道干部简况见表 1－2。

表 1－2　街道干部简况

单位：年

<table>
<tr><th>姓名</th><th>任职名称</th><th>本人职业</th><th>任职年度</th><th>年数</th><th>主要职责</th></tr>
<tr><td>肖道林</td><td rowspan="8">街长</td><td>种菜</td><td>1954～1955</td><td>2</td><td rowspan="8">开展政策宣传，搞好计划生育，调解民事纠纷，维护社会治安，领取和发放非农业户籍人口的粮票、油票、布票，组织打扫卫生等</td></tr>
<tr><td>廖从新</td><td>卖油条饼子</td><td>1956</td><td>1</td></tr>
<tr><td>熊双喜</td><td>餐馆经理</td><td>1957～1963</td><td>7</td></tr>
<tr><td>熊树志</td><td>开交易行</td><td>1963～1970</td><td>7</td></tr>
<tr><td>陈金松</td><td>裁缝师傅</td><td>1971～1972</td><td>2</td></tr>
<tr><td>彭寿康</td><td>务农种田</td><td>1972～1978</td><td>6</td></tr>
<tr><td>关祥益</td><td>任镇干部</td><td>1978～1980</td><td>2</td></tr>
<tr><td>熊树志</td><td>开交易行</td><td>1980～1983</td><td>3</td></tr>
<tr><td>陈火苟
熊树志</td><td>支部书记
街长</td><td>种田
开交易行</td><td>1984～1987</td><td>4</td><td rowspan="2">同上。新增：收缴部分税费和搞好市场管理等。</td></tr>
<tr><td>张望忠
毛义民</td><td>支部书记
街长</td><td>做粮食买卖
家电维修</td><td>1987～1992</td><td>5</td></tr>
</table>

3. 合的时期（1992～2010 年，约 18 年）

1987 年 11 月撤区设镇后，巡检成为杨河镇巡检管理区下辖的村民委员会，原来的镇政府、“七站八所”、高中等机构或撤销或搬迁，街道任务大为减少，于是就完全合并到村了。

巡检是应城西北部的农副产品集散地。2000 年以来，随着应随公路

巡检东大桥

巡检树林

发展，街道建设取得长足进步，形成了一条长约一公里的新街，街道两旁不仅集聚了100多家商铺，而且设有小学、初中、卫生院、邮局、信

用社等机构，以及初具规模的丰江米业等私营企业。邻近的柏树村村民，纷纷来巡检新街北边建房、兴业，从事各种商贸活动；外来人口不断增加。因此，巡检村干部、群众迫切要求设立巡检社区，以促进巡检的进一步发展。

第三节 区位条件和资源

一 区域位置

应城市位于湖北省中部偏东地区，孝感市域西部，地跨东经113°19′～113°45′、北纬30°43′～31°08′。东临漳河、涢水和府河，与云梦县为界；西与京山、天门两市接壤；南与汉川为邻；北与安陆市毗连。市区东南距省会武汉市区公路里程96公里，东距孝感市区公路里程49公里。市境东西两端相距43公里，南北两端相距45公里，总面积1103.38平方公里，折合1655070市亩。

巡检村位于应城市境西北，大富水河北岸。东与磨盘、星火村相连，南与肖廖村毗邻，西与周岗、黄畈村为界，北与柏树村接壤。村域东南距应城市12公里，东北距杨河镇14公里、安陆市20公里，东距云梦县城17公里，西距京山市12公里。该村居民区，东西两端相距约1000多米，南北两端相距约800多米，总面积905764平方米，折合1360市亩。

二 地理环境

1. 地形

应城市域属鄂中丘陵与江汉平原的过渡地带，丘陵和平原相间，系大洪山余脉，地势自西北向东南倾斜，海拔50米以上。巡检村位于应城市西北、大富水河北岸，村域绝大部分为海拔50米以下的港汊平原。

2. 水系

大富水亦名西河、县河，发源于随州市大洪山，东南经京山从田店流入应城市域，然后向东流经巡检，至盛滩向南注入汉北河。大富水上游多山，

坡降较陡，水流湍急；进入田店后，多为岗地，水流趋于平缓；巡检以下多为平原，水势平稳，利于航行。

3. 气候

应城属亚热带季风气候，阳光充足，雨量充沛。年平均：日照 1982.8 小时，气温 15.8 度，地温 18.4～17.4 度，无霜期 241 天，降水量 1084.7 毫米，相对湿度 79%，风速 3.0 米/秒。巡检在市域西北，气候与全市基本相同，仅温度稍低、无霜期稍短。

4. 土壤

巡检土壤的成土母质有两类，即黄色黏土母质和河湖相冲积沉积母质；土壤类型有三种，即水稻土、潮土和黄棕壤。其中，水稻土宜种植水稻，潮土宜种植棉花、小麦、油菜和速生林，黄棕壤宜种植小麦、油菜、黄豆和营造林木。

三　自然资源

1. 土地资源

巡检村有土地资源 905764 平方米，其中：农业用地 714071 平方米，折合 1358.58 市亩，占总面积的 78.84%；非农业用地 191693 平方米，折合 287.53 市亩，占总面积的 21.16%。在农业用地中，水稻土土类较多，宜种植水稻，特别利于糯谷种植，因而巡检已成为周围地区糯谷生产、加工的集散中心。

2. 水资源

巡检村水资源有 3 类：一是雨水。应城年降雨量 1084.7 毫米，巡检大致为 1050 毫米左右，一般年景不能满足农业生产需要，每年都要通过泵站从大富水河抽水灌溉。二是客水。巡检有两支客水，一支来自大富水河，正常年景为 4.55 亿立方米，是巡检农业用水的主要水源。大富水河具有山溪水文特点，巡检段河宽 40～70 米，河底高程约 26 米，流速 0.03 米/秒～3.67 米/秒，水深平时 1～2 米，4～9 月汛期达 6～7 米，可用于灌溉和航行，20 世纪 70 年代上游修建高关水库后航行功能已经丧失。另一支来自短港水库，一般年景水量很小，遇洪水泛滥则通过巡检港汊注入

大富水河。三是地下水。据2010年普查，巡检有200多口家庭水井，其中水桶提水井占25%左右，按压提水井占40%左右，电动抽水井占30%左右。过去，家庭水井是巡检村民生活用水的主要来源，2008年修建自来水厂后，村民生活多用自来水，但洗菜、洗衣、洗澡等仍使用不需缴费的井水。

3. 植物资源

巡检村的植物资源，主要有水稻、棉花、小麦、油菜、蚕豆、豌豆、黄豆、绿豆、马铃薯、玉米和少量高粱等品种。蔬菜品种较多，包括叶菜类、根菜类、茄果类和瓜类，以及葱蒜类等。野生植物种类很少，除马齿苋外大都说不出具体品名。

4. 动物资源

巡检村的动物资源，主要有猪、牛、羊、驴、马等家畜，鸡、鸭、鹅等家禽。鱼类有鲢鱼、草鱼、青鱼、鲤鱼、鳝鱼、泥鳅，以及少量河蟹、鳖和小龙虾。此外，还有一些野生的田鼠、松鼠、刺猬和野兔，以及大雁、野鸭等。

5. 矿物资源

应城市有丰富的石膏、岩盐、芒硝、石英、高岭土、河沙、卵石等矿物资源。其中，石膏、岩盐、芒硝矿藏带在全市境内为东北→西→东南呈横"U"形分布。巡检村处于石膏矿藏带上。此外，在大富水巡检段的河滩、河床上，有大量河沙、卵石等矿物，过去大规模地开采，成为村民副业生产的重要资源。随着大富水河上游修建水库、下游改道，巡检河段河沙、卵石急剧减少，现已失去开采价值。

第四节　人口和劳动力

一　人口数量

根据应城市杨河镇统计站历年人口统计数据，结合对村干部和村民的走访调查，巡检村1949~2010年人口数量变化情况见表1-3。

表 1-3　人口数量的变化

单位：户，人，‰

年份	户数	人口数	男性	女性	出生	死亡	比上年	
							增减人数	增长率
1949	134	506	263	243	27	6	21	41.5
1950	140	526	273	253	24	4	20	38.0
1951	146	547	284	263	26	7	19	34.7
1952	152	569	295	274	28	5	23	40.4
1953	158	592	307	285	25	8	17	28.7
1954	165	616	320	296	27	7	20	32.5
1955	172	641	333	308	31	6	25	39.0
1956	179	666	346	320	32	8	24	36.0
1957	186	691	359	332	34	9	25	36.2
1958	191	711	369	342	36	6	30	42.2
1959	196	732	380	352	31	94	-63	-86.1
1960	201	753	391	362	19	104	-85	-112.9
1961	207	775	403	372	14	65	-51	-65.8
1962	213	798	414	384	17	35	-18	-22.6
1963	219	821	426	395	24	28	-4	-4.9
1964	225	845	439	406	28	15	13	15.4
1965	246	916	476	440	29	7	22	24.0
1966	253	941	489	452	36	11	25	26.6
1967	258	959	498	461	37	12	25	26.1
1968	263	978	508	470	41	10	31	31.7
1969	268	997	518	479	44	9	35	35.1
1970	273	1016	528	488	38	8	30	29.5
1971	278	1036	538	498	34	13	21	20.3
1972	283	1056	549	507	31	8	23	21.8
1973	288	1077	560	517	33	12	21	19.5
1974	293	1098	570	528	31	9	22	20.0
1975	298	1119	581	538	32	8	24	21.4
1976	313	1166	606	560	29	7	22	18.9
1977	334	1246	648	598	9	1	8	6.4
1978	358	1336	695	641	10	1	9	6.7
1979	379	1416	736	680	9	1	8	5.6
1980	384	1437	747	690	10	2	8	5.6
1981	389	1458	758	700	11	4	7	4.8

续表

年份	户数	人口数	男性	女性	出生	死亡	比上年	
							增减人数	增长率
1982	394	1479	769	710	13	3	10	6.8
1983	399	1501	780	721	14	5	9	6.0
1984	404	1523	791	732	12	3	9	5.9
1985	410	1545	803	742	14	4	10	6.5
1986	416	1568	815	753	17	5	12	7.7
1987	422	1591	827	764	23	4	19	11.9
1988	428	1593	838	755	26	6	20	12.4
1989	441	1646	856	790	29	6	23	14.0
1990	446	1665	866	799	27	7	20	12.0
1991	453	1690	879	811	36	11	25	14.8
1992	459	1715	891	824	33	10	23	13.4
1993	465	1740	904	836	31	8	23	13.2
1994	471	1766	918	848	28	9	19	10.8
1995	478	1792	931	861	29	6	23	12.8
1996	485	1818	945	873	26	7	19	10.5
1997	492	1845	959	886	27	9	18	9.8
1998	499	1872	973	899	26	8	18	9.6
1999	506	1900	988	912	28	7	21	11.1
2000	513	1915	996	919	28	6	22	11.5
2001	520	1939	1008	931	31	7	24	12.4
2002	527	1963	1021	942	29	5	24	12.2
2003	533	1987	1033	954	30	6	24	12.1
2004	536	1998	1039	959	18	7	11	5.5
2005	542	2022	1051	971	29	5	24	11.9
2006	550	2046	1064	982	30	6	24	11.7
2007	558	2076	1080	996	38	8	30	14.5
2008	566	2100	1092	1008	31	7	24	11.4
2009	574	2130	1108	1022	38	8	30	14.1
2010	583	2164	1125	1039	39	5	34	15.7

表1－3的数据说明，巡检村人口数量的变化可分两个阶段。

一是，1949～1986年的“两高两低”阶段。其中，1949～1958年为第一个增长高峰期，年增长率在32.5‰～42.2‰之间，人口数则从506人增至711人，增加了205人，即增长了40.5%，年均增长4.5个百分点；1964～1976年为第二次增长高峰期，年增长率在15.4‰～35.1‰之间，人口数则从845人增至1166人，增加了321人，即增长了38%，年均增长3.17个百分点。1959～1963年为第一个增长低谷期，年增长率在－4.9‰至－112.9‰之间，人口数则从732人增至821人，仅增加89人，即增长了12.2%，年均增长3.05个百分点；1977～1986年为第二次增长低谷期，年增长率在5.6‰～7.7‰之间，人口数则从1246人增至1568人，增加了322人，即增长了25.8%，年均增长2.87个百分点。

二是，1987～2010年的平稳增长阶段。在1987～2010年的23年间，有17年增长率一直保持在10‰～14‰之间；有3年低于10‰；有3年高于14‰。人口数则从1591人增至2164人，增加了573人，即增长了36.02%，年均增长1.57个百分点。

二　劳动力资源

按国家规定，劳动力年龄人口为男16～60周岁，女16～55周岁。但是，实际情况是，56～60周岁的农村女性大都仍在从事生产劳动。因此，我们根据这一实际情况，把16～60周岁的全部人口视为劳动力资源。据此计算，1978年、1988年、1998年、2008年巡检村劳动力资源数量的变化情况见表1－4。

表1－4　劳动力资源的变化

单位：人，%

年度	1978	1988	1998	2008
人口数	1336	1614	1872	2100
16～60岁人口	853	1037	1182	1341
比重	63.85	64.25	63.14	63.86

表 1 – 4 的数据说明：1978 年、1988 年、1998 年、2008 年巡检村劳动力资源占总人口的比重，一直保持在 63.14% ~64.25% 之间。这是巡检村最宝贵的社会资源，是巡检村进一步发展的最基本的动力。

撰稿人：苏格清（第一节 ~ 第三节） 程万波（第四节）

第二章　经济制度和经济结构

第一节　经济制度

一　土地改革

由于缺乏文字资料，再加上年代久远，1949 年前的情况很难用准确数据说明。据被访问的老年村民估计，1949 年前，巡检村的地主、富农，约占全村户数的 7%，占人口的 12%，占耕地的 53%；中农、贫农和其他劳动者，约占全村户数的 93%，人口的 82%，耕地的 47%，且多是贫瘠土地，因而经常处于饥饿半饥饿状态，难以为生。

1949 年 4 月，随着应城县的解放，巡检村历史翻开了新的一页。1950 年冬，巡检开始土地改革，没收了地主的土地，征收了富农的多余土地，分配给无地、少地的贫农和雇农。1951 年底，巡检村民人均占有耕地 0.70 亩左右，绝大多数村民都成为拥有自己土地的小生产者——个体农户。1951～1953 年，粮食连年丰收，村民生活有了很大改善，土地改革前那种吃不饱、穿不暖的状况，得到了根本改变。

二　互助合作

土地改革后，农民成了土地主人，生产有了一定发展，但是，仍存在诸多问题：一是，许多农户缺少耕牛、农具。据老人们回忆，当时没有耕牛的农户近 50%，没有水车的农户约 30%，有 13 户雇农家徒四壁、一无所有。二是，个体农户无力抗拒洪涝灾害，部分农户老弱病残，缺乏劳动力。三

是，由于种种原因，部分农户开始出卖土地。到1952年，已有9户出卖了全部土地，65户出卖了部分土地，卖地农户占全村总户数35%左右。为了解决这些问题，在党和政府领导下，巡检村从1953年起走上了互助合作道路。

1. 互助组

1953年春，巡检村开始建立互助组，一般是3～5户为一组。当时，全村组织了40多个互助组，入组农户占农户总数50%左右。主要有两种形式：一是临时互助组，即农忙季节互换人工、牛工，农忙结束后各自管理自己的田地。这种互助组，约占70%。二是常年互助组，即将人力、耕畜、农具统一调配使用，根据劳力强弱、技术高低评出底分，“死分活记，按劳分配”，剩余劳动力开展副业生产。这种互助组，约占30%。据老人们回忆，当时的互助组都做到了增产增收，深受农民欢迎。

2. 初级农业生产合作社

1954年3月18日，巡检成立了初级农业生产合作社。当时，入社农户36户，占总户数的18%。1955年，发展到190户左右。入社农户的土地作股入社，按常年产量的40%～50%分红；耕牛、农具作价入股或折算入社，付给报酬；劳动力实行评工记分，死分活记。在分配上，全年收入除去生产费用和交纳农业税后，余额按土地、劳动力比例分红；每年夏季预分，秋后年终决算。据老人们说，初级农业生产合作社时期，农业有了较快发展，生活水平有了很大提高。

3. 高级农业生产合作社

1955年12月，巡检初级农业生产合作社升格为高级农业生产合作社。到1956年底，入社农户280多户，1500多人，耕地1100多亩。按高级社章程，入社农户土地转归集体所有，取消土地报酬，耕牛和大中型农具作价后为集体所有，由社统一经营，统一核算，社员参加集体劳动，实行分组作业，评工记分，“按劳取酬，多劳多得”；社员的房屋、家具、粮食等生活资料，以及家禽、家畜、小型农具等仍归个人所有。此外，每个农户都分配1～2分自留地，主要用来种植自食自用的蔬菜或经济作物。

从初级社到高级社，仅仅一年多时间，速度太快，变化太大，在很大程度上违背了自愿互利原则，绝大多数社员都不适应，因而生产不仅没有发

展，反而受到很大影响。据老人们说，1957 年实际上是减产，大多数社员生活都有所下降。

三 人民公社

1958 年 8 月 28 日，湖北省第一个人民公社——应城县红旗人民公社宣告成立。同年 9 月，成立了杨河人民公社（大公社），巡检成为杨河人民公社同兴生产大队的一部分。在 1958 年 9 月至 1983 年 12 月，巡检的经济体制经历了两个发展阶段。

1. 以生产大队为经济核算单位

1958 年 9 月成立的杨河公社，实行统一领导、分级管理制度。当时，分为公社、生产大队、生产队 3 级，其中公社是负责盈亏单位，生产大队是经济核算单位，生产队是生产劳动单位，社员分配实行工资制和供给制相结合的制度。[①] 巡检作为同兴生产大队一部分，主要负责组织生产劳动。当时的实际做法，在所有制上，是“一平二调”，刮共产风；在生产上，是“大兵团作战”，瞎指挥；在分配上，是平均主义，吃大锅饭；在消费上，大办食堂，吃饭不要钱，等等。

据老人们反映，这个时期巡检的真实情况是，“做事一窝蜂，个个磨洋工”；“牛呀！牛呀！慢慢走，我不打，你不吼，只要太阳一落土，我的十分就到手”；在分配上，供给制部分占 79%，工资制部分占 21%，劳动力之间差距非常小，只发了两个月工资，就没有钱发了；在巡检食堂，一些城里人、外地人也来吃饭，吃后不但不给钱票，还嫌饭菜味道不好。这种状况不到一年，就折腾不下去了。接着，就是 1959 年冬至 1961 年春的大饥荒。据说，巡检村民约有 30% 外出逃荒要饭，有的甚至被活活饿死。

2. 以生产队为基本核算单位

1962 年 5 月，根据中共中央《关于改变农村人民公社基本核算单位的指示》，应城县调整了人民公社体制，实行了以生产队为基本核算单位的制度。这时，巡检从同兴生产大队分离出来，成为杨河区巡检人民公社（小公社）下辖的一个生产大队。据说，当时巡检生产大队的耕地，各生产队统一

---

① 参见中共八届六中全会通过的《关于人民公社若干问题的决议》（1958 年 12 月 10 日）。

耕种部分，占90%左右；社员自留地部分，占10%左右。年终分配时，现金部分，除生产费、农业税、管理费、公积金（一般占5%～7%）、公益金（一般占3%～4%）外，其余全部按工分分配给社员；粮棉等实物部分，则按人头、工分比例分配。此后，巡检的经济体制稳定了20多年。

实行以生产队为基本核算单位制度，解决了生产队与生产队之间的平均主义问题，解决不了社员与社员之间的平均主义问题，更解决不了人民公社体制诸多根本性、致命性弊端，例如，高度集中的管理体制，严重束缚了生产队和社员的生产积极性；计划经济体制和城乡分割户籍制度，使土地、劳动力等资源像一潭死水，不能合理流动和充分利用；管理层级多，严重行政化、官僚化倾向，使管理成本过高；生产指挥脱离实际，缺乏有效监督，资源浪费严重；农民作为农村经济活动主体，没有从事生产经营活动的自主权；缺乏有效激励机制，干与不干一个样，干多干少一个样，严重挫伤劳动积极性，等等。因此，1962年5月至1983年12月，特别是1978年以前，尽管生产有一定发展，社员生活有一定提高，但大都仅仅处于较低的温饱水平，口粮长期徘徊在300公斤左右，贫困人口比例相当高。

四　包干到户

1978年后，巡检村民以安徽凤阳小岗村为榜样，逐渐走上了家庭承包责任制道路。

1. 引入多种生产责任制形式

1978年后，巡检大队开始试验各种农业生产责任制，主要有4种类型，即定额包工、联产到组、包产到户和包干到户。据老人们估计，在1979～1980年，巡检村民中实行定额包工的农户，约占40%；实行联产到组的农户，约占25%；实行包产到户的农户，约占10%；实行包干到户的农户，约占25%。经过两年实践，包干到户——即“交够国家的、留足集体的，剩余都是自己的”这种家庭承包责任制形式，由于权责明晰、简便易行、自主性强、效果明显，最受农民欢迎，因而迅猛发展起来，1981年实行包干到户的农户增至50%左右，1982年升到约80%，1983年达90%以上。

拖拉机下田

2. 确立家庭承包责任制

包干到户这种家庭承包责任制形式，严格地说，是一种统分结合的双层经营体制，它以土地集体所有为特征，以家庭经营为基础，是一种把集体统一经营与家庭分散经营结合起来的责任制。它的基本特征：一是，土地的所有权归集体所有，土地的占有、支配、经营、使用和收益权归承包农户；二是，农户和集体实行双层经营，各种经营项目，宜统则统，宜分则分，统分结合，其中农户分散经营是基础，集体统一经营是保障。据老人们说，1983年中共中央1号文件《当前农村经济政策若干问题》明确肯定统分结合的双层经营体制后，这种责任制形式得到了更快发展，到1984年已占农户总数的99%，每户平均承包土地3亩左右。

3. 完善双层经营体制

统分结合双层经营体制逐步完善，其主要表现：一是，非公有制经济得到发展。据估算，1979～2010年，巡检非公有制经济产值已从18元增加到850万元；在总产值中的比重，则由0.1%上升到40%。二是，承包土地开

始流转。据《巡检村村民家庭问卷调查》资料，2009 年流入土地的农户 31 户，占承包土地 147 户的 21.1%；流入土地 181.3 亩，占承包土地 746.1 亩的 24.3%。三是，集市贸易相当活跃。特别是 2008 年集资兴建了一个有 100 多个摊位的集贸市场后，交易更为活跃。据估计，2010 年 98% 的农产品都由市场调节。四是，专业协会初步建立。2000 年，成立了养猪协会，到 2008 年 5 月协会会员已发展到 162 户，从业人员 500 多人；2006 年，成立了糯米协会，有会员 121 户，其中种植大户 107 户，加工销售户 14 户。五是，公共产品逐渐增多。村集体通过多种渠道筹集资金，先后兴建了泵站，维修了水渠，硬化了村内干道，建设了集贸市场，等等。

第二节 产业结构

一 产业结构演变

巡检不同于一般农村，它既是一个农村集镇，又是一个基层行政中心，因而其产业结构较为复杂、多元。据调查，1949～2010 年巡检村产业结构的演变，大体分为 4 个时期。

1. 1949～1978 年

1949 年前，由于时间久远、货币变化，已无法说明各产业产值的具体数额。据老年人回忆，当时产业结构的大致情况，见表 2－1。

表 2－1 1949 年前产业结构

单位：%

产　业	种植业	养殖业	加工业	运输业	商业
比　重	40	10	10	20	20

1950 年土地改革后，特别是 1956 年农业合作化、1958 年人民公社化之后，巡检村在生产大幅增长的基础上，产业结构发生了深刻变化（见表 2－2）。

从表 2－2 可以看出：（1）总产值显著增长，1950～1978 年增长了 833.6%，年均增长 29.8 个百分点。（2）第一产业比重增幅最大，超过了 60%。

表 2－2　1950～1978 年产业结构变化

单位：万元，%

年份	总产值	第一产业		第二产业		第三产业	
		产值	比重	产值	比重	产值	比重
1950	4.50	2.00	44.4	1.00	22.2	1.50	33.3
1960	21.20	12.00	56.6	4.00	18.9	5.20	24.5
1970	23.50	15.00	63.8	4.00	17.0	4.50	19.1
1975	27.10	22.50	83.0	2.50	9.2	2.10	7.7
1978	42.01	25.60	60.9	5.80	13.8	10.61	25.3

2. 1978～1983 年

这个时期，巡检作为公社及其下属机构所在地，生产得到较快发展，特别是第二、第三产业发展更快，因而产业结构发生了重大变化（见表 2－3）。

表 2－3　1978～1983 年产业结构变化

单位：万元，%

年份	总产值	第一产业		第二产业		第三产业	
		产值	比重	产值	比重	产值	比重
1978	42.01	25.60	60.9	5.80	13.8	10.61	25.3
1979	52.80	31.80	60.2	8.60	16.3	12.40	23.5
1980	57.40	32.70	57.0	10.10	17.6	14.60	25.4
1981	64.80	35.70	55.1	13.40	20.7	15.70	24.2
1982	99.40	46.60	46.9	22.90	23.0	29.90	30.1
1983	118.30	56.90	48.1	25.60	21.6	35.80	30.3

从表 2－3 可以看出：（1）总产值进一步增长，1978～1983 年增长了 181.6%，年均增长 36.3 个百分点。（2）第二、第三产业得到了快速发展，比重分别增加了 7.8 个百分点和 5 个百分点。

3. 1983～2000 年

1984 年，应城撤销了人民公社体制，巡检成为杨河区巡检镇政府或巡检管理区所在地，巡检生产大队转变成为巡检村民委员会。这段时间，巡检的经济有了更快发展，产业结构也发生了更大变化（见表 2－4）。

表 2－4　1983～2000 年产业结构变化

单位：万元，%

年份	总产值	第一产业		第二产业		第三产业	
		产值	比重	产值	比重	产值	比重
1983	118.30	56.90	48.1	25.60	21.6	35.80	30.3
1984	132.2	56.85	43.0	29.08	22.0	46.27	35.0
1985	237.28	86.78	36.6	50.20	21.2	100.30	42.3
1986	364.16	105.56	29.0	95.30	26.2	163.30	44.8
1987	418.48	123.48	29.5	116.60	27.9	178.40	42.6
1988	459.94	136.79	29.7	129.80	28.2	193.35	42.1
1989	547.12	140.32	25.7	143.40	26.2	263.40	48.1
1990	592.69	145.39	24.5	157.70	26.6	289.60	48.9
1991	629.87	150.87	24.0	168.80	26.8	310.20	49.2
1992	657.15	162.55	24.7	172.20	26.2	322.40	49.1
1993	679.50	170.60	25.1	178.30	26.2	330.60	48.7
1994	775.19	250.60	32.3	180.00	23.2	344.59	44.5
1995	973.00	289.50	29.8	268.80	27.6	414.70	42.6
1996	1130.00	304.00	26.9	326.00	28.9	500.00	44.3
1997	1381.70	389.00	28.1	345.00	25.0	647.70	46.9
1998	1504.10	423.30	28.1	343.00	22.8	737.80	49.1
1999	1753.80	478.00	27.3	310.00	17.7	965.80	55.0
2000	2011.40	501.80	24.9	320.60	15.9	1189.00	59.1

从表 2－4 可以看出：（1）总产值大幅增长，1983～2000 年增长了 1600.3%，年均增长 94.1 个百分点。（2）产业结构变化更为显著，特别是第三产业有了爆发式增长，其比重增加了 28.8 个百分点，达到 59.1%，成为巡检经济的顶梁柱。

4. 2000～2010 年

2000 年 1 月，巡检撤销了管理区、设立了片区——没有常设机构和专职工作人员。这样，巡检作为基层行政中心的职能全部消失，但作为农村集镇的功能仍在继续，特别是外出人员大幅增加，使巡检产业结构发生了进一步变化（见表 2－5）。

表 2－5　2000～2010 年产业结构变化

单位：万元，%

年份	总产值	第一产业		第二产业		第三产业	
		产值	比重	产值	比重	产值	比重
2000	2011.40	501.80	24.9	320.60	15.9	1189.00	59.1
2001	2135.00	542.00	25.4	290.00	13.6	1303.00	61.0
2002	2450.10	598.70	24.4	322.20	13.2	1529.20	62.4
2003	2264.10	588.40	26.0	310.10	13.7	1365.60	60.3
2004	2543.20	548.50	21.6	330.40	13.0	1664.30	65.4
2005	2675.70	550.40	20.6	380.50	14.2	1744.80	65.2
2006	2832.20	558.70	19.7	410.20	14.5	1863.30	65.8
2007	2583.70	588.20	22.8	405.80	15.7	1589.70	61.5
2008	2663.00	600.90	22.6	411.30	15.4	1650.80	62.0
2009	2892.50	621.50	21.5	425.10	14.7	1845.90	63.8
2010	3000.20	638.80	21.3	430.80	14.4	1930.60	64.3

从表 2－5 可以看出：（1）总产值继续增长，2000～2010 年增长了 49.2%，年均增长 4.9 个百分点。（2）产业结构发生了进一步变化，第三产业比重增至 64.3%，比 2000 年上升了 5.2 个百分点。

巡检发展吨粮田项目

二　第一产业发展

据调查，1950～2010年，巡检村第一产业产值发展情况，见表2－6。

表2－6　1950～2010年第一产业产值

单位：万元，%

年份	农业总产值	种植业		林业		畜牧业		副业		渔业	
		产值	比重	产值	比重	产值	比重	产值	比重	产值	比重
1950	2.0	1.6	79.9	0.0	0.6	0.3	15.5	0.0	1.5	0.1	2.6
1960	12.0	9.7	81.1	0.1	0.6	1.8	14.7	0.1	0.8	0.3	2.8
1970	15.0	11.7	78.2	0.1	0.7	2.1	13.7	0.6	4.0	0.5	3.4
1975	22.5	17.9	79.4	0.2	0.8	3.1	13.9	0.4	1.8	0.9	4.2
1978	25.7	19.8	77.0	0.2	0.8	3.8	14.8	0.7	2.7	1.2	4.7
1979	31.8	24.9	78.3	0.3	0.9	5.0	15.7	0.1	0.3	1.5	4.7
1980	32.8	25.1	76.5	0.3	0.9	5.7	17.4	0.6	1.8	1.1	3.4
1981	35.7	27.4	76.8	0.4	1.0	5.9	16.5	0.8	2.3	1.2	3.5
1982	46.6	35.2	75.6	0.5	1.1	8.1	17.4	1.3	2.7	1.5	3.2
1983	56.9	41.7	73.3	0.4	0.6	9.4	16.5	3.8	6.7	1.6	2.9
1984	65.7	47.3	72.0	0.4	0.6	10.2	15.5	6.2	9.4	1.6	2.4
1985	86.8	59.6	68.7	0.5	0.5	12.4	14.3	12.0	13.8	2.3	2.7
1986	105.6	70.2	66.5	0.6	0.6	16.1	15.2	16.0	15.2	2.7	2.5
1987	123.5	81.2	65.7	0.8	0.6	18.4	14.9	19.6	15.9	3.5	2.9
1988	136.8	92.0	67.2	1.1	0.8	18.5	13.6	21.3	15.6	3.9	2.8
1989	140.3	90.3	64.4	1.1	0.8	17.8	12.7	26.7	19.0	4.4	3.1
1990	145.4	99.2	68.2	1.1	0.8	18.0	12.4	22.5	15.5	4.6	3.2
1991	150.9	96.5	64.0	1.0	0.6	19.8	13.1	28.7	19.0	4.9	3.2
1992	162.5	101.5	62.5	1.2	0.7	17.0	10.5	38.2	23.5	4.6	2.8
1993	170.6	103.0	60.4	1.2	0.7	18.2	10.7	43.5	25.5	4.7	2.8
1994	250.6	146.4	58.4	1.5	0.6	27.0	10.8	68.7	27.4	7.0	2.8
1995	289.5	172.4	59.5	1.8	0.6	25.1	8.7	82.7	28.6	7.5	2.6
1996	304.0	174.3	57.3	1.8	0.6	30.0	9.9	89.7	29.5	8.2	2.7
1997	389.0	207.9	53.4	2.2	0.6	44.3	11.4	123.5	31.7	11.1	2.9
1998	423.3	214.0	50.6	2.3	0.5	54.0	12.8	140.0	33.1	13.0	3.1
1999	477.9	231.0	48.3	2.5	0.5	69.5	14.5	163.1	34.1	11.8	2.5
2000	501.8	240.2	47.9	2.7	0.5	76.4	15.2	171.9	34.3	10.6	2.1
2001	542.0	252.2	46.5	3.1	0.6	91.9	17.0	183.6	33.9	11.2	2.1
2002	598.8	270.7	45.2	3.5	0.6	85.5	14.3	227.4	38.0	11.7	2.0
2003	588.4	257.1	43.7	3.3	0.6	92.6	15.7	224.5	38.1	10.9	1.9
2004	548.4	234.6	42.7	3.3	0.6	81.6	14.9	218.1	39.8	10.8	2.0
2005	550.4	241.0	43.8	3.5	0.6	80.4	14.6	215.4	39.1	10.1	1.8
2006	558.7	231.4	41.4	3.6	0.6	77.5	13.9	236.3	42.3	9.9	1.8
2007	588.2	240.0	40.8	3.8	0.6	85.2	14.5	250.7	42.6	8.5	1.5
2008	600.9	247.9	41.3	4.1	0.7	89.9	15.0	250.9	41.8	8.1	1.3
2009	621.5	240.9	38.8	4.1	0.7	97.7	15.7	270.8	43.6	8.0	1.3
2010	638.8	259.0	40.6	4.3	0.7	101.1	15.8	260.7	40.8	13.7	2.1

从表 2-6 可以看出：（1）种植业的比重，1950~1998 年均在 50% 以上，1999~2010 年间除个别年度外均在 40% 以上。这说明，在巡检第一产业中，种植业始终占有举足轻重地位。（2）副业（以第二、第三产业为主）的比重，1950~1984 年均在 10% 以下，1985~1991 年升至 10%~20% 之间，1992~1996 年再升至 20%~30% 之间，1997~2005 年更升至 30%~40% 之间，2006 年以后则一直保持在 40% 以上。这说明，副业在巡检第一产业中呈稳定发展态势，2006 年后更成为其中比重最大的行业。（3）畜牧业的比重，1950~2010 年，绝大多数年份都在 15% 左右，仅两个年度低于 10%。（4）渔业的比重，1970~1982 年、1989~1991 年和 1998 年，在3%~4% 之间，其他年份多在 2% 以上，2003 年后多在 2% 以下。⑤林业的比重，除 1981、1982 两个年度外，一直在 1% 以下。

三　第二、第三产业变迁

巡检村的第二产业，基本上是手工业；第三产业，主要是为村民生产、生活提供商品和劳务的商贸、餐饮、交通、运输等服务业。据老人们回忆，1949 年前全村手工业、服务业有 30 多个行业，80 多户、200 多人，户均资金相当于 2009 年人民币 200 元左右。

1950 年前后，巡检第二、第三产业种类少、规模小，大体可分为 4 类：一是从属于农业的家庭手工业、服务业；二是农户兼营的商品性手工业、服务业；三是独立经营的个体手工业、服务业；四是雇工经营的工场手工业、服务业。1953 年后，巡检手工业、服务业者纷纷走上合作化道路，大体有 3 种形式，即供销小组、供销合作社和生产合作社。在方法上，一般从供销合作入手，向生产合作转变；在步骤上，从小到大、由低级向高级发展。这些政策和做法，有利于手工业、服务业发展，因而多数手工业、服务业者纷纷要求入社，很快实现了合作化。此后，政府采取加工订货、统购经销、低息贷款、税收优惠、供应原材料等办法，帮助手工业、服务业发展，取得了较好效果。但是，1958 年人民公社化后，手工业、服务业受到很大削弱；1966~1976 年“文化大革命”期间，手工业、服务业更受到较大摧残。因此，1950~1978 年，尽管第二产业产值从 1 万元增至 5.8 万元，增长了 480%；第三产业产值从 1.5 万元增至 10.61 万元，增长了 607.3%，但是，它们在总产值中的比重却分别下降了 8.4 个百分点和 8 个百分点（见表 2－2）。

1978～2000 年，是巡检第二、第三产业发展的黄金时期，第二产业产值从 5.8 万元增至 320.6 万元，增长了 54 倍；第三产业产值从 10.61 万元增至 1189 万元，增长了 111 倍，它们在总产值中的比重分别上升了 2.1 个百分点和 33.8 个百分点（见表 2－3 和表 2－4）。

巡兴米业

2000 年 1 月撤销巡检管理区后，巡检失去了基层行政中心功能，但仍是服务周围区域的农村集镇。因此，尽管第二、第三产业发展速度下降，但产值仍在继续上升。2000～2010 年，巡检第二产业产值从 320.6 万元增至 430.8 万元，增长了 34.4%；第三产业产值从 1189 万元增至 1930.6 万元，增长了 62.4%。它们在总产值中的比重，第二产业下降了 1.5 个百分点，第三产业继续上升了 5.2 个百分点（见表 2－5）。

巡检第二、第三产业存在的问题，就内在本质而言，主要是经营规模小，装备水平低，职工素质差，管理较落后；就外部环境来说，主要是市场疲软，需求不足，销售渠道不畅，资金周转困难。因此，总体而言，效益低下，很不稳定。

第三节　户村经济

一　家庭经济发展

1. 村民家庭收入水平和结构

据《巡检村村民家庭问卷调查》资料，对家庭收入做有效回答的有344户、1331人。2009年，他们的收入情况见表2－7。

表2－7　村民收入

单位：元，%

项　目	全家全年总收入	家庭经营收入合计	#农业收入	#非农产业收入	工资性收入	财产性收入
序　号	1	2	3	4	5	6
合计金额	38610708	31957761	3002960	28954801	4834370	1048907
比　重	100.00	82.77	7.78	74.99	12.52	2.72
户　均	112240	92900	8729	84171	14053	3049
人　均	29008	24010	2256	21754	3632	788

项　目	转移性收入	#社保收入	#社会救助收入	#亲友馈赠收入	全家全年纯收入*
序　号	7	8	9	10	11
合计金额	769670	141840	10400	617430	11747277
比　重	1.99	0.37	0.03	1.60	30.42
户　均	2237	412	30	1795	34149
人　均	578	106	8	464	8826

说明：①序号1＝2＋5＋6＋7。②序号2＝3＋4。③序号7＝8＋9＋10。④序号11＝1－全家全年经营性支出26863431元。

表2－7的数据说明：（1）从总收入看，户均112240元，人均29008元；从纯收入看，户均34149元，人均8826元。2009年，全国“农村居民人均纯收入5153元”①。巡检人均纯收入是全国农村居民人均纯收入的1.71倍。（2）从收入结构看，家庭经营收入占82.77%，工资性收入占12.52%，

① 参见中共八届六中全会通过的《关于人民公社若干问题的决议》（1958年12月10日）。

财产性收入占 2.72%，转移性收入占 1.99%。在家庭经营性收入中，非农产业收入占 74.99%，农业收入占 7.78%，前者在总收入中占绝对优势。

《巡检村村民家庭问卷调查》资料表明，收入水平不同收入结构就不相同。据统计，巡检村 20% 年人均纯收入最高的 69 户（人均纯收入 23651 元），与 20% 年人均纯收入最低的 69 户（人均纯收入仅 2011 元）相比较，收入结构上就存在着显著差异。最高 69 户的收入结构，第一是非农产业收入，占 83.18%；第二是农业收入，占 6.95%；第三是工资性收入，占 5.35%；第四是财产性收入，占 3.50%，第五是转移性收入，占 1.02%。最低 69 户的收入结构，第一是非农业收入，占 60.33%；第二是农业收入，占 18.46%；第三是工资性收入，占 12.96%；第四是转移性收入，占 8.03%；第五是财产性收入，仅占 0.22%。两者相比较，前者，非农产业收入、财产性收入比例大；后者农业收入、工资性收入、转移性收入比重高。显然，前者与后者收入结构的差异，决定了两者收入水平的悬殊。

个体粮食加工户

2. 村民家庭支出水平和结构

据《巡检村村民家庭问卷调查》资料，对家庭支出做有效回答的有 349 户、1353 人。2009 年，他们的支出情况见表 2－8。

表 2-8　村民支出

单位：元，%

项　目	全家全年总支出	全家全年经营性支出	种植业经营支出	养殖业经营支出	第二产业经营支出	第三产业经营支出
序　号	1	2	3	4	5	6
合计金额	36493585	26863431	386822	1615620	15734539	8207660
比　重	100.00	73.61	1.06	4.43	43.12	22.49
户　均	106086	78091	1124	4697	45740	23859
人　均	27418	20183	291	1214	11822	6167

项　目	外出打工支出	购固定资产支出	公益事业等支出	租金等财产性支出	馈赠等转移性支出	生活消费支出合计	食品支出
序　号	7	8	9	10	11	12	13
合计金额	918790	751690	31328	101500	769820	7975816	2726203
比　重	2.52	2.06	0.09	0.28	2.11	21.86	7.47
户　均	2671	2185	91	295	2238	23186	7925
人　均	690	565	24	76	578	5992	2048

项　目	衣着支出	居住支出	设备及服务支出	医疗保健支出	交通通信支出	文教娱乐服务支出	其他商品服务支出
序　号	14	15	16	17	18	19	20
合计金额	555075	1542818	564181	951476	428078	1174685	33300
比　重	1.52	4.23	1.55	2.61	1.17	3.22	0.09
户　均	1614	4485	1640	2766	1244	3415	97
人　均	417	1159	424	715	322	882	25

说明：①序号 1 = 2 + 8 + 9 + 10 + 11 + 12。②序号 2 = 3 + 4 + 5 + 6 + 7。③序号 12 = 13 + 14 + 15 + 16 + 17 + 18 + 19 + 20。

表 2-8 的数据说明：(1) 从总支出金额看，户均支出 106086 元，人均支出 27418 元，分别占户均收入 112240 元、人均收入 29008 元的 94.52%。(2) 从总支出结构看，家庭经营性支出占 73.61%，生活消费支出占 21.86%，转移性支出占 2.11%，固定资产支出占 2.06%，财产性支出占 0.28%，公益性支出占 0.09%。经营性支出将近占 3/4，是户均支出高达 106086 元的主要原因。(3) 从经营性支出结构看，种植业经营性支出占 1.06%，养殖业经营支出占 4.43%，第二产业经营支出占 43.12%，第三产业经营支出占 22.49%，外出打工支出占 2.52%。在经营性支出总额中，第二、

第三产业支出占92.55%，第一产业支出仅占7.45%。(4) 从生活消费支出结构看，食品支出占7.47%，居住支出占4.23%，文化娱乐服务支出占3.22%，医疗保健支出占2.61%，设备及服务支出占1.55%，衣着支出占1.52%，交通通信支出占1.17%，其他商品服务支出占0.09%。与传统的食、衣、住、行消费结构相比较，这一消费结构已有了新的特点，特别是文化娱乐、医疗保健支出所占比重已有较大提高。(5) 从恩格尔系数看，食品消费支出占生活消费支出的比重为34.18%。全国农村居民家庭食品消费支出占消费总支出比重为41.0%，城镇为36.5%，① 巡检村村民的恩格尔系数均低于此水平。它是巡检村年人均纯收入高于全国农村平均水平1.71倍的必然反映。

《巡检村村民家庭问卷调查》资料表明，收入水平不同支出结构也不相同。据统计，巡检村年人均纯收入最高69户的支出结构是：经营性支出占85.19%，消费性支出占11.92%，购置固定资产支出占1.25%，转移性支出占1.24%，财产性支出占0.37%，公益性支出占0.04%。在经营性支出总额中，第二产业支出占57.28%，第三产业支出占21.52%，第一产业支出占5.35%（其中种植业仅占0.27%），打工支出占1.04%。在消费性支出中，居住支出占3.23%，食品支出占2.78%，文化娱乐服务支出占1.68%，医疗保健支出占1.37%，设备及服务支出占1.26%，衣着支出占0.84%，交通通信支出占0.72%，其他商品服务支出占0.05%。

年人均纯收入最低69户的支出结构是：消费性支出占56.22%，经营性支出占37.98%，购置固定资产支出占2.84%，转移性支出占2.64%，公益性支出占0.32%，财产性支出占0.01%。在经营性支出中，第三产业支出占23.54%，第一产业支出占8.43%，第二产业支出占3.11%，打工支出占2.9%。在消费性支出中，食品支出占20.89%，居住支出占18.83%，医疗保健支出占5.32%，文化娱乐服务支出占5.24%，衣着支出占2.39%，交通通信支出占1.99%，设备及服务支出占1.51%，其他商品服务支出占0.06%。

从上述支出结构的对比中可以看出：年人均纯收入最高69户支出结构的特点是，在支出总额中，经营性支出比例高；在经营性支出中，第二产业

① 《2009年国民经济和社会发展统计公报》，中央政府门户网站，www.gov.cn，2010年2月25日。

支出比例高；在消费性支出中，居住支出居第一位。年人均纯收入最低69户支出结构的特点是，在支出总额中，消费性支出比例高；在经营性支出中，第三产业支出比例高；在消费性支出中，食品支出居第一位。可以说，这种支出结构的差异，在很大程度上决定着收入水平及其结构的不同。

值得指出的是，年人均纯收入最高的69户，财产性支出比例较高，转移性支出比例较低，可能是他们善于理财的反映；而购置固定资产支出，特别是公益性支出比例较低，则可能是他们"不够智慧"、"不够高尚"的表现。反之，年人均纯收入最低的69户，消费性支出、食品支出、医疗保健支出比例较高，打工支出、财产性支出比例较低，可能是无奈之举；而购置固定资产支出、公益性支出比例较高，则可能是他们"智慧"和"高尚"的表现，但是，转移性支出比例过高，很可能是他们屈从于落后习俗的具体表现。

二　集体经济收支

1993～2009年，巡检村集体收入情况，见表2－9。

表2－9　村集体收入

单位：万元，%

年份	总收入	经营性收入		租赁性收入		管理性收入		其他收入	
		金额	比重	金额	比重	金额	比重	金额	比重
1993	12	2	16.7	4	33.3	4	33.3	2	16.7
1999	28	2	7.1	12	42.9	12	42.9	2	7.1
2001	43	3	7.0	15	34.9	19	44.2	6	13.9
2002	46	5	10.9	15	32.6	20	43.5	6	13.0
2003	60	4	6.7	28	46.7	20	33.3	8	13.3
2005	80	5	6.3	35	43.8	30	37.5	10	12.5
2006	75	5	6.7	32	42.7	28	37.3	10	13.3
2007	90	5	5.6	40	44.4	30	33.3	15	16.7
2008	105	7	6.7	45	42.9	35	33.3	18	17.1
2009	110	8	7.3	50	45.5	34	30.9	18	16.3

表2－9的数据说明：（1）村集体收入增长速度较快，1993～2009年的16年间，增长了816.7%，年均增长51个百分点。（2）村集体收入水平很

低，2009 年全村村民家庭收入 3861 万元（见表 2－7），村集体收入 110 万，后者仅为前者的 2.85%。（3）租赁性收入（主要是出租土地和水面的收入）和管理性收入（主要是集贸市场的管理费）是村集体收入的主要来源，2009 年这两项收入合计占 76.4%。（4）其他收入项目很多，如建房管理费、征用土地款、补偿款、政府部门返还款等，但数量有限，只能作为补助性收入。（5）经营性收入数量少，比重呈下降趋势，其原因：一是，区位条件差，自然资源有限；二是，意愿不高，要求不多，满足于支付办公费和村干部报酬，有多的就搞一点基础设施建设，仅此而已，别无企求。

1999～2009 年，巡检村集体支出情况，见表 2－10。

表 2－10 村集体支出

单位：万元，%

年份	1999		2001		2003		2005		2007		2009	
项目	金额	比重	金额	比重	金额	比重	金额	比重	金额	比重	金额	比重
经营	3.44	12.5	5.89	15.5	11.66	18.8	15.83	21.1	22.79	25.9	29.76	24.8
资产	4.81	17.5	3.19	8.4	7.25	11.7	5.03	6.7	26.22	29.8	21.36	17.8
农田建设	6.55	23.8	7.14	18.8	14.88	24.0	23.78	31.7	13.11	14.9	36.96	30.8
纳税	5.50	20.0	14.44	38.0	17.98	29.0	18.75	25.0	8.80	10.0	10.8	9.0
公积金	0.58	2.1	0.57	1.5	0.74	1.2	0.83	1.1	1.32	1.5	1.68	1.4
计生	0.41	1.5	0.46	1.2	0.81	1.3	0.83	1.1	1.94	2.2	2.16	1.8
办公	1.24	4.5	1.22	3.2	1.05	1.7	1.20	1.6	1.50	1.7	2.28	1.9
村接待	0.66	2.4	1.03	2.7	1.74	2.8	1.80	2.4	2.55	2.9	3.36	2.8
村干部工资	3.47	12.6	2.13	5.6	2.67	4.3	3.45	4.6	4.31	4.9	5.28	4.4
其他	0.85	3.1	1.94	5.1	3.22	5.2	3.53	4.7	5.46	6.2	6.36	5.3
合　计	27.51	100.0	38.01	100.0	62.00	100.0	75.03	100.0	88.00	100.0	120.00	100.0

表 2－10 的数据说明：（1）村集体支出，10 年间增长了 336.2%，年均增长 33.6 个百分点。（2）经营和资产支出，10 年间增长了 519.6%，年均增长 52 个百分点；2009 年占村支出合计的 42.6%。（3）农田建设支出，10 年间增长了 464.3%，年均增长 46 个百分点；2009 年占村支出合计的 30.8%。（4）纳税支出（部分农户税费难以全额收齐，村集体代为缴纳的税赋），2006 年取消农业税前一般占 20% 以上，2006 年后降至约 10%。

(5) 公积金支出，10 年间增长了 189.7%，年均增长 19 个百分点。(6) 计生支出，10 年间增长了 426.8%，年均增长 43 个百分点。(7) 办公支出，10 年间增长了 83.8%，年均增长 8 个百分点。(8) 接待支出，10 年间增长了 409.1%，年均增长 41 个百分点。(9) 干部工资支出，10 年间增长了 52.2%，年均增长 5 个百分点。(10) 其他支出，10 年间增长了 648.2%，年均增长 65 个百分点。

总体看，在村集体支出中，经营性、资产性和农田建设支出比重较大，2009 年这 3 项合计 88.08 万元，占全年支出总额的 73.4%，这说明村领导班子比较注重开源节流，改善农田基础设施，增强发展后劲。这是值得肯定的。但是，接待支出年均增长 41 个百分点，其他支出年均增长 65 个百分点，却值得高度重视。实践证明，这两类支出往往会隐藏或引起许多不健康的东西。同时，也说明村集体在节流方面还大有可为。

第四节　打工经济

巡检村人多地少，历史上就有外出谋生的传统。1978 年改革开放后，特别是 1984 年实行家庭承包责任制后，外出人员逐渐增多。据《巡检村外出人员问卷调查》资料，209 名外出人员的具体情况如下。

一　基本情况

1. 外出的年度、年龄和年数

据调查，209 名外出人员开始外出的年度、年龄和年数，见表 2-11、表 2-12 和表 2-13。

表 2-11　开始外出的年度

单位：人，%

项目	有效回答	1984 年以前	1985～1989 年	1990～1992 年	1993～1995 年	1996～1999 年	2000～2004 年	2005～2008 年	2009 年
人数	209	2	6	10	6	33	73	61	18
比重	100.00	0.96	2.87	4.78	2.87	15.79	34.93	29.19	8.61

表 2-12　开始外出的年龄

单位：人，%，岁

项目	有效回答	<16	16~18	19~20	21~22	23~24	25~29	30~34	35~39	>40
人数	209	8	48	26	22	22	26	23	21	13
比重	100.00	3.83	22.97	12.44	10.53	10.53	12.44	11.00	10.05	6.22

表 2-13　到 2009 年已外出年数

单位：人，%，年

项目	有效回答	<1	1~2	3~5	6~10	11~15	16~20	21~25	>26
人数	209	18	33	46	65	28	11	7	1
比重	100.00	8.61	15.79	22.01	31.10	13.40	5.26	3.35	0.48

表 2-11、表 2-12、表 2-13 的数据说明：（1）开始外出务工经商的年度，1990 年以前 8 人，占 3.83%；1990~1999 年的 49 人，占 23.44%；2000 年以后 152 人，占 72.73%。显然，2001 年中国加入 WTO 后，外出务工经商人数迅速增多。（2）开始外出务工经商的年龄，16 岁以下 8 人，占 3.83%；16~20 岁 74 人，占 35.41%；21~29 岁 70 人，占 33.49%；30~39 岁 44 人，占 21.05%；40 年以上 13 人，占 6.22%。据此计算，开始外出务工经商的平均年龄为 25.7 岁。与《巡检村村民家庭问卷调查报告》参加工作平均年龄“17.2 岁”相比较，平均大 8.5 岁。这说明，多数人是在独立生活能力较强、劳动能力较成熟的年龄才开始外出务工经商的。（3）到 2009 年已外出年数，不足 1 年的 18 人，占 8.61%；1~2 年 33 人，占 15.79%；3~5 年 46 人，占 22.01%；6~10 年 65 人，占 31.1%；10~20 年 39 人，占 18.66%；20 年以上 8 人，占 3.83%。据此计算，到 2009 年平均外出务工经商 7.4 年。从总体看，现有外出务工经商人员已有较为丰富的在外务工经商经验。

2. 外出的途径和培训

据调查，巡检村 209 名外出人员外出的途径和培训情况，见表 2-14、表 2-15。

表 2－14　外出途径

单位：人，%

项目	有效回答	自找	父兄	亲友	中介	政府	网上	其他
人数	209	125	6	68	3	—	3	4
比重	100.00	59.81	2.87	32.54	1.44	—	1.44	1.91

表 2－15　外出培训

单位：人，%

项目	有效回答	没有	学校	中介	政府	拜师	其他
人数	209	164	14	3	5	14	9
比重	100.00	78.47	6.70	1.44	2.39	6.70	4.31

表 2－14、表 2－15 的数据说明：（1）从外出途径看，自找门路 125 人，占 59.81%；亲友、父兄介绍 74 人，占 35.41%；通过中介和上网各 3 人，各占 1.44%；其他（多种途径）4 人，占 1.91%。这就是说，外出务工经商主要靠个人闯天下，其次是靠亲友、父兄帮忙，中介组织作用微乎其微，政府完全没有发挥作用。可喜的是，网上寻觅已开始发挥实效。（2）从外出培训看，没有培训的 164 人，占 78.47%；学校培训和拜师学艺各 14 人，分别占 6.7%；政府培训 5 人，占 2.39%；中介组织培训 3 人，占 1.44%；其他（主要是多种形式培训）9 人，占 4.31%。这说明，外出人员中的 3/4 以上没有经过培训，这是素质不高的一个重要原因。在参加培训的人员中，政府和中介组织分别占 2.39% 和 1.44%，其作用微乎其微；相对而言，学校培训和拜师学艺各占 6.7%，起了较大作用。

二　收入和支出

1. 外出打工者的收入

据《巡检村外出人员问卷调查》资料，对外出打工收入做有效回答的有 209 人，他们 2009 年的收入情况及其分组情况，见表 2－16 和表 2－17。

表 2-16　2009 年收入

单位：人，元，%

项目	有效回答	工资	补助	奖金	养老	医疗	其他	合计
数量	209	4052900	43550	31780	360	22660	112200	4263450
比重	100.0	95.06	1.02	0.75	0.01	0.53	2.63	100.00
人均		19392	208	152	2	108	537	20399

表 2-17　2009 年收入分组

单位：人，元，%

项目	有效回答	<1000	1000～2000	2000～5000	5000～10000	10000～20000	20000～30000	30000～50000	>50000
数量	209	1	4	6	34	99	38	19	8
比重	100.00	0.48	1.91	2.87	16.27	47.37	18.18	9.09	3.83

表 2-16 和表 2-17 的数据说明：

（1）从收入水平看，人均 20399 元，是 2009 年全国“农村居民人均纯收入 5153 元”[①] 的 3.96 倍，因而具有较强的吸引力。据统计，2009 年 20% 收入最高的 42 人，人均收入 35793 元；20% 收入最低的 42 人，人均收入仅 14787 元，前者是后者的 2.42 倍。

（2）从收入结构看，工资占 95.06%，补助、奖金、社会保障等合计占 4.94%。这说明，工资外收入的数量及其比重都非常有限。

（3）从收入分组看，10000～20000 元组人数最多，占 47.37%；20000～30000 元组人数次之，占 18.18%；5000～10000 元组人数第三，占 16.27%；不足 5000 元的占 5.26%；30000 元以上的占 12.92%。

2. 外出打工户的支出

据对巡检村 342 户村民的调查，打工收入占户总收入比重不同，消费结构也不相同。据统计，按打工收入占户总收入的比重，把 342 户分为 6 个组，它们的户数及其比重如下：打工收入为 0（即没有打工收入）的 158 户，占 46.2%；打工收入占户总收入 20% 以下的 20 户，占 5.85%；21%～50% 的

① 《2009 年国民经济和社会发展统计公报》，中央政府门户网站，www.gov.cn，2010 年 2 月 25 日。

31户，占9.06%；51%~80%的54户，占15.79%；81%~99%的40户，占11.70%；100%的39户，占11.40%。这6个组的户数、户均总收入、其中户均打工收入、户均打工收入占户均总收入比重的情况，见表2-18。

表2-18 按打工收入占总收入比重分组

单位：户，元，%

分组	打工收入占总收入比重	户数	户均总收入	#户均打工收入	户均打工收入/户均总收入
1	无打工收入	158	26587	—	—
2	打工收入占总收入20%以下	20	200992	12490	6.21
3	打工收入占总收入21%~50%	31	41980	12978	30.91
4	打工收入占总收入51%~80%	54	38521	25201	65.42
5	打工收入占总收入81%~99%	40	41130	38086	92.60
6	打工收入占总收入100%	39	31701	31701	100.00
合　计		342	30655	13992	45.64

按照表2-18的分组，各组生活消费结构的具体情况，见表2-19。

表2-19 户均消费金额及比重

单位：元，%

分组	户数	生活消费支出合计		食品支出		衣着支出		居住支出	
		金额	比重	金额	比重	金额	比重	金额	比重
1	158	20238	100.0	6630	32.76	1370	6.77	4000	19.77
2	20	35932	100.0	8814	24.53	3685	10.26	2183	6.08
3	31	30649	100.0	8490	27.70	1287	4.20	6143	20.04
4	54	23049	100.0	8476	36.77	1639	7.11	4318	18.73
5	40	27752	100.0	9846	35.48	1993	7.18	8089	29.15
6	39	15838	100.0	8647	54.60	1030	6.50	3021	19.07
合计	342	23025	100.0	7850	34.09	1585	6.88	4511	19.59

分组	户数	家庭设备支出		医疗保健支出		交通通信支出		文教娱乐及其他	
		金额	比重	金额	比重	金额	比重	金额	比重
1	158	942	4.66	2549	12.59	1101	5.44	3646	18.01
2	20	9541	26.55	1698	4.72	2430	6.76	7581	21.10
3	31	1124	3.67	7874	25.69	1242	4.05	4489	14.65
4	54	1729	7.50	2593	11.25	1251	5.43	3043	13.20
5	40	1549	5.58	2404	8.66	1206	4.35	2665	9.60
6	39	481	3.04	781	4.93	579	3.66	1299	8.20
合计	342	1632	7.09	2775	12.05	1175	5.10	3497	15.19

表 2 - 19 的数据说明：

（1）从户均生活消费支出合计看，存在着打工收入占总收入比重越低，户均生活消费支出合计越高的趋势。它说明，打工收入比例越高的户，可能是人均收入越低的户，因而人均生活消费支出越低；没有打工收入的户，绝大多数是缺乏青壮年劳力的户（无劳力外出打工）和极少数最高收入户（不需要外出打工），则处于第 5 组与第 6 组之间。

（2）从户均食品支出看，存在着打工收入占总收入比重越低，户均食品支出比重也越低的趋势。它说明，打工收入比例越低的户，可能是人均收入越高的户，因而人均食品支出比重越低；没有打工收入的户，多数人尽管是粗茶淡饭，但由于人均收入低下，因而食品支出比重仍相当高，处于第 3 组与第 4 组之间。

（3）从户均衣着支出看，第 2 组最高，达 10.26%，反映出这部分村民已可在穿着上投入较多的资金；第 3 组最低，仅 4.20%；其他各组都在 6.5% ~7.18% 之间。

（4）从户均居住支出看，第 2 组最低，仅 6.08%，可能是他们的住宅早已较为完善，无需再投入较多资金；其他各组居住条件较差，不得不再投入 18.73% ~29.15% 的资金。

（5）从户均家庭设备支出看，第 2 组最高，达 26.55%，说明这部分村民已可将较多资金投入改善家庭设备上；其他各组都在 3.03% ~7.5% 之间。

（6）从户均医疗保健支出看，第 3 组最高，达 25.69%，这部分村民可能是病痛较多而又有较强支付能力，因而在医疗保健上投入较多；其他各组都在 4.72% ~12.59% 之间，这有两种可能，一是身体较好，不需多投入；一是尽管有病，需要投入，却无力投入。

（7）从户均交通通信支出看，第 2 组最高，为 6.76%；其他各组也不低，均在 366% ~5.44% 之间。它说明，在现有交通通信条件下，人流信息流存在着相对均衡化趋势。

（8）从户均文教娱及其他支出看，第 2 组最高，达 21.1%，它说明这部分村民已在追求较高的非物质生活消费；第 6 组最低，仅 8.2%，这与其食品支出占 54.6% 形成了鲜明对照，它说明这部分村民尚处于较低的温饱水

平；其他各组都在9.6%~18.01%之间。

总体而言，打工收入占总收入比重与人均纯收入之间存在着负相关关系，即打工收入占总收入比重越高，人均纯收入越低；反之亦然。第2~6组的恩格尔系数（即食品支出占生活消费支出的比重）分别为24.53%、27.70%、36.77%、35.48%、54.6%，就是最好的说明。至于没有打工收入的第一组，由于是极少数最高收入户（不需要外出打工）与绝大多数最低收入户（无劳力外出打工）的综合，因而恩格尔系数成为较高的32.76%。

三　影响收入因素分析

据对209名外出务工经商人员的调查，影响他们收入的有性别、年龄、文化程度、工作地点、行业和职业等因素，其具体情况如下。

表2-20　性别、年龄与人均收入

项　目		有效回答	性别		年龄(岁)				
			男	女	<29	30~39	40~49	50~59	>60
有效回答人数(人)		209	139	70	69	50	58	24	8
全年收入合计(元)		4263450	3022530	1240920	1365470	1113680	1220700	410800	152800
人均收入(元)		20399	21745	17727	19789	22274	21047	17117	19100
收入分组(万元)	<0.5	12	3	9	3	2	5	2	0
	0.5~1.0	34	17	17	12	6	9	7	0
	1.0~2.0	98	72	26	35	21	26	10	6
	2.0~3.0	38	27	11	12	10	10	4	2
	>3.0	27	20	7	7	11	8	1	0

表2-20的数据说明：（1）从性别看，男性人均收入高，21745元；女性低，17727元，仅及男性的81.5%。这表明，性别对收入高低有重大影响。（2）从年龄看，30~39岁收入最高，22274元；40~49岁次之，21047元；小于29岁第三，19789元；50岁以上最低，17613元。总趋势是两头低、中间高。30~49岁时期，体格最强壮、技术最成熟，因而收入也最高。

表 2-21　文化程度与人均收入

项　目		总计	文盲	小学	初中	高中	中专职高	大专	本科及以上
有效回答人数(人)		209	8	38	124	20	9	6	4
全年收入合计(元)		4263450	140600	659730	2482000	500800	212800	127000	140520
人均收入(元)		20399	17575	17361	20016	25040	23644	21167	35130
收入分组(万元)	<0.5	12	0	5	7	0	0	0	0
	0.5~1.0	34	0	9	22	2	1	0	0
	1.0~2.0	98	7	12	59	10	5	4	1
	2.0~3.0	38	1	10	22	2	2	1	0
	>3.0	27	0	2	14	6	1	1	3

表 2-21 的数据说明：本科及其以上收入最高，35130 元；高中文化程度次之，25040 元；中专职高第三，23644 元；大专第四，21167 元；初中第五，20016 元；小学和文盲最低，分别为 17361 和 17575 元。这表明，文化程度是影响收入高低的重要因素，其总趋势是文化程度越高收入就越高。

表 2-22　工作地点与人均收入

项　目		总计	本村	本镇	本县级市	本地级市	本省	外省市区	其他
有效回答人数(人)		209	4	0	7	4	32	159	3
全年收入合计(元)		4263450	53000	0	168350	76000	475050	3295050	196000
人均收入(元)		20399	13250	0	24050	19000	14845	20724	65333
收入分组(万元)	<0.5	12	2	0	1	0	2	7	0
	0.5~1.0	34	0	0	0	1	9	24	0
	1.0~2.0	98	1	0	3	2	15	77	0
	2.0~3.0	38	1	0	1	1	5	29	1
	>3.0	27	0	0	2	0	1	22	2

表 2-22 的数据说明：其他（包括到国外务工经商和务工经商地域不固定的外出者）组人均收入最高，65333 元；本县级市（应城市经济比较发达，外出成本较低）次之，24050 元；外省市区第三（多为经济发达地区），20724 元；本地级市第四，19000 元（外出成本较高，而收入比本县级市高不了多少）；本省第五（多在其他县市），14845 元；本村最低，仅 13250 元

（一般以种植、养殖业为主，而且只是“兼业”）。至于巡检村所属的杨河镇，由于交通不方便，又没有多少企业，因而没有人到本镇去打工经商。

表 2-23　行业与人均收入

项　目		总计	种植业	加工制造	运输邮电	商贸餐饮	文教卫生	社区服务	金融保险	其他
有效回答人数(人)		209	1	128	6	24	8	29	1	12
全年收入合计(元)		4263450	5000	2517630	175120	588000	224000	537200	6300	210200
人均收入(元)		20399	5000	19669	29187	24500	28000	18524	6300	17517
收入分组(万元)	<0.5	12	1	8	0	1	0	1	0	1
	0.5~1.0	34	0	17	0	7	1	6	1	2
	1.0~2.0	98	0	64	1	9	3	14	0	7
	2.0~3.0	38	0	26	2	3	2	5	0	0
	>3.0	27	0	13	3	4	2	3	0	2

表 2-23 的数据说明：运输邮电业人均收入最高，29187 元；文教卫生次之，28000 元；商贸餐饮第三，24500 元；加工制造第四，19669 元；社区服务第五，18524 元；其他（行业不稳定者）第六，17517 元；金融保险第七（卖保险的打工者），6300 元；种植业最低，5000 元。

表 2-24　职业与人均收入

项　目		总计	普通工人	技术工人	营业服务	个体户	专业人员	管理人员	其他
有效回答人数(人)		209	82	56	34	9	12	9	7
全年收入合计(元)		4263450	1379000	1301200	473250	399750	258220	252400	194630
人均收入(元)		20399	16817	23236	13919	44417	21518	28044	27804
收入分组(万元)	<0.5	12	7	1	3	1	0	0	0
	0.5~1.0	34	15	6	8	0	4	1	0
	1.0~2.0	98	42	25	20	2	3	3	3
	2.0~3.0	38	11	16	3	2	2	2	2
	>3.0	27	7	8	0	4	3	3	2

表 2-24 的数据说明：个体户人均收入最高，44417 元；管理人员次之，28044 元；其他（多为有能力的跳槽者）第三，27804 元；技术工人第四，

23236元；专业人员（主要是初级专业人员）第五，21518元；普通工人第六，16817元；营业员、服务员最低，13919元。

第五节　农村金融

一　1949年前农村金融

1949年前，巡检的金融活动以民间借贷为主，银行、信用社为辅。

据老人们回忆，1949年前有借贷活动的村民约占30%，小商小贩约占70%；在借贷总额中，民间借贷约占90%，两家金融机构（中国农业银行应城合作金库和应城信用合作社）约占10%。民间借贷主要有两种形式：一是高利贷，占50%左右。有借钱还钱、借钱还粮、借粮还粮等类型，利息有大加一、印子钱、猴子蹦、青苗债等形式，利率往往高达100%。二是标会，占30%左右。此外，还有典当、石膏公司放款等形式，合计占10%左右。

二　1949～1978年农村金融

据老人们说，1949～1953年，巡检农村很少有金融活动。

1953年开展互助合作运动后，特别是初级农业生产合作社、高级农业生产合作社和人民公社时期，农业银行、农村信用社与巡检的互助组、合作社、生产大队之间有许多贷款、还款活动，但是，具体情况没有文字资料，也无法回忆。

就巡检村民个人金融活动而言，据对68户村民调查，1955～1978年，没有储蓄的53户，占77.9%，偶有储蓄的7户，占10.3%，常有储蓄的8户，占11.8%。这8户中，1户是裁缝，1户是大队干部；储蓄最多的380元，最低的8元；储蓄总额938元，平均每户117.25元。1963～1976年，68户中有借贷的50户，占73.5%。其中，向亲友借贷的34户，占68%；向信用社借贷的6户，占12%；向银行借贷的3户，占6%，通过多种途径借贷的7户，占14%；借款原因，生活困难的25户，占50%；婚丧嫁娶的

15 户，占 30%；看病的 7 户，占 14%；“赶情送礼”和其他原因的 3 户，占 5%。

三　1978～2010 年农村金融

1978 年以后，特别是 1984 年实行家庭承包责任制后，随着农村经济发展，村民收入提高，个体私营企业成长，农村金融活动日益活跃。据对 68 户村民调查，2010 年在金融机构有存款的 44 户，占 64.7%，没有存款的 24 户，占 35.3%；把钱存入或借贷给非金融机构的有 7 户，占 10.3%。有借（贷）款的 65 户，占 95.6%。这 65 户的借（贷）款途径：一是向亲友借款 40 户，占 61.5%；二是向信用社贷款 14 户，占 21.5%；三是向高利贷借款 8 户，占 12.3%；四是向银行或政府部门贷款 3 户，占 4.6%。这 65 户的借（贷）款数额：1 万元以下的 35 户，占 53.8%；1 万～5 万元的 25 户，占 38.5%；5 万元以上的 5 户，占 7.7%。

据了解，目前巡检金融活动的主体可分为 4 类：一是普通农户。借贷的目的，用于建筑房屋的，约占 40%；生产经营的，约占 25%；孩子上学的，约占 15%；医疗治病的，约占 10%；“赶情送礼”的，约占 8%；其他的，约占 2%。借款的数额，一般在 1 万～2 万元之间。二是种养大户、个体工商户。借贷的目的，主要用于周期性、临时性生产经营活动；借贷的数额，在 5 万元以下的约占 60%，5 万元以上的约占 15%，不愿说明具体数额的约占 25%。三是民营企业。借贷的目的，主要是从事经营活动；借贷的数额，一般是几十万元，有的在 50 万元以上。四是村集体。借贷的目的，主要是搞农田水利、农村电网、农村道路、生活用水安全等方面的建设；借贷的数额，一般在 60 万元左右。目前，巡检村集体负债 18 万多元。

目前，巡检村的金融活动有 4 个显著变化：一是，主动性增强。过去，多数村民存在着“借得起还不起”等害怕借贷心理；现在，不少村民主动要求借贷，甚至托关系、找路子借贷。二是，季节性消失。过去，农村贷款是“春耕秋播涨，粮食登场落”，形成春、秋两个季节性贷款高峰；现在，一年四季都有贷款需求。三是，额度增大。过去，农民借贷的数额，一般是几十、几百元；现在，动辄几千上万元，甚至几十万元。四是，用途多样。过

中国信合巡检分社

去，借贷的主要用途是购买种子、化肥、农药，以及建房、治病等；现在，则增加了购买耐用消费品、农业机械、生产经营等用途。

总体而言，现在的巡检还不富裕，资金仍很缺乏。但是，巡检的有限资金却在大量流失。据村民反映，巡检资金流失的渠道主要有四：一是，通过存款流失。主要是通过邮政储蓄、银行存款、购买保险等渠道流失。二是，通过投资流失。主要是通过到外地做生意、在城镇买房产、炒股票、买债券，买彩票等投资活动流失。三是，通过消费流失。主要是送子女到外地上学、到城市医院就医、购买商业保险、购买耐用消费品等流失。四是，通过赌博流失，少数村民到外地玩牌、赌博，致使部分资金流失。显然，如何减少巡检资金的外流，是一个亟待解决的问题。

撰稿人：袁学清（第一节、第五节）　李圣桥（第二节～第四节）

第三章　村级组织和村务管理

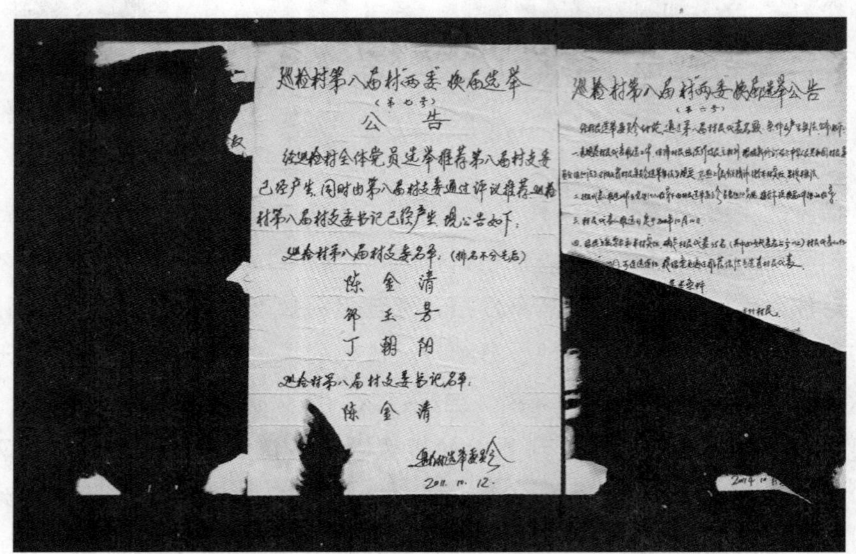

巡检村第八届换届选举公告

第一节　发展历程

1949～2010年，巡检村级组织的发展大体可分为3个时期。

一　乡村政权时期（1949～1958年）

1949年6月应城全县解放，不久就废除保甲制度，建立了区政府和乡村政权。当时，巡检为第二区巡检乡下属的一个村，在乡政府领导下由村民选举产生了1名村长和1名民兵队长，均为不脱产的村干部。1949年10月，第二区更名为杨河区，巡检就为杨河区巡检乡下属的一个村。当时，村级组织的性质是乡政府的派出机构，主要任务是收缴税费、组织群众支援前线，冬春二季则是组织群众开展清匪反霸、减租减息、土地改革、镇压反革命及抗美援朝等。

1953年冬，巡检开始出现临时互助组，1954～1955年期间发展为常年互助组和初级农业生产合作社。互助组和初级农业生产合作社都是群众性经济组织，只具有组织农副业生产的经济职能。但是，当初级农业生产合作社转变为高级农业生产合作社，特别是1956年全县实现农业合作化后，巡检合作社管理委员会实际上已代行了村级行政职权，成为事实上的巡检村级行政组织。①

二　人民公社时期（1958～1983年）

1958年9月，应城县实现了人民公社化。巡检成为杨河公社巡检管理区（其性质是杨河公社的派出机构）同兴大队的一部分。1961年5月，杨河公社改为杨河区（其性质是应城县政府的派出机构），巡检管理区改为巡检公社，巡检村就成为巡检公社下辖的一个生产大队。由于人民公社实行政社合一的体制，因而巡检生产大队，既是巡检村的经济组织，又是巡检村的行政组织。按照当时的规定，生产大队配有大队长1人，副大队长1～2人，妇联主任、会计、民兵连长各1人。生产大队下设生产队，配队长、副队长、会计、民兵排长等职务。这些大队干部和生产队干部，都具有双重身份，既是本队经济工作的领导者，又是本队行政组织的领导者。

三　村民委员会时期（1984～2010年）

1984年1月，应城县撤销人民公社体制，恢复区乡（镇）政权组织，在村级则成立基层群众性自治组织——村民委员会。当时，巡检成为杨河区

① 参见《应城民政志》（1882～1985）。

巡检镇下属的一个村，原来的巡检生产大队改为巡检村民委员会，原来的生产队则改为村民小组。村民委员会配主任1人，副主任1~2人，民兵连长（兼治保主任）、妇联主任、会计等职各1人。此后，区乡（镇）组织虽经多次调整，但是，巡检村村民委员会组织始终没有改变，它的基层群众自治组织性质也始终没有改变。

第二节 村党支部

一 发展历程

1954年7月，巡检建立了第一个党支部——巡检农业生产合作社党支部。首任书记是雷朝松，任期至1972年9月。当时，支部只有4名党员：雷朝松、熊永耀、丁凤秀（女）、熊树志。其中，熊永耀、丁凤秀是支部委员。雷朝松任书记期间发展了2名党员：李炎生、刘金旺。1958年，党支部更名为“巡检大队党支部”。

党支部第二任书记是李炎生，任期从1972年10月至1981年3月。由于雷朝松年龄较大，不适宜继续担任书记职务，于是身为民兵连长的李炎生在1972年10月从预备党员转为正式党员后直接被任命为书记，雷朝松改任大队副书记，委员仍然是熊永耀、丁凤秀。当时，支部共有6名正式党员：李炎生、雷朝松、丁凤秀、熊永耀、熊树志、熊德玉。后来，支部调整，民兵连长刘金旺增补为支部副书记。1979年6月，刘金旺改任生产大队队长，陈火苟增补为支部副书记。李炎生任书记期间，转入支部的有11名党员：廖良生、余惠君、刘晚苹、王四伢、张三伢、张腊元、熊树植、曾建国、杨长明、关清山、陈火苟，支部发展了4名党员：民兵连长刘金旺、治保主任陈火苟、妇联主任熊爱珍、主管会计关祥益。1979年底，支部党员增至21人。

巡检党支部第三任和第五任书记是陈火苟。其中，第三任任期是1981年4月至1984年2月。1981年3月支部书记李炎生调到杨河镇任副镇长后，作为支部副书记的陈火苟代理书记，主持全面工作。第五任任期是1987年

10 月至 1991 年 10 月。1987 年 10 月，巡检党支部一度分为三个支部，即巡检村党支部（11 名党员）、巡检街道党支部（8 名党员，张望中任书记）和巡检企业党支部（6 名党员，挂靠在杨河镇）。巡检村党支部书记是陈火苟，村主任是肖建祥。1986 年 5 月，村主任肖建祥被发展为党员，后又兼任支部副书记。1991 年底，支部党员增至 13 人。

巡检党支部第四任书记是张望忠。任期从 1984 年 3 月至 1987 年 10 月。1987 年 10 月支部一分为三后任巡检街道党支部书记。

巡检党支部第六任书记是肖建祥。任期从 1991 年 10 月至 2009 年 4 月。1992 年下半年原巡检村与巡检街道合并成巡检村。支部副书记是陈火苟，1994～1997 年副书记由村主任鄢中亮接任。期间发展的党员有：村副主任陈金清、出纳丁朝阳、民兵连长熊立生、邮递员刘运国、丰江米业法人代表吴红斌、三强养殖协会会长丁贵祥、巡检小学教师彭应波、退伍军人肖应波。2009 年底，支部党员增至 28 人。

巡检党支部第六任书记是陈金清，任期从 2009 年 4 月开始，此时原支部书记调离，支部工作由副书记陈金清牵头，实际上就是代理书记。2010 年底，支部党员仍是 28 人。

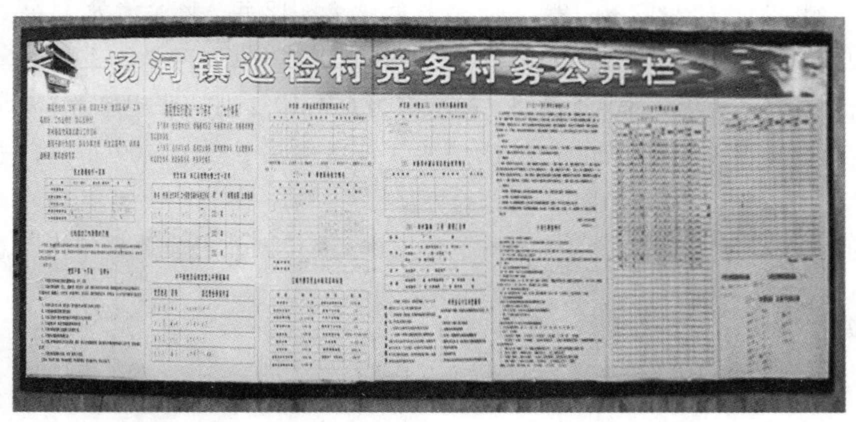

村务公开栏

1954～2010 年，巡检党支部已有 56 年历史，先后产生了 6 位支部书记，他们的简要情况，见表 3－1。

表 3－1　支部书记简况

序号	姓名	出生年月	文化程度	入党时间	任职时间	任职年限	主要贡献	离职去向
1	雷朝松	1928 年 1 月	小学	1954 年 5 月	1954 年 7 月至 1972 年 9 月	18	实现合作化	去企业工作
2	李炎生	1940 年 8 月	高中	1970 年 7 月	1972 年 10 月至 1981 年 3 月	9	工作能力强	任副镇长
3	陈火荀	1942 年 5 月	初中	1972 年 2 月	1981 年 4 月至 1984 年 2 月 1987 年 10 月至 1991 年 10 月	3 4	工作稳重 维持现状	做门卫
4	张望忠	1946 年 11 月	初中	1983 年 7 月	1984 年 3 月至 1987 年 10 月	3	实现大包干	管理工程队
5	肖建祥	1959 年 3 月	高中	1986 年 5 月	1991 年 11 月至 2009 年 4 月	18	新农村建设	镇养老院院长
6	陈金清	1962 年 1 月	高中	1997 年 11 月	2009 年 4 月至 2010 年 12 月	1	发展养殖业	尚在职

表 3－1 的资料说明：（1）担任党支部书记时的年龄，雷朝松为 26 岁，李炎生为 32 岁，陈火荀为 39 岁，张望忠为 37 岁，肖建祥为 32 岁，陈金清为 47 岁，平均年龄为 35.5 岁；其总趋势是低——高——低——高。（2）担任党支部书记时的入党时间，雷朝松为 2 个月，李炎生为 2 年 3 个月，陈火荀为 9 年 2 个月，张望忠为 8 个月，肖建祥为 5 年 6 个月，陈金清为 11 年 5 个月，合计 350 个月，平均为 58.3 个月，折合 4.86 年；其总趋势是由短到长。（3）担任党支部书记时受学校教育的年数，雷朝松为 6 年，李炎生为 12 年，陈火荀为 9 年，张望忠为 9 年，肖建祥为 12 年，陈金清为 12 年，平均为 10 年，其趋势是由少到多。（4）担任党支部书记的年数，雷朝松为 18 年 2 个月，李炎生为 8 年 5 个月，陈火荀为 6 年 10 个月，张望忠为 3 年 7 个月，肖建祥为 17 年 5 个月，陈金清为 1 年 8 个月，合计 709 个月，平均 118.2 个月，折合为 9.85 年，其总趋势是长——短——长——短。（5）离任后的去向，2 位到镇政府或镇下属单位工作，3 位到非农业单位工作，总趋势是离开农业和农村。

二　产生方式

巡检党支部书记的产生有 3 种方式。一是，上级党组织指定。第一任支部书记雷朝松，就是由中共应城县杨河区委员会直接指定产生的。二是，上级党组织提出候选人，支部等额选举。第二任书记李炎生，就是先由中共应城县杨河区巡检公社党委提名为候选人，然后由党支部等额选举产生的。三

是，党员提名候选人，先差额选举支部委员，然后再由党支部委员会选举支部书记。

据曾担任过村支部副书记、村会计，并多次参与或主持过村“两委”（即村党支委和村委会）选举的老党员鄢忠亮回忆，2008 年巡检村党支部书记选举过程如下。

第一步，民主评议党支部。2008 年 11 月 2 日，在村党员活动中心召开支部党员大会，当时支部有 27 名党员，其中 5 名党员在外无法赶回村参加大会。在党员大会上，由肖建祥代表村党支部述职，支部委员陈金清、丁朝阳也分别做了各自的述职报告。然后，由参与支部大会的 22 名党员进行评议。

第二步，民主推荐党支部委员候选人初步人选。11 月 3～4 日，召开党员大会，22 名党员采取无记名投票方式，民主推荐 4 名党支部委员会候选人初步人选，并提出了书记、副书记建议名单。11 月 5 日，交中共杨河镇党委审定。

第三步，确定村党支部委员候选人名单。11 月 6 日，召开党员大会，将经中共杨河镇党委审定的党支部委员候选人名单提交大会酝酿讨论，并根据多数党员意见确定了 4 名候选人：肖建祥、陈金清、丁朝阳、邹玉芳。

第四步，选举支部委员。11 月 7 日，召开党员大会选举 3 名支部委员。这次选举会议，由原村党支部书记肖建祥主持，候选人 4 人：肖建祥、陈金清、丁朝阳、邹玉芳，22 名党员参加投票，占全村党员总数的 81.5%，唱票人张腊元，计票人曾建国，监票人陈忠望，总监票人鄢忠亮。选举前，发出选票 22 张，回收选票 22 张，有效选票 22 张。选举结果是：肖建祥、陈金清、丁朝阳当选为支部委员。4 名候选人的简要情况，见表 3－2。

第五步，选举村党支部书记。11 月 8 日，召开新一届村党支部委员会，以无记名投票方式选举支部书记，肖建祥当选。

事实表明，巡检村党支部书记的产生方式和过程，尽管可能存在着种种问题，但是，总的发展趋势是：由指定向选举转变，由等额选举向差额选举转变。应该说，它是不断进步的，其发展方向是正确的。

表 3-2 支部委员候选人简况

候选人姓名	得票数	性别	年龄	文化程度	政治面貌	原任职务
肖建祥	21	男	50	高中	党员	支书
陈金清	20	男	45	高中	党员	支委
丁朝阳	13	男	32	高中	党员	支委
邹玉芳	10	女	53	高中	党员	村委会委员

三 党员现状

2009 年底，巡检村党支部有 28 名党员，他们的简要情况见表 3-3。

表 3-3 党员简况

单位：人，%

项目	合计	性别		年龄(岁)						文化程度			
		男	女	20～29 岁	35～39 岁	40～44 岁	45～49 岁	50～54 岁	55 岁以上	文盲	小学	初中	高中或中专
人数	28	22	6	3	3	3	5	3	11	1	5	17	5
比重	100.0	78.6	21.4	10.7	10.7	10.7	17.9	10.7	39.3	3.6	17.9	60.7	17.9

表 3-3 的数据说明：(1) 从人数看，2009 年底全村户籍人口 1447 人，党员人数占户籍人口数 1.94%。(2) 从性别看，男性 22 人，占 78.6%；女性 6 人，占 21.4%。(3) 从年龄看，55 岁以上 11 人，占 39.3%；45～54 岁 8 人，占 28.6%；35～44 岁 6 人，占 21.4%；35 岁以下 3 人，占 10.7%。据此计算，平均年龄为 48.3 岁。(4) 从文化程度看，高中或中专 5 人，占 17.9%；初中 17 人，占 60.4%；小学 5 人，占 17.9%；文盲 1 人，占 3.6%。据此计算，平均受教育年数为 8.7 年。

此外，据口头访问估计，巡检党支部 28 名党员中，家庭收入高于全村平均水平的约占 60%，相当于全村平均水平的约占 30%，低于全村平均水平的约占 10%。从总体上看，党员家庭收入水平高于一般村民家庭，在发展经济方面，多数党员在一定程度上起到了模范带头作用。

据有关资料，2010年底，全国农牧渔民中的党员有2442.7万名，[①] 占当年农村人口67113万人[②]的3.64%。2009年底，全国有中共党员7799.5万名，占全国人口133474万人[③]的5.84%。其中，女党员1694万名，占21.7%；具有大专以上学历的党员2787.3万名，占35.7%。党员年龄，35岁以下的有1847.3万名，占23.7%；36～45岁的有1687.6万名，占21.6%；46～59岁的2283.5万名，占29.3%；60岁以上的有1981.1万名，占25.4%。[④] 据此计算，全国党员平均年龄约为47.3岁。

上述调查数据和有关资料表明，巡检村党组织建设中存在的主要问题：一是，党员数量偏少。全国农牧渔民党员占农村人口3.64%，巡检只占1.94%，比全国低1.7个百分点。二是，女党员比重偏低。全国女党员占21.7%，巡检只占21.4%，比全国低0.3个百分点。三是，党员年龄偏高。全国党员平均年龄47.3岁，巡检党员平均年龄48.3岁，比全国高1岁。四是，平均受教育年数低一大截。显然，如何增加党员数量，提高党员素质，是巡检党组织建设的重要任务。

第三节　村委会和其他组织

一　村委会诞生

人民公社时期，生产大队党支部管理大队事务，大队管理委员会形同虚设。1984年初，废除人民公社体制，实行家庭承包责任制，巡检大队管委会改名为村民委员会；同年12月，生产队又为村民小组所取代，它标志着一种新的村级组织——村民委员会（简称“村委会”）的诞生。但是，这种改

---

① 中国共产党新闻网2011年6月24日，http：//cpc. people. com. cn/GB/164113/14989288. html。

② 中华人民共和国国家统计局：《统计年鉴2011》3－1。http：//www. stats. gov. cn/tjsj/ndsj/2011/indexch. htm。

③ 中华人民共和国国家统计局：《中华人民共和国2009年国民经济和社会发展统计公报》2010年2月25日。http：//www. stats. gov. cn/tjgb/ndtjgb/qgndtjgb/t20110228_ 402705692. htm。

④ 中央政府门户网站，www. gov. cn，2010年6月28日，来源：新华社。http：//www. gov. cn/jrzg/2010－06/28/content_ 1639416. htm。

村委会成员

变，在当时仅停留在名称上，至于村委会的性质、职能和产生方式等，与原来的大队管委会并没有本质区别。

1988年6月1日《村民委员会组织法》试行后，巡检村才开始举行村委会选举，并逐步向村民自治过渡。1988～2009年，巡检村村委会进行了7次选举，先后选举了7届村委会，村民自治不断有所发展。

巡检村村委会成员不脱离生产，但经常开会和处理村务，所以，应城市政府统一规定，每年给村干部一些补贴。2009年的补贴标准是：村党支部书记每年3000元，村委会主任每年2500元，其他村干部每年2000元。

二　村委会选举

1988年6月贯彻《村民委员会组织法》以前，村委会主任和其他村干部，主要由杨河区（镇）党政领导机关指定或任命。1988年6月以后，巡检村开始选举村委会干部。选举过程，经历了两种方式的转变：一是领导提名、村民选举，即由乡镇政府或村党支部提出村委会干部候选人名单，然后由村民投票选举产生。这种方式，尽管突破了乡镇领导机关直接任命村干部

的传统模式，但其结果仍然受乡镇领导机关和村党支部操纵，因而被称为“指选”、“派选”，并不是真正的民主选举，只具有形式上的合法性。二是村民提名、竞争选举，即先选举村民代表，成立村民选举委员会，然后由村民提出村委会干部候选人，由候选人发表竞选演说，经村民代表会议预选产生正式候选人，最后通过村民无记名投票选举产生。这种方式，突破了乡镇领导机关和村党支部的操纵，是基层民主选举的一大进步。

2008 年，巡检村第七届村委会就是按照第二种方式选举的。据鄢忠亮老人介绍，这次换届选举从 9 月 25 日开始，10 月 29 日结束，历时 35 天，其具体情况如下。

第一步，宣传发动。9 月 25 日，杨河镇召开全镇村干部会议，巡检村有 4 名村干部参加了会议，主要是学习《中华人民共和国村民委员会组织法》《选举法》以及省、市领导机关有关换届选举工作的指示。会后，通过广播、电视及印刷品、标语、横幅等形式，宣传有关换届选举的内容，强调“珍惜民主权利，投好神圣一票!”

第二步，选民登记。从 10 月 1 日起，由原村委会发布选民登记公告，规定：凡年满 18 周岁有选举权和被选举权的村民，以村民小组为单位登记；外出村民也要登记，如不能回村参加选举，可委托他人投票。到 10 月 10 日，共有 852 位村民登记，发放了选民证，并张榜公布，没有发现错登、重登、漏登现象。

第三步，推荐村民代表和选举村民选举委员会。10 月 11 ~ 14 日，各村民小组或街道推荐村民代表。全村 12 个村民小组或街道，共推荐产生了 27 名村民代表。然后，由 27 名村民代表选举村民选举委员会，每个村民代表可推选 3 人。最后，按照得票多少由高到低选举出 5 人，组成巡检村村民选举委员会。

第四步，评议原村委会成员。10 月 15 ~ 16 日，召开村民代表会议，由原村委会 4 名成员报告工作情况。27 名村民代表在听取报告后，对原村委会成员的任期目标、村级经济合同兑现等情况进行评议。通过评议，绝大多数村民代表对原村委会 4 名成员的工作，表示满意或比较满意。

第五步，提名候选人。10 月 17 日，召开村民大会，采取海选方式按得票多少确定候选人，并规定村委会主任、副主任、委员候选人人数分别比应

选人数多1人。当天参加会议的选民852人，参加提名的选民110人，收回选票110张，其中有效票105张，弃权票1张，废票4张，共提出7名候选人，他们的简要情况见表3－4。

表3－4　第七届村委会候选人简况

候选人姓名	候选职务	得票数	性别	年龄	文化程度	政治面貌	原任职务
肖建祥	主任	93	男	50	高中	党员	支书、主任
丁贵祥	主任	5	男	45	高中	党员	
陈金清	副主任	71	男	45	高中	党员	副主任
丁伟强	副主任	4	男	37	高中		
邹玉芳	委员	98	女	53	高中	党员	委员
丁朝阳	委员	60	男	32	高中	党员	委员
熊亚东	委员	9	男	34	高中		

第六步，选举准备。10月18～28日，主要做以下准备工作：（1）发表竞选演说。7名候选人（主要是2名村主任候选人）发表竞选演说，说明本人情况、治村方案和对村民的承诺，回答选民提出的问题。（2）确定选举日。由杨河镇选举指导组与村民选举委员会协商，确定10月29日正式选举，并向选民公告。（3）准备投票箱。除会场设4个投票箱外，另设一个流动票箱，以方便不能到会的老、弱、病、残选民。（4）选举方式。设秘密划票处，采取无记名投票方式，主任、副主任和委员候选人印在同一张选票上，一次投票，一次选出。（5）委托投票。外出务工经商不能回村投票的选民，委托他人投票，但每一选民接受委托不超过2人，村委会成员候选人不得接受委托。

第七步，正式选举。10月29日上午10时，到会选民518人，村民选举委员会代表鄢忠亮宣布，选举大会正式开始：第一项，由鄢忠亮提议，丁维强任唱票员，张腊元任监票员，陈金元任计票员，鄢忠亮任总监票员，获全场热烈掌声通过。第二项，由鄢忠亮讲解领票、划票、投票的程序和方法。第三项，由唱票人、计票人和监票人当众检查、密封5个票箱。第四项，由村委会主任候选人再次发表竞选演说，并接受选民提问。第五项，选民以村民小组或街道为单位，凭选民证或委托投票证领取选票，秘密划票和投票。

第六项，集中票箱，清点选票，验票和计票。第七项，唱票人、计票人和监票人各负其责当场唱票、计票。第八项，由总监票人鄢忠亮宣布计票结果和当选结果。第九项，当场颁发当选证书。巡检村第七届村委会当选成员简要情况见表3－5。

表3－5　第七届村委会当选成员简况

姓名	职务	性别	出生年月	文化程度	政治面貌	上届任职情况
肖建祥	主任	男	1958年6月	高中	党员	书记、主任
陈金清	副主任	男	1963年4月	高中	党员	副主任
邹玉芳	委员	女	1955年9月	高中	党员	委员
丁朝阳	委员	男	1976年2月	高中	党员	委员

从巡检村第七届村民委员会换届选举情况看，尽管存在着某些形式主义、走过场成分，但是，通过竞争、差额选举方式选举村委会成员，以及秘密划票，当场唱票、计票，当场宣布计票结果和当选结果、当场颁发当选证书等做法，都体现了公开、平等、民主精神，相对于过去由领导机关直接任命、指派村干部，以及“指选”、“派选”方式来说，村委会选举在公开化、民主化、制度化方面，已向前迈出了一大步。

三　其他组织

除村委会外，巡检村还有共青团、妇代会、民兵连和治保（调解）委员会等组织。

1. 共青团支部

巡检村共青团支部成立于1970年，首任书记是肖华中，后任者为陈火苟、刘晚苹、曾建国、熊立生、丁朝阳等人，现任共青团支部书记是丁朝阳。巡检村共青团支部，只设书记1人，现有团员124人，基本上都是在初中读书时入团的。目前，留在本村的团员有38人，其他团员大都长年在外务工经商。

2. 妇代会

巡检村妇代会成立于1958年，首任主任丁凤秀（至1970年），后任者为

熊爱珍、李望凤（至1992年）、邹玉芳（至2009年）、黄爱美。巡检村妇代会现有成员524人，全部是20~49岁的育龄妇女。她们的年龄，20~29岁的127人，30~39岁的223人，40~49岁的174人，平均年龄为35.9岁；她们的文化程度，小学135人，初中384人，高中或中专5人，平均受学校教育8.3年。

3. 民兵连

巡检村民兵连成立于1956年，首任连长刘家元，后任者为李炎生、刘金旺、曾建国、肖建祥、陈金清、丁朝阳。巡检村现有民兵342人，他们的年龄，25~30岁123人，31~40岁219人，平均年龄为32.8岁，比《巡检村村民家庭问卷调查》有效回答1353人平均年龄37.7岁，年轻4.9岁；他们的文化程度，小学35人，初中287人，高中或中专14人，大专6人，平均受学校教育8.9年，比《巡检村村民家庭问卷调查》有效回答6周岁以上1302人平均受教育8.45年，多0.45年。

4. 治保（调解）委员会

巡检村治安保卫委员会成立于1958年，首任主任骆么中，后任者为陈咬苟、熊立生。熊立生任主任时，副主任是丁朝阳、李路，其成员是刘军、康健。1999年，根据需要又成立人民调解委员会，陈金清任主任，鄢忠亮任副主任，其成员为丁朝阳、李路。2003年，治安保卫委员会和人民调解委员会合并为治保（调解）委员会，由村主任兼任主任。现在，由村主任、妇联主任、民兵连长轮流担任。

第四节　村务管理

一　村务公开

巡检村村务公开制度，比较完善。例如，建立了财务收支管理制度，财务报表和档案管理制度，民主理财和财务公开制度，财会人员管理制度，“一事一议”筹资筹劳制度，等等。

村务公开内容，比较全面。例如，财务收支、救济款物发放、特困户生活救助、扶贫资金使用、宅基地分配、计划生育政策落实、新型农村合作医

巡检管理制度

疗制度落实、种粮补贴、粮种补贴、村集体资产处置、土地征用补偿及分配、水电费收缴、“一事一议”筹资筹劳、村干部报酬，以及村委会年度工作计划、财务计划及其执行情况等，都要分类逐项公布。

村务公开形式，以“一栏”、“一会”为主。“一栏”，就是村务公开栏。在村委会院内设置了长约 8 米、宽约 3 米的固定公开栏，公开内容格式比较规范，主要包括：第 × × 期、公开主题、公开内容、公榜人、公布时间等。“一会”，就是村民代表会议或村民大会，即向村民代表或村民用口头方式直接公布有关村务的重大事项。

村务公开时间，比较灵活。大体分为长期公开、定期公开、随时公开三种。一般村务，每季度公开一次；财务收支，每半年公开一次；临时事项，随时公开。

2009 年 9 月的财务公开，是这样开展的：首先，由民主理财小组（组长由村主任肖建祥兼任，成员为刘泉喜、丁中元）对村集体财产、债权、债务和有关账目进行全面核实。其次，财务公开内容由理事会（会长由熊立生担任，成员为廖协生、刘时忠）会长熊立生、监事会（会长由妇联主任邹玉芳担任，成员为陈金元、刘杰元）负责人邹玉芳、村委会主任肖建祥签字；再次，于 2009 年 9 月 1 日在村委会院内公开栏张榜公布。同时，上报杨河镇经管站。这次财务公开的内容，见表 3 - 6。

表 3-6 财务公开榜

一 收入		二 支出	
项目及摘要	金额(元)	项目及摘要	金额(元)
合计	378744.75	合计	378744.75
1. 收农户筹劳款	32684.76	1. 代收代付富民小区补偿费	25000.00
2. 代收代付富民小区补偿费	25000.00	2. 管理费	61485.60
3. 镇拨陈皮大堰护坡款	21000.00	其中:(1)工资	15800.00
4. 收菜场摊位费	9450.00	(2)报纸杂志	1848.60
5. 收财政拨付转移支付	24000.00	(3)学习会议差旅及工作用车	1116.00
6. 收农户合作医疗费	6700.00	(4)办公费	6226.00
7. 应付款(垫付资金)	26872.51	(5)日常工作招待费	5444.00
8. 村活动室拨款	15000.00	(6)计划生育	2401.00
9. 收建房土地占地补偿费及过户	1800.00	(7)看望病人、老干部及五保户等	7137.00
10. 非承包地承包费	7972.00	(8)用车	19891.00
11. 地税门面出售分款	13500.00	(9)经济普查员补助	400.00
12. 2008 年森海公司林地补偿	13152.00	(10)治安管理费生活费	1222.00
13. 新农村建设拨款	120070.00	3. 一事一议资金项目工程	27106.76
14. 新农村建设通户路拨款	21600.00	4. 还应会款	22172.11
15. 收宋毅雄内部往来	503.00	5. 清退多收农合款	6480.00
16. 上期现金余额	27183.85	6. 办公室建设	13913.00
17. 上期存款	12256.63	7. 菜场维修费	38000.00
		8. 富民小区搬迁补偿	15098.00
		9. 市场管理纠纷药费	1218.90
		10. 市场补偿	56355.00
		11. 自来水建设用工生活费	3693.00
		12. 沼气建设	3140.00
		13. 清洁工程水泥砂石	81086.00
		14. 各类庆典	3790.00
		15. 田亩误差及杂项支出	1548.00
		16. 本期现金余额	10383.35
		17. 本期存款余额	7369.03

二 民主决策和监督

1. 民主决策主要有 3 种方式

一是，村民大会决策。这种形式，涉及人员多，会议难组织、难召开、

难决议，一般只在决定特别重大事项时才采用，如党支部、村委会换届选举，就采用了这种形式。二是，村民代表会议决策。凡涉及全村村民切身利益的重大事项，均须召开村民代表会议讨论决定。例如，1994 年小学危房改建楼房，巡检村需出资金 21.9 万元。村民代表会议是这样决策的：首先，由各村民小组或街道选举出具有较高群众威信的代表 25 名。其次，由村委会召开村民代表会议，村委会主任肖建祥提出危房改建楼房的设想和方案，供代表讨论审议。最后，在代表讨论、审议后，作出集资决议。类似这样的村民代表会议，一般每年年初和年终召开两次，会议主题大都是有关本村经济、社会规划或重大民生问题。三是，村委会决策。一般日常工作，多由村委会成员讨论、决定。

2. 民主监督

巡检村设有村务公开监督小组，由 9 人组成，组长肖建祥，副组长熊立生、邹玉芳，成员是廖协生、刘时忠、陈金元、刘杰元。他们都是“两会一组”成员。例如，2006 年兴建 2450 米通村公路，2007 年整治 500 米污水下水道，村监督小组都对有关财务情况进行了审计、监督。又如，2008 年村委会换届选举前，对 4 名原村委会干部进行了经济审计，并在 10 月 15 ~ 16 日召开的村民代表会议上接受村民代表的评议。

总体而言，巡检村的民主决策和民主监督尚处于初期发展阶段。特别是村民主监督小组组长由党支部书记肖建祥兼任，就难免流于形式。实践证明，这种自己监督自己的做法，是与“民主监督”背道而驰的。

第五节　巡检村现任领导班子

2009 年，巡检村新一届领导班子上任，任期 3 年。班子成员 5 人，个人简要情况见下表。

巡检新一届领导班子，是比较精干的班子。在巡检的历史上，曾出现过村支部和街道支部两班子并存的时期（1984 ~ 1990 年），当时街道支部成员也有 4 ~ 5 个人（主要靠收费支付工作报酬）。村支部班子成员人数更多，如果加上村委会成员，人数常在 11 个左右。其中包括书记 1 人，副书记兼村

巡检现任村干部情况

姓名	性别	出生年份	文化程度	政治面貌	入党时间	职务名称	任职年度	主管工作	兼管工作
陈金清	男	1964	高中	党员	1997	书记	2009	全面工作	农业经济
邹玉芳	女	1955	高中	党员	1995	主任	2009	财政党务	治安民调
熊喜望	男	1944	高中			会计	2009	财务	协助中心工作
黄爱美	女	1968	初中	预备党员	2011	计生专干	2009	计划生育	
彭应兵	男	1979	高中			报账员	2010	出纳	

主任1人，农业副主任1人，治保主任1人，民兵连长1人，妇联主任1人，青年书记1人，主管会计1人，出纳1~2人，通讯员1人。各村民小组还有组长1人。当时村组、街道干部的收入虽然不高，在精简村级管理机构前的2004年，每年每位村干部有1700~2100元的工资补贴，都要从本级村（街）“三提五统”中支付报酬。

2004年之后，大力精简村级管理机构，支部和村委会成员交叉任职，千人以上的村，村干部编制缩减为4~5名，各村民小组的工作，由村干部分片兼管。为什么村干部的职数能够精简下来，关键是国家减免农村税费后，农村党组织的职能转变了，水利建设等硬任务也减少了，他们的主要职责是为村民服务，也不再常年为收税费和提留摊派去奔波操劳。

巡检现任领导班子成员的工作待遇，每人每年4000元工作补贴，包括办公费用总计24000元，由杨河镇按年度转移支付，不增加村民负担。按照湖北省定标准，村支部书记的工作补贴水平，可以按照当地当年村民平均收入的1.5倍安排，其他成员可以按1倍标准安排。巡检现任领导班子成员，按固定标准给予工作补贴，自然还没有实现浮动计算、动态补贴，而且大家都是拿平均数，一把手也不例外。只是上级最近为村主职干部办理了养老保险，使之没有后顾之忧。

巡检本届领导班子五位成员，从性别结构上讲，三男两女，比较合理；从文化结构上讲，四个高中，一个初中毕业，对于目前的农村也比较适当；从年龄结构上讲，“40后”、“50后”各一人，年龄结构偏大了一些。会计熊喜望，今年68岁，已经超期服役了；村主任邹玉芳年过55岁，即使在国家机关中，也该退休了。他们之所以能够在该村第八届村民委员会选举中继

续连任，与他们的能力水平和威信是分不开的。在换届测评中，认为他们表现好和良好的占80%以上。巡检本届领导班子，任期不长，但已经做了许多实际工作和惠民实事，取得了可喜成绩，是领导和当地群众比较满意的班子。第八届村委会换届，人事调整主要是吸收了1979年出生的彭应兵，现年只有40岁出头，作为新鲜血液进入村领导班子。

巡检村现任领导班子“双带”（带头致富、带领致富）能力分析。

巡检村现任领导班子的家庭经济情况（2009年）

基本情况				收入情况（万元）					家庭财产情况				
姓名	家庭人口	在业人口	主要职业	经营收入				年纯收入	房屋面积	占地	财产总值	耐用品值	机械车辆
				农业收入	非农收入	工资收入	年总收入		平方米		万元		
陈金清	5	3	养殖	10.09	26.79	2.28	39.38	12.10	160	200	9.45	2.00	1
邹玉芳	4	3	渔行	0.50	0	7.20	7.70	6.00	150	140	6.60	0.60	1
熊喜望	4	3	种植	0.55	0	6.38	6.93	6.72	117	60	15.06	2.23	1
黄爱美	4	2	办厂	0	1.90	0.30	2.20	1.29	80	140	5.10	0.40	1
彭应兵	5	2	电工	0.20	2.10	0	2.30	2.30	200	150	9.30	1.30	2
均值	4.4	2.6		2.27	6.16	3.23	11.66	5.68	141.4	138	9.10	1.30	1.2

巡检村现任领导班子五位成员，家庭经济条件还是不错的。个人致富，巡检村干部可以说问题不大，有的村干部，在村里属于高收入者，甚至与城镇居民的平均收入相比，也要高出许多。

富不富，看收入。巡检现任领导班子成员的家庭经济状况，2009年在该村处于中等偏上水平。从年收入看，巡检村现任领导班子五位成员中，最高的年纯收入12.1万元，最低的1.29万元，家庭年平均纯收入水平是5.68万元，年人均收入1.29万元。同年巡检村民年人均纯收入为8826元，五位领导班子成员的家庭人均年收入比巡检村民人均收入高出4074元。

富不富，看房屋。从住房条件看，巡检村现任领导班子五位成员家庭住房最大面积为200平方米，最小为80平方米，平均为141.4平方米。看住房条件，既要看房屋结构、居住面积，更要看居住位置。巡检村现任五位领导班子成员，家庭住房都在巡检新街上，而且大都属于门面房。从家庭财产

状况分析，现任五位领导班子成员中家庭财产总值最高的是15.06万元，最低的是5.1万元，平均值是9.1万元。问卷调查结果均值不高，是当地物价水平较低或有访谈对象低估的影响。实地考察，五位村干部的家境都较殷实，各种家用电器齐全，有的还有电脑。如果加上房屋、机械设备等，其家庭财产均值应略高于问卷调查均值。

富不富，看机械。巡检村现任五位领导班子成员，有四户拥有较大型机械或车辆。村妇联主任黄爱美家拥有粮食加工机械一台（套），价值数万元。出纳彭应兵，拥有联合收割机一台，价值数千元，仅靠联合收割机，一年收入都在万元以上。现年68岁的村会计熊喜望，也拥有“三轮麻木”一辆，可以拖货做点小生意。

从个人和家庭致富门路看，现任五位领导班子成员大都有自己的特色经营手段和致富途径。比如村党支部书记陈金清，养猪技能在全村位于前列。村委会主任邹玉芳，在市场交易，特别是经营渔行方面，经验丰富，收入不菲。妇联主任黄爱美家办粮食加工厂，经营情况也是不错的。

巡检村五位现任领导班子成员，从家庭就业情况看，就业率比较高，家庭就业人口为2.6人。特别是每家都有自己的强项，即使不再担任村干部，除熊喜望因年纪较大，收入可能减少之外，其他人的家庭收入和生活水平均不会降低。

应当指出，从收入结构看，巡检村五位现任领导班子成员，不仅个人专长比较突出，家庭收入已经多元化。整体上看，五位班子成员家庭收入的显著特点是种植业收入低于工资性收入，更低于其他经营收入。其纯农业（种植业）收入虽然占有重要地位，平均值是2.27万元，但占总收入的比重仅为19.46%；其他经营性收入、工资收入在全部收入中已经占主导地位，均值达到9.39万元，占总收入的比重为80.53%。现任村干部的非农收入（指种植业以外的经营收入），均值占总收入的52.74%，居首位。这与巡检人“什么赚钱就干什么”，善于多种经营的民情风尚高度一致，其间，也可以发现干部的示范、带头作用。工资收入，村干部工资性补贴，年均只有4000元，占比很小。其工资收入，主要是打工收入。五位现任领导班子成员，或本人，或子女，一般都有打工的工资收入，占比达27.70%，居第二位。

带领群众致富，巡检村干部大都有自己的优势。比如在养猪方面，村支书陈金清兼任村养猪协会的名誉会长，对发展该村的养猪业，既可以带头示范，又可以传帮带。村主任邹玉芳一家既是种田能手，又是渔行交易高手。至于彭应兵，从父辈开始就是村里的水电工，而且会操作多种机械，对收割机操作更是专长。对该村农业机械发展，肯定是一个优秀的带头人。

其实，富裕，不仅要富口袋，还要富脑袋。巡检是文化底蕴比较深厚的老村、大村，文化事业一度非常繁荣。村会计熊喜望，不仅能写会算，而且深通音律，擅长器乐，可以为繁荣当地文化生活，发挥自己的文艺特长。

巡检本届领导班子，立志于为村民服务，为村里发展作贡献。在课题调查中，他们都表示要为巡检更好更快地发展作出自己的贡献。作为农业发达、商业繁盛、历史悠久、底蕴深厚的中心村庄，巡检村五位现任领导班子成员，如何团结协作，如何发挥各自的优势和专长，带领群众致富和全面发展，需要继续努力奋斗。

撰稿人：鲁以雄（第一节～第四节）　苏格清（第五节）

第四章 文化、教育和卫生

设在原公社大院的电信转播塔

第一节　农村文化

一　楚剧团

20 世纪 50 年代人民公社化时期，巡检曾成立过一个楚剧团，团长是刘金凤，全团有 30 多人，多是 20～30 岁的青年，男女各半。楚剧团是自负盈亏的民间组织，其经济来源有三：一是，剧团成员自己筹集；二是，受邀演出的收入及捐赠的道具；三是，戏园子卖票收入。楚剧团的组织比较松散，团员平时各自谋生，一旦有演出任务，由团长召集和安排，团员一般都能同心协力完成各类演出任务。

据原楚剧团的生角罗先生、丑角张先生回忆，当时演出都穿彩色戏服，唱传统剧目，如《棒打无情郎》《监斩雪娥》《游龙戏凤》等。同时，还自编、自导、自演新剧目，主要是采用快板、说唱、道琴等形式，宣传党的方针政策，反映农村现实生活和对美好未来的期望，如歌唱社会主义好、楼上楼下电灯电话、种田插秧机械化等。

20 世纪 50～60 年代，农村文化生活匮乏，村民非常喜爱观看楚剧，巡检楚剧团经常应邀四处出演。特别是有老人祝寿、婚丧嫁娶等活动，楚剧团都会被邀请到场搭台唱戏，少则一天，多则三天。每逢春节，从初一到十五，天天连续上演。当时，除巡检楚剧团外，附近乡村还有其他剧团，这几支剧团每年都要举行汇演，切磋技艺。

到 20 世纪 60 年代中后期，由于“文化大革命”强调“戏剧为政治服务”，只允许唱样板戏，不允许唱老戏剧，不允许穿彩色戏服，致使巡检楚剧团的演出逐渐式微，再加上剧团成员有的老化、有的改行，年轻一代后继无人，巡检楚剧团就不复存在了。

二　乡村电影

20 世纪 80 年代初，撤销人民公社体制、实行家庭承包责任制和建立村民委员会后，巡检经济有了较快发展，村民迫切要求丰富文化生活。1985

年，村民肖加冠与外甥、朋友3人合作，自费购买了一台电影放映机，在自家后院盖起了一栋简易放映厅，成立了巡检电影院，以包场形式对外卖票，为村民提供有偿服务。这座巡检电影院，在经济上，属于自负盈亏的个体经营者；在管理上，隶属于城北电影管理站（后改为田阳电影管理站），接受应城市文化局、电影公司的统一领导和调度。

巡检电影院的放映活动，一般在自家放映厅放映，3人各有分工，1人放映，1人卖票，1人把门并维持秩序。放映机出了小故障自己动手修理，停电就用自备发电机供电，片源来自电影公司。每逢春节片源紧张，但电影公司有规定，每逢新片，优先保证电影院放映，然后再安排电影队放映。所以，巡检电影院一般都能及时满足观众先睹为快的需求。此外，遇到哪家有婚丧嫁娶、添丁做寿、孩子考上大学等红白喜事，有关事主就会付费邀请放映员放电影，俗称放“露天电影”，以表示庆贺和答谢乡亲。

1985~1995年，电影在农村比较有市场，一方面，作为主要观看对象的年轻人大都在农村，没有外出打工，能保证一定观众规模；另一方面，当时可供选择的娱乐方式很少，电影不仅是男女老少皆宜的娱乐方式，而且有枪战、侦探、武侠、言情等多种内容，可满足不同类型观众需求。巡检电影院最多可容纳400人，每遇叫座电影，如《大上海1937》《妈妈再爱我一次》等，每天10~16点要反复放映3~4场。然而，由于当时村民收入水平不高，尽管放映红火，电影院收入基本上只能维持正常运转和略有盈余。

1995年后，一方面，随着村民收入水平提高，电视逐渐普及农村，录像、家庭影院也多了起来，电影已不再是村民首选的娱乐方式；另一方面，电影的主要观众——年轻人大都外出务工经商，市场需求大幅萎缩，因而巡检电影院坚持到1998年就不得不关门了。

三　农村乐队

1996年，巡检成立了一个乐队。据当时乐队成员之一、司京胡和电子琴的熊喜望（他还能听歌记谱，填词创作）说，巡检乐队设队长1名，成员9人，都是音乐爱好者，每人擅长一到两种乐器。乐队实行股份制，由全体成员出资经营，自负盈亏，收益均分。乐队无固定排练场所，平时在家吹拉弹

唱和演练，有活时由队长召集，经简单试场、排练后就登台演出。由于成员都是志同道合者，互相之间矛盾较少，有分歧能协商解决，内部运转比较顺畅、协调。在外演出时，一般都能各司其职，配合良好。

1998年乐队改制，实行老板制，由老板出资经营，乐手由老板聘请。平时，每场1500元左右，春节期间，每场2500元左右。一般情况下，每场演出一天，少数情况演出两天。最多时，一年可以接一百多个活。由于乐手不可能从早唱到晚，乐队备有影碟机，在乐手休息时，由影碟机代唱。有时候，另外聘请歌手演唱助兴。乐手报酬以工资形式发放，按每场收益核算，每天每个乐手收入100元左右。

20世纪90年代后期至21世纪初期，乐队在农村很有市场。由于农村经济发展较快，许多村民喜欢讲排场、凑热闹，每逢红白喜事，包括生孩子、满月、周岁、10岁、孩子考上大学、娶媳妇、嫁姑娘、老人祝寿、去世等等，都要请乐队助兴。由于巡检乐队演奏水平较高，服务质量较好，在应城较有名气，经常被邀请到周围乡镇演出，有时汉川、安陆等相邻市县的村民也慕名前来请他们去演出。

然而，随着农村乐队增多，老板之间的竞争越来越激烈，熊喜望老先生前后就历经了5~6个老板。到2005年，一方面，乐手年纪渐长，脑力体力跟不上，年轻人不愿意干这个行当，乐队后继无人；另一方面，乐队不是每天都有活干，收入很不稳定，不能成为谋生和致富的主要来源，因而巡检乐队就自行解散了。

四　农家书屋

为了解决村民“买书难、借书难、看书难”问题，在应城市文化局等单位支持下，巡检村投入3万多元，于2009年7月建成“农家书屋”一间，面积15平方米，配书柜3组，书桌5张，长椅10条，靠椅5把，藏有配送及订购的涉及政治、历史、科普、法律、文学、教育、医学等类图书1000多种，1256册。这些藏书，按内容分为5大类分别存放：一是实用技术类，有水产养殖、蔬菜种植、畜禽养殖、电工手册、手工编制等。二是文化艺术类，有通俗演义、人物传记、纪实小说等。三是医疗保健类，有育儿知识，

常见疾病防治、医疗保健等。四是政治法律类，有农村法律、婚姻家庭法律知识、农民维权、宪法、经济法等。五是文化教育类，有儿童文学，故事会等。此外，还有各类碟片95张，杂志16种，报刊6种，电视机1台，影碟机1部，电视柜1个，灭火器1部。

“农家书屋”建成后，制定了《“农家书屋”管理规定》《“农家书屋”出版物借阅制度》《“农家书屋”管理员岗位职责》等多项制度，明确由一名村干部担任书屋管理员，村委会成员以村民小组为单位，挨家挨户发放借书证，公布管理员联系电话，引导村民到书屋借书、阅读。目前，每天到书屋阅读的村民有10人次左右，到2009年底已累计达1000多人次。“农家书屋”的出现，不知不觉地改变了许多村民的生活习惯。许多村民说，有了这间书屋，学知识、学科技的人多了，无所事事的人少了；看书读报的人多了，打牌赌钱的人少了。

“农家书屋”管理规定（试行）

一、须悬挂应城市“农家书屋”工程建设领导小组办公室统一制作、颁发的匾牌。

二、在醒目位置张贴应城市“农家书屋”管理员职责及出版物借阅管理制度。

三、具有完善的出版物进出登记台账，保证出版物的有效使用，防止出现私分、人为毁坏、丢失出版物现象，严禁提供非法违禁出版物借阅。

四、面向所在地农民免费开放，有完善的内部管理制度。

五、由所在村委会负责管理并配备专职或兼职的管理人员。管理人员要具有一定的文化程度，热爱读书，有为公益事业奉献的精神。

六、保持整洁，出版物摆放整齐，分类清楚，结合当地实际情况，制定借阅时间，保证农民的借阅需求。

七、具备信息反馈机制，将农民对出版物种类、结构的需求信息及时反馈，以增强配供出版物的实用性。

八、积极组织开展各类读书活动。

九、接受各级“农家书屋”工程建设领导小组的指导和监督。

“农家书屋”出版物借阅制度（试行）

“农家书屋”的所有出版物对村民（含中、小学生）开放，实行免费借阅。

一、书屋要向村民公示开放时间（每周不少于30个小时）。

二、有阅读能力的村民均可申请办理“借阅卡”，在书屋开放时间凭卡借阅图书（其他出版物一般不外借）。

三、每个村民只能用本人的“借阅卡”借阅图书，每份借阅卡一次可借2本图书，借阅时间一般不得超过7天。

四、书屋要建立外借图书登记簿，详细记录借书人姓名、住址、书名及编号，并收存借阅卡。

五、村民借阅的图书要按时归还，不得互相转借，要注意保存和爱惜，不得丢失或污损。

六、村民在书屋阅览图书、报刊，要注意爱护公物，讲究卫生，不大声喧哗。

七、村民丢失或污损了借阅的图书要照价赔偿，赔偿金由书屋管理员代收，保管并登记。

“农家书屋”管理员岗位职责（试行）

“农家书屋”管理员既是书屋的管理者，又是村民读者的服务员，主要承担以下职责：

一、认真学习和宣传有关“农家书屋”工程建设的方针政策和管理制度。

二、负责书屋设施和出版物的保管、维护和有效利用。

三、做好出版物的接收、登记、分类、编目和借阅工作。

四、严格遵守书屋开放时间，保持书屋整洁。

五、热情接待村民，主动为读者服务；引导村民看书学习，经常组织读书活动。

六、严格执行书屋管理制度，妥善处理丢失或损坏出版物的赔偿问题。

七、随时了解村民读者的学习需求和收获，并做好记录，及时向上反馈

信息。

八、积极配合各级“农家书屋”工程建设领导小组办公室开展工作，按时填报“农家书屋”工作情况调查表，认真做好每年工作总结。

五 个体网吧

2008 年，巡检村有两家个体网吧，一家叫新怡网吧，有电脑 40 台（是业主从上家转包而来，转包费 10 万元）；另一家叫灵心网吧，也有电脑 40 台。2010 年 10 月，为了减少开支，避免竞争，实行规模经营，经两个业主协商，决定把两家网吧合为一家，由新怡网吧统一经营。目前，新怡网吧的法人代表是陈腊英，合伙人是丁晓飞。

个体新怡网吧

新怡网吧租用了一户农房，拥有电脑 80 多台，主机 1 台，服务器 1 个，发电机组一套，采用光纤宽带接入，流量为 2Mbps，用一个“联机型居民身份证阅读器”与公安部门的身份信息库连接。顾客采用实名制上网，用身份证刷卡登记、计时，每小时 2 元。上网对象，一般为中学生和社会青年，上

网目的以玩游戏为主。目前，家庭电脑相当普及，绝大多数青壮年外出务工经商，平时顾客较少，每天仅 10 人次左右，周末也不过 20 人次左右，只有春节期间的半个月左右，才能达到客满。因此，电脑闲置率一般在 75% 左右。

据业主反映，目前新怡网吧仅能勉强维持经营。他算了一笔账：每年房租费 6000 元，电费 20000 多元（每月 2000 多度，每度 0.937 元），各种年检费 10000 元左右（农村网吧管理涉及工商、税务、公安、文化、消防等多个部门，要办理“个人融资企业营业执照”、“网络文化经营许可证”、“消防意见书”等，而且每年要年检，否则就要罚款），地税 500 元，合计 36500 元。再加上 2 个管理人员的费用 24000 多元，最低成本也得 60000 多元。据业主说，如此惨淡经营很难持久，现已有变卖的打算。

六　广播电视站

巡检村原来的广播网，采用 240V 传输定压广播系统，建立放大站。随着广播电视及有线电视的发展，2010 年在原广播网基础上进行了改造，逐步建立起一套覆盖面大、技术成熟的广播电视网络。目前的巡检广播电视网，就是利用有线 CATV 网络电视系统中 87 ~ 108MHZ 这一广播专用频段来传输广播信号的，叫做“广播电视站”。目前，巡检广播电视站配有电脑 1 台、电视 1 台及话筒、扩音器等配套设施。广播电视可接收卫星信号，与电视互动，可把视频转换成为音频。

从实际情况看，巡检广播电视站的作用：一是，宣传政策。例如，把农业税减免、粮食补贴、土地二轮延包、计划生育奖励、“一事一议”等政策，通过电波传达给农民，使这些政策家喻户晓。二是，传播信息。例如，传播科学文化知识、现代农业知识、防治病虫害知识、市场信息、外出务工经商信息，以及农技讲座、科技示范、农业新产品推广应用等。三是，通知会议。例如，召开村民代表会议、村民大会时，可作为通知的“代步”工具。

当前，巡检电视站存在的问题：一是，干群不重视。由于各种现代化视

听设备已普及农户，因而大多数干部、群众认为农村有线广播“可有可无”，长期不使用、不维修，成了空闲的摆设。二是，人员不合格。巡检广播电视站没有专职广播员，临时广播员素质不高、业务不熟，很难长期承担广播任务。三是，经费不充足。巡检村集体经济薄弱，农户更不愿出钱，致使设备更新费、维修费、广播员补助费都无法解决，甚至连电费都交不起。看来，在目前情况下，巡检广播电视站很难长期坚持下去。

七　家庭文化用品

据《巡检村村民家庭问卷调查》资料，巡检村村民家庭文化设施和用品有3类，即文化耐用消费品、家庭藏书和报纸杂志。

1. 文化耐用消费品

据《巡检村村民家庭问卷调查》资料，对耐用消费品做有效回答的342户，他们拥有家用文化耐用消费品品种和数量如下：(1) 电视机385台，每百户112.57台。(2) 录放机63台，每百户18.42台。(3) 组合音响59套，每百户17.25套。(4) 电脑54台，每百户15.79台。(5) 照相机31部，每百户9.06部。

2. 家庭藏书

据《巡检村村民家庭问卷调查》资料，在349户有效回答中，家庭有藏书的70户，共藏书8162册。他们的回答情况如下：

表4-1　家庭藏书

单位：册，户，%

项目	有效回答	0	1~20	21~50	51~100	101~200	201~300	301~500	>500
户数	345	275	29	16	8	8	2	4	3
比重	100.00	79.71	8.41	4.64	2.32	2.32	0.58	1.16	0.87

表4-1数据说明：(1) 在349户中，无藏书的275户，占79.71%。(2) 在有家庭藏书的70户中，50册以下的45户，占64.29%，50~200册的16户，占22.86%，200册以上的仅9户，占12.86%。从总体看，家庭藏书户少，藏书量小，是较为普遍的现象。

3. 报纸杂志

据《巡检村村民家庭问卷调查》资料，在345户有效回答中，家庭订阅报纸杂志的有23户，共订阅报纸杂志34份（见表4-2）。

表4-2 订阅报纸杂志

单位：份，户，%

项目	有效回答	0	1	2	3
户数	345	322	15	5	3
比重	100.00	93.33	4.35	1.45	0.87

表4-2数据说明：（1）在345户有效回答中，没有订阅报纸杂志的有322户，占93.33%。（2）订阅报纸杂志的有23户，共订阅报纸杂志34种，户均1.48种。

从开放式回答看，这23户订阅的34种报纸杂志大体可分为4类：一是时事新闻类，7种15份，如《湖北日报》《孝感日报》《楚天都市报》《武汉晚报》《孝感晚报》等。二是科技保健类，7种8份，如《湖北科技报》《健康之友》《农村新报》《楚天金报》等。三是青年少儿类，6种6份，如《青年之家》《儿童文学》《中学历史》《高中学习报》等。四是文艺休闲类，4种5份，如《笑话大王》《书法》《绘画》等。

总体而言，巡检村的楚剧团、电影院、乐队虽红极一时，但都逐渐被淘汰、消失；广播电视站、个体网吧虽在惨淡经营，但似乎难以持久；“农家书屋”刚刚兴起，能否发挥应有作用，还受多种因素制约；唯有家用文化设施、用品的购置和使用，方兴未艾，前途无量。

第二节 农村教育

一 普通教育

1. 小学教育

巡检小学创办于1933年，第一任校长许海雄。1949年前，巡检小学常

年有学生 40～50 人，其教材主要是《百家姓》《三字经》《增广贤文》《算术》等。原校长赵资深治学严谨，深受村民爱戴。1949 年后，巡检小学改名为应城县第五小学，学校规模越来越大，学生越来越多，逐渐达到 200 人左右。公办教师 6 名，绝大多数是师范学校毕业生，后来多成为应城县市教育系统的负责人。1949～1978 年，先后由赵维纯、雷振英、周爱宜、赵维寅、杨志发、程发海担任校长。1978 年后，应城县第五小学又改名为巡检小学。建校课程设置齐全，有语文、算术、自然、音乐、体育、美术等课程，办学规范、治学严谨，教学质量较好，升学率较高，享有较高社会声誉。目前，巡检小学是周围 9 个村的联办学校，有 6 个年级，在校学生 300 多人。

巡检小学教学楼

2. 初中教育

巡检中学成立于 1956 年，当时命名为应城县第二中学，第一任校长陈道坤。建校初期，每个年级 2 个班，学生 150 人，教职员 13 人。进入 21 世纪后，巡检小学并入巡检初中，实行九年一贯制教育，学校改名为巡检学校。2008～2009 年度，该校 3 个年级、8 个班共有学生 597 名。2009～2010 年度，有 7 个班、学生 427 名。该校教学质量较好，每年为高级中学输送了大批优质学生。

3. 高中教育

1970 年后，应城县第二中学改为巡检高中，由陈道坤任校长，巡检初中

则从巡检高中分离出去，另做新校舍。1996 年，巡检高中被撤销，其人员由应城市教育局调剂到其他中学，年龄偏大的就地休养直至退休。据不完全统计，巡检高中存续期间，共培养高中学生 4000 余名。

4. 幼儿教育

1992 年，应本村及周围 9 个村村民的要求，巡检办起了一所民办幼儿园，在园幼儿逐步发展到 200 余人。进入 21 世纪后，幼儿园得到较快发展，目前有大中小班在园幼儿近 400 名，幼儿教师 11 人。

巡检新星幼儿园

二　职业教育

1971 年后，巡检村利用空闲场地，由当时的国家干部周义成、陈庭伟，与彭焕霞、丁济成等人合伙创办了一所农民职业学校——耕读中学，招收未考入中学的往届毕业学生入学就读。耕读中学的办学宗旨：一是，为中、高考落选青年创造一个继续读书的机会；二是，提高青年文化知识水平，为农村造就大批后备干部。学生中，有的经过 3 年学习，考入了高中学校。这个职业学校办了两届后，不知什么原因被应城县教育局撤并到其他学校去了。

进入 21 世纪后，通过协会培训农民已成为新时期职业教育的主要形式。

例如，2000年4月成立的养猪协会，会长丁贵祥，有会员230户，养猪近40000头，他们经常通过协会对会员进行职业培训，培训的主要内容是疫病防治、技术指导，生猪的生产规律及市场行情等。又如，2006年6月成立的糯米协会，会长吴红斌，有会员121户，种植糯稻15000亩，他们培训的主要内容是，糯米生产的技术知识，防治病虫害，糯米市场信息等。

三　村民文化素质

据了解，1949年巡检村的劳动力，85%是文盲。1952年起，开办耕读班，组织不识字的青壮年农民学习文化。1958年人民公社化后，组织劳动力到巡检小学上夜校，学员对象以青壮年男性为主。1964～1970年，夜校对象主要是男女青年农民，学习内容主要是识字，也学一些农业科技知识。通过几年扫盲学习，许多青年男女已能读懂《毛主席语录》和《为人民服务》等文章，有的还成了生产队的记工员。

1978年后，随着农村教育的发展，村民受教育程度明显提高。据《巡检村村民家庭问卷调查》资料，2009年底全村6周岁以上村民1302人，他们受教育的情况见表4－3。

表4－3　村民受教育情况

单位：人，%

项目	6周岁以上人口合计	文盲	小学	初中	高中	中专职高	大专	本科	研究生及以上
人数	1302	119	272	608	173	46	36	47	1
比重	100.0	9.14	20.89	46.70	13.29	3.53	2.76	3.61	0.08

据表4－3的数据计算，6周岁以上1302人平均受教育8.45年，比2000年全国6周岁以上人口平均受教育7.62年[①]多0.83年。其中，接受过高等教育的有84人，占6.45%，这不能不说是一大进步。但是，文盲仍占9.14%，小学文化程度占20.89%，两项合计达30.03%。这说明，提高村

① 邱国华等：《关于人口平均受教育年限与平均预期受教育年限的思考》，《辽宁教育研究》2005年第3期。

民人口文化素质仍然是一项繁重任务。

此外，经过“一五普法”到“五五普法”教育，村民法律素质有了很大提高。20 世纪 90 年代建立的党员电教室，2007 年开通的农村党员、干部远程教育工作站，2009 年 7 月建成的“农家书屋”等设施，也对提高村民素质发挥了重要作用。

第三节 农村卫生

1949 年前，巡检村有 2 名乡土中医，村民患病就请这两名中医治疗，或自用民间土方医治。1949 年后，政府重视农村医疗工作。一方面，经常组织“巡回医疗队”下乡为农民看病治病；另一方面，积极培训农村卫生员、“赤脚医生”，就近为农民治病。

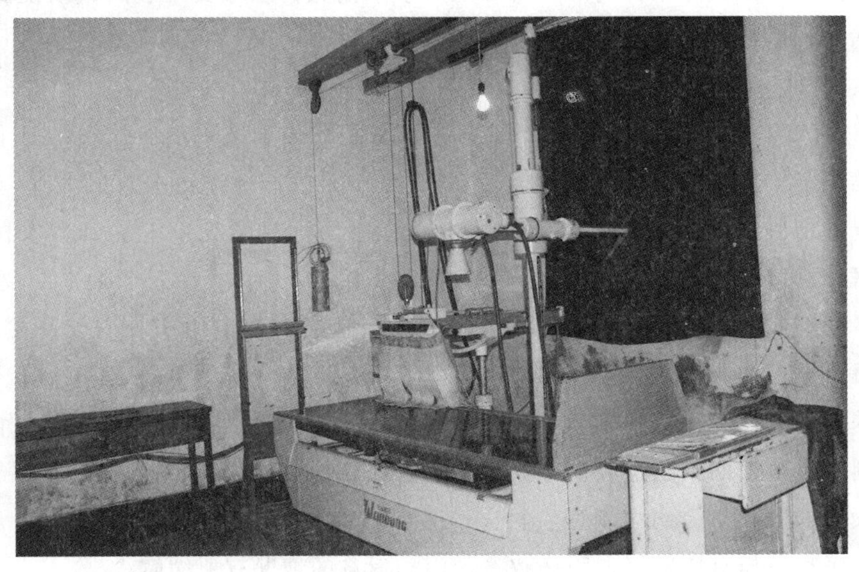

巡检卫生院医疗设备

一 农村合作医疗

中国农村的合作医疗，大致可分为两个阶段，即人民公社时期的农村合作医疗和 21 世纪的新型农村合作医疗。

1. 人民公社时期的农村合作医疗

1958 年实行人民公社体制后，巡检大队设置了保健员，配备了保健箱，可为农民治疗一般小病。20 世纪 70 年代，巡检大队组建了卫生室，并与公社卫生院挂钩，形成了农村医疗防疫体系。当时，巡检大队卫生室有 2 名“赤脚医生”、1 名接生员，医疗方式以中医为主，基本上可以做到小病不出大队，大病不出公社。“赤脚医生”和接生员的报酬，按同等劳动力计工分，实际执行时则略高于同等劳动力。

20 世纪 80 年代初，撤销人民公社体制、实行家庭承包责任制后，巡检村卫生室失去了经费来源，原有的合作医疗被迫中止。与此同时，个体诊所逐渐诞生，村民患小病小痛就到个体诊所就诊，若患大病就到巡检卫生院或应城县人民医院就医，费用全部自理。1992 年，巡检与周围村联合创办了联村卫生所，但医疗条件简陋，医务人员水平偏低，医疗费用过高，致使农村看病难、看病贵问题十分突出。

2. 21 世纪的新型农村合作医疗

2002 年 10 月，中共中央、国务院下发了《关于进一步加强农村卫生工作的决定》（以下简称《决定》）；2003 年 1 月，国务院办公厅转发了《关于建立新型农村合作医疗制度的意见》（以下简称《意见》），为新型农村合作医疗制度的建立和发展产生了巨大推动作用。

新型农村合作医疗，简称“新农合”，是指由政府组织、引导、支持，农民自愿参加，个人、集体和政府多方筹资，以住院统筹为主，兼顾门诊补偿的农民医疗互助共济制度。在 2003 ~ 2010 年，巡检村的新型农村合作医疗制度，覆盖面不断扩大，筹资水平稳步提高，村民受益不断增加，一部分患大病的农民享受到“新型农村合作医疗”带来的实惠，看病就医率有所上升，医疗负担有所减轻，因病致贫、因病返贫的情况有所缓解。

二　卫生设施及管理

1. 巡检卫生院

巡检卫生院始建于 1979 年，是一所多功能综合型医院，承担巡检村及其周围村近 2 万人的医疗、防疫、保健及计划生育任务。截至 2010 年，医院占地面积 5814 平方米，建筑面积 3000 平方米左右，其中业务用房面积 1520 平方米。现有职工 27 人，其中卫生技术人员 23 人，行政管理人员 3 人，工勤人员 1 人。卫生技术人员中，中级职称 4 人，初级职称 19 人。该院设有内科、外科、妇幼科、口腔科、手术室和防疫、保健等临床科室，有病床 18 张；该院的放射、B 超、心电图、检验等医技科室，配备有阿洛卡 B 超机、200MA 放射机、便携式心电图机、半自动血球分析仪、尿分析仪、生化分析仪等医疗设备。2010 年，该院诊疗量为 8147 人次，其中门诊 7635 人次，急诊 252 人次，住院 260 人次。

巡检卫生院由应城市卫生局管理，实行全员合同聘用制、业绩考核评估制和重实绩、重贡献的分配激励机制，院长由市卫生局选聘，人、财、物由市卫生局垂直管理，人员工资由基本工资和绩效工资组成。该院以维护当地居民健康为中心，综合提供公共卫生和基本医疗等服务，并承担卫生行政部门委托的卫生管理职能，主要是：

承担辖区内预防保健服务工作：承担辖区内居民健康档案、健康教育、计划免疫、传染病防治、儿童保健、孕产妇保健、老年人保健、慢性病管理、重性精神疾病患者管理等国家基本公共卫生服务项目。协助实施疾病防控、农村妇女住院分娩等重大公共卫生项目、卫生应急等任务。

承担辖区内基本医疗服务工作：承担常见病、多发病的门诊和住院诊治，开展院内外急救、康复和计划生育技术服务等，提供转诊和巡回医疗服务。

承担辖区内新型农村合作医疗工作：积极支持新型农村合作医疗制度的建立和发展，提供规范的诊疗服务。负责辖区内参合农民医疗费用的审核报销工作。

承担辖区内公共卫生管理职能：负责对村卫生室的业务管理和技术指导，负责辖区内卫生工作有关信息的收集、整理、统计、分析与上报，协助有关部门做好辖区内环境卫生治理、除四害、改水改厕等爱国卫生技术指导工作。

为了很好地完成上述任务，巡检卫生院制定了一系列管理办法，包括：行政管理办法、业务管理办法、财务管理办法、绩效管理办法等，并取得了

较好成效。

2. 公共环境卫生及管理

巡检的公共环境卫生设施较为完善，其主要表现是：

（1）村内主要道路基本硬化。巡检村村内道路，原来都是土质羊肠小道，有了农业机械后，道路扩宽了一些，但仍然是“晴天一把刀、雨天一摊泥”的土路。2007年巡检村被列为湖北省新农村建设试点村后，集资修建了2公里以水泥路面为主的主干道，使村内主干道硬化率达到90%以上，从此村与组、组与组之间的道路已全部硬化。

（2）村民生活用水逐步安全。历史上，巡检村村民生活用水，一直使用大富水河河水。20世纪70年代后，由于使用河水容易传染血吸虫病，多数村民都自己投资修建了“压把井”，提取和使用20～30米深的浅层地下水。后来发现，浅层地下水某些金属元素含量不完全符合饮用水标准。1998年8月，巡检村经过多年努力，采取政府、社会、村民3条腿走路办法，筹集资金58万元，由自来水公司设计方案和技术指导，村民投入义务工，在大富水河边建设了自来水厂，从而较好地解决了生活用水安全问题。

（3）厕所清洁卫生总体较好。巡检村的学校、卫生院和集贸市场等公共场所都设有公共厕所，并由各方面自行管理。1999年自来水厂建成后，村民修建新房一般都做了水冲式的卫生间。总体而言，厕所清洁卫生情况较好。但是，刘塔、陈台两个自然村村民的厕所，大多数仍是使用宅前屋后的露天粪窖，要解决他们的厕所卫生问题还需继续努力。

（4）生产生活垃圾的清扫和管理。巡检村各单位、各户的垃圾，由各自负责清理和运输；巡检街道、集贸市场等公共场所的垃圾，则由村里聘请的2名保洁员清扫和运输。因此，街面、道路、各公共场所卫生状况较好。但是，这些生产、生活垃圾大都没有做任何处理，只是运输到河滩或渠道两旁以及村周围堆放，致使垃圾围村现象相当严重。

2005年10月，中共十六届五中全会通过的《十一五规划纲要建议》对新农村建设的要求是：“生产发展、生活宽裕、乡风文明、村容整洁、管理民主”。从巡检村实际情况看，在公用基础设施和公共环境卫生方面已取得长足进步。但是，与“乡村文明、村容整洁”的要求相比较，还存在着较大

差距。其主要表现：一是，自然村与农户之间的路面没有硬化，雨天行走很不方便。二是，自然村和农户房前屋后的排水沟没有完全疏通、封闭，由于疏于管理、垃圾堵塞，形成臭水横流，极易繁殖细菌、滋生蚊蝇，传播疾病，严重影响村民健康。三是，刘塔、陈台两个自然村的露天厕所，很不卫生，急需改进。四是，垃圾只搬家，未处理，因而“三堆”（柴草堆、粪便堆、垃圾堆）现象严重，既不利于健康，又影响村容村貌。

撰稿人：方显峰（第一节）　吴天元（第二节）
鲁楚清（第三节）

第五章　社会建设和社会治安

社会建设的重点是改善民生。搞好劳动就业、收入分配、社会保障和社会治安，是改善民生的主要内容。

第一节　劳动就业

就业是民生之本。1949 年以来，巡检村劳动就业状况，大体可分为两大阶段。

做缝纫的村妇

一　1949～1983年的劳动就业

1. 土地改革前后的劳动就业

巡检1949年5月获得解放，年底开展清匪反霸、减租减息运动，1950年开始土地改革，1951～1952年土改复查。当时的情况，已无文字资料可考。据向巡检老农调查，当时全村约250户，1300人，有劳动力751人。其中，农业人口1000人，耕地1500亩，人均1.5亩；625个农业劳动力，劳均耕地2.4亩。年成好时，可衣食无忧；一遇灾年，难免忍饥挨饿。非农业人口300人，劳动力126人。

巡检的非农业劳动力，大都从事铁、木、竹和磨坊等手工业，餐馆、旅社、骡马行、渔行、杂货铺、理发，以及乡村教师、民间医生、乡村治保等行业。据了解，当时的巡检有铁匠铺3家，从业人数10人，主要是打锄头、铁锹、镰刀等农具和锅、瓢、盆、剪刀等生活用具；木匠5人，主要是做房屋、打家具、农具，修理桌椅板凳等；篦匠4人，主要是编织筲箕、斗笠、篓子、篮子等用具和雨具；磨坊2家，从业人员8人，主要是加工小麦、大米、饲料等；理发2家，剃头匠4人，主要为本村顾客服务；杂货铺5家，从业人员10人，主要是卖柴米油盐、布匹、煤油、肥皂、香烛等生活用品；渔行1家，从业人员6人，每逢热集为水产品买卖服务，收取交易额0.3%的管理费；骡马行7家，从业人员30人，为本村和周边的京山、安陆、云梦等地客户运输物资；餐馆6家，从业人数12人，为到巡检赶集的人们提供饮食服务；旅社3家，从业人数10人，为跑运输、做生意的人提供休息、歇脚和住宿服务。此外，巡检有一所小学，有校长1人、教师8人；私人诊所5家，民间郎中10人（其中有一家专看眼疾）。乡村管理人员8人，其中街长1人（土改前称保长）、组长6人（土改前称甲长）、勤杂工1人。1950年前后，劳动就业状况概括如下：

表5－1的数据说明：（1）在劳动力总数中，农业劳动力占83.22%；非农业劳动力占16.78%。（2）在非农业劳动力中，铁、木、竹和磨坊等手工业占3.6%；理发、杂货铺、渔行、骡马运输、旅社餐馆等服务业占9.58%；教师、民间医生、乡村管理占3.6%。这种劳动就业结构，是由当

时的经济结构决定的，即第一产业居于绝对优势地位；第二产业规模小、水平低，主要是一点手工业；第三产业占比稍大，但多为满足生产生活需要的初级服务业。

表 5-1　1950 年前后劳动就业状况

单位：人，%

项目	劳力总数	农业劳力	非农业劳力										
			小计	铁木竹业	手工磨坊	理发	杂货铺	渔行	骡马运输	旅社餐馆	教师	民间医生	乡村管理
人数	751	625	126	19	8	4	10	6	30	22	9	10	8
比重	100.00	83.22	16.78	2.53	1.07	0.53	1.33	0.80	3.99	2.93	1.20	1.33	1.07

2. 农业合作化、公社化时期的劳动就业状况

1953 年春，巡检村民开始组织互助组，农忙时换工互助，农闲各自生产。1954 年后，互助组逐渐转变为初级农业合作社和高级农业合作社。1958 年，成立了人民公社。

据调查，1964 年全村共有 225 户，845 人，劳动力 500 人左右；1978 年发展到 358 户，1336 人，劳动力 800 多人。[①] 在农业合作社和人民公社时期，农村劳动力几乎全都投入农业生产，尽管劳动生产率很低，但可通过按劳分配得到相应报酬，因而不存在就业问题。

在合作化、公社化过程中，巡检集镇上的手工业和服务业，或者是转变成集体经济组织，成为合作社；或者是并入国营经济机构，成为它们的门市部；或者是被淘汰。例如，原有的杂货店，有的组合成为集体性质的合作商店，有的转变成应城县供销合作社的门市部。铁业、木业组成了合作社，有两个铺面，负责人由师傅商定。理发业集中服务，但需向村里交纳管理费。骡马行改造成为搬运站，从业人员增至 80 人左右，增添了许多板车，运输任务由生产队指派，年终统一参加分配。旅社、餐馆均纳入国营机构，共有 3 个门市部。渔行则因没有集市而被淘汰。私人诊所合并入巡检卫生院。原有的小学教师，则成了巡检小学和中学的教师。总之，原有的非农业劳动

① 参见本书第一章。

力，基本上都走上合作化和国有化道路。1956年以后，特别是1961年巡检成为巡检人民公社所在地之后，非农就业劳动人数大大增加，收入水平也有较大提高，但因缺乏原始资料和调查数据，无法具体叙述。

二　1984～2009年的劳动就业

1984年初，随着人民公社体制的撤销和家庭承包责任制的建立，巡检村劳动就业状况也发生了根本变化。据调查，1984年巡检生产大队转变为巡检村民委员会时，全村有404户，1523人，劳动力约900人；[①] 2009年发展到551户，1977人，[②] 劳动力约1100多人。

据了解，在1984～2009年，巡检村劳动力中从事种植业、养殖业的仍然占据多数。但他们的劳动状况发生了很大变化，其突出特点：一是，出现了5户种田大户，最少种田20亩，最多种田70亩。例如，青年农民彭东平种田70亩，大量使用机械耕作，实行科学种田，亩产达1400斤左右。二是，出现了一批"田保姆"，即在家务农的农户与长期外出打工的农户签订合同，请前者当"田保姆"，为后者代种耕地。三是，农机互相"助耕"。在国家资助下，农户交错购买了耕整机、插秧机、收割机等30多台，农忙时互相"助耕"的农户全村达60%以上。四是，家庭经营吃"套餐"，一般是青壮年男子出外赚钱，妇女老小在家种田；农忙时回家种地，农闲时务工经商。五是，种田享优待。农村税费改革后，特别是2006年免除农业税后，国家还给农民良种、农机、家电补贴，再加上免学杂费、办合作医疗、农民低保等，近年来村民心情非常舒畅。

1984～2009年，巡检村非农产业劳动力大幅增加，其原因有三：一是，随着集镇集体经济解体和个人承包经营实施，手工业、服务业领域出现了一大批个体户及其从业者；二是，私营老板先后办起了预制板厂、粮食加工厂、养猪场、搬运站等，吸引了相当多的村民从事非农劳动；三是，随着劳动力市场的发展，巡检村的劳动力开始外出打工，他们的足迹逐渐扩展到长三角、珠三

---

① 参见本书第一章。

② 参见本书专题调查报告：《认真搞好人口和土地调查》。

角、环渤海圈和东北，以及武汉、深圳、广州、上海、北京、哈尔滨等大城市及其周围地区。据笔者口头询问，非农产业在业人员的大体情况如下。

表 5－2 非农产业的在业人员

单位：人

年份	非农产业的在业人员				
	合计	手工和制造	运输业	商贸餐饮业	外出打工
1949～1955	97	10	30	57	0
1956～1978	100	20	80	—	0
1979～1999	440	40	150	150	100
2000～2009	1068	271	46	357	394

据《巡检村村民家庭问卷调查》数据，全村有效回答 349 户，2009 年底总人口 1353 人，其中不在业人口 496 人，在业人口 857 人，他们的具体情况如下。

表 5－3 的数据说明：（1）在业人员 857 人，占全村 1353 人的 63.34%。（2）在业人口中，超劳动力年龄人口 76 人，占在业人员的 8.87%。在医疗卫生条件改善、人口寿命延长情况下，这是正常现象；未到劳动力年龄人口 5 人，虽仅占 0.58%，但说明家境贫困无法接受教育或不重视教育的现象仍然存在，值得重视。

表 5－3 不同年龄人口在业状况

单位：人，%

项目	合计	劳动力年龄内正常工作	超劳动力年龄工作	未到劳动力年龄工作	其他
人数	857	770	76	5	6
比重	100.00	89.85	8.87	0.58	0.70

表 5－4 的数据说明：从事制造业、农产品加工业者最多，占 28.59%；种植业、养殖业第二，占 22.28%；商贸业、餐饮业第三，占 21.82%；社区服务业第四，占 10.74%；运输业、邮电业第五，占 5.84%。此外，文教卫生、金融保险、基层自治和其他，合计占 10.74%。在业人员从事行业的特点是，行业结构的多元化和非农产业的主体地位。

表 5－4　在业人员的行业

单位：人，%

项目	合计	种植业	养殖业	农产品加工	制造业	运输业	邮电业	商贸业
人数	857	180	11	36	209	46	4	128
比重	100.00	21.00	1.28	4.20	24.39	5.37	0.47	14.94
项目	餐饮业	金融保险	教育科学	文化休闲	医疗保健	社区服务	基层自治	其他
人数	59	4	16	4	8	92	6	54
比重	6.88	0.47	1.87	0.47	0.93	10.74	0.70	6.30

表 5－5 的数据说明：（1）普通工人、技术工人，占 31.62%。（2）个体业者、小商小贩，占 24.27%。（3）农林牧副渔劳动者，占 22.99%。（4）营业员、服务员，占 9.1%。（5）专业人员、管理人员、办事人员、军警人员，占 5.48%。（6）民企老板、单位负责人，占 1.05%。在业人员职业的特点是，职业结构多元化，蓝领占绝对优势，白领和金领开始出现。

表 5－5　在业人员的职业

单位：人，%

项目	合计	农林牧渔业	普通工人	技术工人	营业服务员	个体业者	小商小贩
人数	857	197	174	97	78	166	42
比重	100.00	22.99	20.30	11.32	9.10	19.37	4.90
项目	办事人员	专业人员	管理人员	民企老板	单位负责人	军警人员	其他
人数	4	23	17	6	3	3	47
比重	0.47	2.68	1.98	0.70	0.35	0.35	5.48

三　劳动力流动

1984 年前，由于受人民公社体制的束缚和城乡二元结构的限制，农村劳动力除极少数人通过征兵、招工、升学、提干等途径实现流动外，绝大多数人都被封闭在农村，依附于土地，从事单一的农业生产。1984 年实行家庭承包责任制以后，特别是 2001 年加入 WTO，促进了农村劳动力流动。它表现在两个方面，地域流动和社会流动。

（一）地域流动

据《巡检村村民家庭问卷调查》，2009年底857名在业人员的地域分布情况如下。

表5－6 在业人员的地域

单位：人，%

项目	合计	本村	本乡镇	本县市	本地市	本省市区	外省市区	其他
人数	857	476	25	38	8	50	253	7
比重	100.00	55.54	2.92	4.43	0.93	5.83	29.52	0.82

表5－6的数据说明：本村最多，占55.54%；外省市区其次，占29.52%；本村外、本县市内第三，占7.35%；本县市外、本省内最少，占6.76%。据了解，在业人员地域选择的动机是，选近，主要图熟悉、图方便；选远，主要图收入、图发展；不近不远，则主要图关系、图兼顾。总体而言，离开本村就业的劳动力，已接近一半。

（二）社会流动

劳动力的社会流动，主要体现在两个方面，即行业流动和职业流动。

1. 行业流动

行业流动可从两个方面观察，即代际流动和代内流动。

第一，就代际流动而言，据《巡检村村民家庭问卷调查》，在业回答人父辈与回答人在行业方面的代际流动情况如下。

表5－7的数据说明：（1）在业回答人父辈，从事第一产业占80.52%，第二产业占5.16%，第三产业占14.33%；在业回答人则分别占31%、17.4%和51.6%。显然，在业回答人父辈是以农业为主，在业回答人则以非农产业为主。（2）就第一产业来说，在业回答人父辈主要从事种植业，占80.23%，养殖业仅占0.29%；在业回答人从事养殖业占1.48%，其比例是前者的5.1倍。（3）从第二产业来说，在业回答人父辈从事制造业占2.87%，农产品加工业占2.29%；在业回答人则分别占12.18%和5.17%，分别增加了9.31个百分点和2.88个百分点。（4）从第三产业来说，在业回答人父辈从事商贸、餐馆、运输业和社区服务占

8.31%；在业回答人从事商贸、餐馆、运输业和社区服务的占39.11%，是前者的4.71倍。

表5-7 在业回答人父辈与回答人从事的行业

单位：人，%

项目		合计	种植业	养殖业	农产品加工	制造业	运输业	邮电业	商贸业
回答人父辈	人数	349	280	1	8	10	4	1	17
	比重	100.0	80.23	0.29	2.29	2.87	1.15	0.29	4.87
在业回答人	人数	271	80	4	14	33	18		48
	比重	100.0	29.52	1.48	5.17	12.18	6.64		17.71
项目		餐馆业	金融保险	教育科学	文化休闲	医疗保健	社区服务	基层自治	其他
回答人父辈	人数	6	2	3		3	2	4	8
	比重	1.72	0.57	0.86		0.86	0.57	1.15	2.29
在业回答人	人数	19	2	8	1	1	21	1	21
	比重	7.01	0.74	2.95	0.37	0.37	7.75	0.37	7.75

第二，就代内流动而言，据《巡检村村民家庭问卷调查》，345位回答人开始工作和现在工作所从事行业的流动情况如下。

表5-8的数据说明：(1) 开始工作的行业结构是，第一产业占65.61%，第二产业占13.59%，第三产业占20.81%；现在工作的行业结构则是31.46%、16.1%和52.43%。显然，开始工作是以农业为主，现在工作则是以非农产业为主。 (2) 从第一产业来说，开始工作主要从事种植业，占65.32%，从事养殖业仅0.29%；现在工作养殖业占2.25%，是前者的7.76倍。(3) 从第二产业来说，与开始工作相比较，现在工作农产品加工业比重提高了1.19个百分点，制造业比重提高了1.32个百分点。(4) 从第三产业来说，开始工作从事餐馆、社区服务、教育科学和运输等行业的占13.29%，从事商贸业的仅占2.02%；现在工作从事餐馆、社区服务、教育科学和运输等行业的占21.72%，从事商贸业升至18.73%，分别是前者的1.63倍和9.27倍。这说明，在业人员代内行业间的主要流向是，从第一产业向第二、第三产业流动；在第一产业中，从种植业向养殖业流动；在第二产业中，从农产品加工业向制造业流动；在第三产业中，从服务性行业向商贸性行业流动。

表 5－8　回答人开始工作和现在工作的行业

单位：人，%

项目		合计	种植业	养殖业	农产品加工	制造业	运输业	邮电业	商贸业
开始工作	人数	346	226	1	14	33	8	2	7
	比重	100.00	65.32	0.29	4.05	9.54	2.31	0.58	2.02
现在工作	人数	267	78	6	14	29	14		50
	比重	100.00	29.21	2.25	5.24	10.86	5.24		18.73
项目		餐馆业	金融保险	教育科学	文化休闲	医疗保健	社区服务	基层自治	其他
开始工作	人数	15		10	1	2	13		14
	比重	4.33		2.89	0.29	0.58	3.76		4.05
现在工作	人数	14	1	7		1	23	4	26
	比重	5.24	0.37	2.62		0.37	8.62	1.50	9.74

2. 职业流动

职业流动，也可从代际流动和代内流动两个方面观察。

第一，就代际流动而言，据《巡检村村民家庭问卷调查》，在业回答人父辈与在业回答人在职业方面的代际流动情况如下。

表 5－9　在业回答人父辈与回答人的职业

单位：人，%

项目		合计	农林牧渔业	普通工人	技术工人	营业服务员	个体业者	小商小贩
回答人父辈	人数	349	281	14	3	2	14	10
	比重	100.0	80.52	4.01	0.86	0.57	4.01	2.87
在业回答人	人数	271	86	31	21	6	72	23
	比重	100.0	31.73	11.44	7.75	2.21	26.57	8.49
项目		办事人员	专业人员	管理人员	民企老板	单位负责人	军警人员	其他
回答人父辈	人数	1	7	11			1	5
	比重	0.29	2.01	3.15			0.29	1.43
在业回答人	人数	2	4		3	3		20
	比重	0.74	1.48		1.11	1.11		7.38

表 5－9 的数据说明：在业回答人与其父辈相比较，（1）农林牧副渔业劳动者比重下降 48.79 个百分点，即下降了 60.59%。（2）普通工人和技术工人比重上升 14.32 个百分点，即上升了 2.94 倍。（3）个体业者、小商小

贩、营业服务员比重上升29.82个百分点，即上升了4倍。(4) 民企老板、单位负责人从无到有，其比重占2.22%。上述变化，都是正常的，是经济发展的必然结果。(5) 办事人员、专业人员、管理人员、军警人员等比重下降3.52个百分点，即下降了58.56%。这一变化原因较为复杂，需要具体分析和深入研究。

第二，就代内流动而言，据《巡检村村民家庭问卷调查》，345位回答人开始工作和现在工作从事职业的流动情况如下。

表5－10　回答人开始工作和现在工作的职业

单位：人，%

项目		合计	农林牧渔业	普通工人	技术工人	营业服务员	个体业者	小商小贩
开始工作	人数	346	223	30	25	10	17	11
	比重	100.00	64.45	8.67	7.23	2.89	4.91	3.18
现在工作	人数	267	79	27	15	4	69	28
	比重	100.00	29.59	10.11	5.62	1.50	25.84	10.49

项目		办事人员	专业人员	管理人员	民企老板	单位负责人	军警人员	其他
开始工作	人数	5	10	1	2		3	9
	比重	1.45	2.89	0.29	0.58		0.87	2.60
现在工作	人数	1	5	6	4	3		26
	比重	0.37	1.87	2.25	1.50	1.12	0.00	9.74

表5－10的数据说明：与开始工作的职业相比较，现在工作的职业变化是，(1) 农林牧副渔业劳动者比重下降34.86个百分点，即下降了54.09%。(2) 普通工人和技术工人比重下降了0.17个百分点，即下降了1.07%。(3) 个体业者、小商小贩比重上升了28.24个百分点，即增长了2.49倍。(4) 办事人员、专业人员、管理人员等比重下降了1.01个百分点，即下降了22.49%。(5) 民企老板、单位负责人比重提高了2.04个百分点，即提高了2.52倍。上述变化说明，社会流动的主流是向上流动，但也存在着向下流动的现象。例如，普通工人和技术工人比重的下降，特别是办事人员、专业人员、管理人员、军警人员等“白领”比重的大幅下降，是值得深入探讨的问题。

目前，农村劳动力流动存在的突出问题是，劳动力外出就业存在着较大的盲目性和不稳定性；由于大量青壮年劳动力外出，致使第一产业劳动力素质大幅下降，这将成为农业稳定发展的重要障碍。

第二节　分配制度

1949 年以来，巡检村分配制度的发展，大体可分为三大阶段。

一　1950 年前后的分配制度

1950 年土地改革前，耕地多集中于地主、富农手中，一般贫农、雇农少地或无地，分配制度极不公平。据调查，土地改革前的 1949 年，巡检村约有 250 户、1300 人、1500 亩耕地。据老农回忆，全村有地主 10 来户、富农约 20 户，掌握着全村 60% ~70% 的耕地。通过出租土地获得地租，是地主生活的主要来源，也是富农收入的重要组成部分；广大佃农（主要是贫农和土地较少的中农）为了获得土地耕种权，不得不忍受地主、富农的剥削。据说，当时地租一般占耕地常年产量的 50%，这就是说，佃农必须每年把耕地收入的一半作为地租交给土地所有者。这种建立在封建土地所有制基础上的剥削制度，显然是不公平、不合理的。至于自有土地稍多的中农，则主要耕种自有土地，过着自食其力的生活。

据老人们说，在土地改革中巡检村共没收、征收土地 700 多亩（其中，地主土地 280 余亩、富农多余土地 420 余亩），牲口 35 头，房屋 30 多栋，大型农具（水车、碾子等）35 件，无偿地分配给无地或少地的贫农、雇农和佃中农，从而彻底废除了封建土地剥削制度，实现了“耕者有其田”、自劳自得的小农经济生活。至于巡检集镇上的小商小贩、餐馆、旅社、渔行、杂货铺、磨坊、理发、木匠、铁匠等从事非农产业的居民，则主要通过自谋职业、自主经营的方式各自谋生。私人诊所里的乡村郎中，也是自负盈亏，靠行医卖药收入养家糊口，但收入较高，一般吃穿不愁。乡村管理者均为不脱产人员，主要靠种田为生，政府只给少量补贴。唯有乡村教师，已全部转为由政府按月发工资的公教人员。

二　1956～1983 年的分配制度

1956～1983 年，巡检村实行农业生产合作社、人民公社生产大队体制，在分配上贯彻按劳分配原则。从 1962 年开始，实行以生产队为基本核算单位的分配制度。据老农回忆，当时分配的具体办法是：年满 20～55 周岁、有劳动能力的劳动者，每天按出勤情况记分，每 10 分为一个工，一般是男劳动力每天记 13 分，女劳动力每天记 12 分；如果按年计算，一般男劳动力能挣到 3000～4000 分，女劳动力能挣到 2400～3600 分。年终决算时，首先，根据年成好坏、收入多少，计算出总收入。其次，扣除生产费、农业税和"三提五统"（即村级公积金、公益金和管理费"三项提留"和乡级农村教育事业费附加、计划生育、优抚、民兵训练和修建乡村道路"五项统筹"），求出分配给个人消费部分的金额。再次，用个人消费部分的总金额除以总工分数，求出每个工（即每 10 分）的工值；最后，根据每户社员全家挣得工分的多少，计算出应该分得的劳动报酬。

据调查，1956～1983 年，巡检村经济结构基本上是单一的农业经济，总收入不高，每年年终决算时，扣除生产费、农业税和"三提五统"后，每 10 分工值在 0.08～0.5 元之间，一般男劳动力每年能挣到 240～2000 元，女劳动力每年能挣到 190～1800 元。至于粮食、油料、棉花等农产品，则按人分配。其中，粮食分配标准一般是青壮年劳动力比老弱病残及未成年人高一些。每年年终决算时，家大口阔户由于按人分配农产品价值超过按劳分配收入，因而成为超支户。这些超支户，可交钱取回口粮等按人分配的农产品；如果没钱，则将欠款记在账上，下年分配时扣还。按劳分配收入超过按人分配农产品价值的进款户，一般都能分到现金，少则几元、几十元，多则一百多元、几百元，个别的甚至上千元。这说明，当时社员之间仍然存在着差别，只是差距很小，每个社员的基本生活是有保障的。

巡检集镇上从事非农产业的劳动力，大体可分为 4 类，即干部、工人、临时工和个体户。在分配上，这 4 类人都实行按劳分配原则，但具

体方法各不相同：干部由政府按行政级别发工资，月工资 20～50 元，吃国家供应粮，享受公费医疗等福利待遇。工人由企业按工人级别发工资，吃国家供应粮，享受企业福利，其中国营企业工人的工资和福利水平较高，月工资20～40 元；集体（合作）企业工人的工资和福利水平较低，月工资 10～20 元。临时工一般按天发工资，月工资 10～20 元，但没有保障，吃国家供应粮，基本上没有其他福利。极少数个体户，仍然是自主经营、自负盈亏、自劳自得。总体而言，非农产业劳动力的收入一般高于农村社员，每月有活钱，子女出路较多，因而成为农村人的羡慕对象。

三　1984 年以后的分配制度

1984 年春，巡检村废除了以生产队为基本核算单位的复杂分配制度，实行了分田到户的家庭承包责任制——“交够国家的，留足集体的，剩余都是自己的”，简明的分配制度，极大地促进了农业生产的发展。1985 年前后，巡检村部分农户剩余劳动力开始外出务工经商，从而开辟了农民收入多元化的先河。这个时期，在巡检集镇上，干部分配制度变化不大，但工资水平有了明显提高，月工资增至 40～100 元。工人分配制度有了较大变化，国营企业、集体企业工人不仅工资增至 20～50 元，而且在企业赢利基础上还有了奖金，一般是每人每月 5～8 元。临时工工资也有了相应提高。个体户仍然是自主经营、自负盈亏，但由于农村经济繁荣，收入有了很大提高，农村最早的一批“万元户”就是从个体户中产生的。

进入 21 世纪后，随着农村经济发展和农村改革深入，巡检的分配制度和水平有了更大变化。其中，影响最大的有 3 个因素。

1. 农村税费改革

2001 年开始的农村税费改革，是继推行家庭承包责任制后农村分配制度的又一重大变革。到 2006 年，不仅废除了农业税，结束了 2600 多年“皇粮国税”的历史，而且逐步加大了农业补贴的范围和力度，到 2009 年已实行了种粮补贴、良种补贴、农业机械购置补贴、农产品保险补贴、农户使用沼气补贴，以及大幅提高粮食最低收购价格等许多惠农举措，从而拓宽了农民收入来源，提高了农民收入水平。

2. 集贸市场建设

2002年，巡检村向每个摊主收取600元摊位费，加上应城市工商行政管理局资助10多万元，在集镇上建成了一个能容纳100多个摊位的集贸市场。这个集贸市场的设立，既拉动村内需求，又辐射周围农村。据了解，在集市做小买卖的村民，年纯收入可达3万~5万元，运输户可赚3万元左右，开酒楼的收入则可达10万元以上，从而开辟了村民增收渠道，促进了本村经济发展。

3. 外出务工经商

2001年我国加入WTO后，随着进出口贸易的发展，发达地区对劳动力需求增加，巡检外出劳动力逐步增多。据《巡检村村民家庭问卷调查》，在有效回答的349户中，2009年在业人员857人，其中外出人员381人，占44.46%。据《巡检村外出人员问卷调查》，2009年外出人员年人均收入8580元，占全村户均纯收入34149元的1/4以上。

据文献资料和对村干部、村民调查，1949~1997年全国农村、孝感地区和巡检村村民年人均纯收入变化的大体情况如下。

表5-11 人均年纯收入变化情况

单位：元

年度	1949	1957	1962	1978	1984	1992	1997
全国农村	44	73	70	134	355	784	2090
孝感地区	25	45	28	121	376	650	2106
巡检村	>44	>100	100左右	500	1000	2000	>2000

资料来源：1. 中国发展门户网WWW. Chingate. cn2009. 9. 14。2. 国家统计局《新中国50年统计资料汇编》。3. 孝感市统计局。

1997~2009年，随着巡检村经济社会的发展，村民收入水平和结构发生了极大变化。据《巡检村村民家庭问卷调查》，有344户、1331人对家庭收入情况做了有效回答。2009年，他们的收入水平和结构如下。

表 5－12　收入水平和结构

单位：元，%

项目	全家全年总收入	家庭经营收入合计	#农业收入	#非农产业收入	工资性收入	财产性收入
序号	1	2	3	4	5	6
合计金额	38610708	31957761	3002960	28954801	4834370	1048907
比重	100.00	82.77	7.78	74.99	12.52	2.72
户均	112240	92900	8729	84171	14053	3049
人均	29008	24010	2256	21754	3632	788

项目	转移性收入	#社保收入	#社会救助收入	#亲友馈赠收入	全家全年纯收入*
序号	7	8	9	10	11
合计金额	769670	141840	10400	617430	11747277
比重	1.99	0.37	0.03	1.60	30.42
户均	2237	412	30	1795	34149
人均	578	106	8	464	8826

说明：①序号 1＝2＋5＋6＋7。②序号 2＝3＋4。③序号 7＝8＋9＋10。④序号 11＝1－全家全年经营性支出 26863431 元。

表 5－12 的数据说明：

（1）从总收入水平看，户均 112240 元，人均 29008 元；从纯收入水平看，户均 34149 元，人均 8826 元。这个人均纯收入水平，不仅是 1978 年 500 元的 17 倍多、1992 年 2000 元的 4 倍多，而且是 2009 年全国农村人均纯收入 5153 元[①]的 1.71 倍。

（2）从收入结构看，家庭经营收入占 82.77%，工资性收入占 12.52%（其中，主要是外出务工经商收入），财产性收入占 2.72%，转移性收入占 1.99%。在家庭经营性收入中，非农产业收入占 74.99%，农业收入占 7.78%。这说明，与农业合作化、人民公社化时期相比较，巡检村村民的收入结构发生了 3 大根本变化，一是，过去以集体分配收入为主，现在以家庭经营收入为主。二是，过去以农业收入为主，现在以非农业收入为主。三

① 《2009 年国民经济和社会发展统计公报》，中央政府门户网站，www.gov.cn，2010 年 2 月 25 日。

是，过去收入结构单一，现在收入结构多元，特别是出现了工资性、财产性和转移性收入。

从人均纯收入分组看，2009 年巡检村村民人均纯收入分组的情况如下。

表 5-13　人均纯收入分组

单位：万元，户，%

项目	有效回答	<0.2	0.2～0.4	0.4～0.6	0.6～0.8	0.8～1.0	1.0～1.2	1.2～1.6	1.6～2.0	2.0～3.0	>3.0
户数	344	36	63	70	65	37	25	23	9	9	7
比重	100.00	10.46	18.31	20.35	18.90	10.76	7.27	6.69	2.62	2.62	2.03

表 5-13 的数据说明：在有效回答的 344 户中，人均收入 2000 元以下的 36 户，占 10.46%；2000～4000 元的 63 户，占 18.31%；4000～10000 元的 172 户，占 50%；10000～20000 元的 57 户，占 16.58%；20000 元以上的 16 户，占 4.65%。

按 2009 年国家农村贫困标准 1196 元测算，全国农村贫困人口达 3597 万人，占农村人口 71288 万人的 5.05%。① 巡检村村民人均纯收入低于 1196 元的有 8 户、33 人，占 1331 人的 2.48%，即比全国平均水平低 3.57 个百分点。

第三节　社会保障

巡检村的社会保障，包括养老保障、医疗保障和最低生活保障。其中，医疗保障已在第四章叙述，这里只涉及养老保障和最低生活保障两个方面。

一　养老保障

巡检村的养老保障，在 20 世纪 50～60 年代实行“五保”（即保吃、保穿、保住、保医、保葬）制度。当时，生产队供养五保人员 5 人，供养标准

① 《2009 年国民经济和社会发展统计公报》，中央政府门户网站，www.gov.cn，2010 年 2 月 25 日。

是每人每月大米25斤、食油1斤、柴草保证供应，并派人送到户。1978年后，生产队供养五保人员增至28人，供养标准改为500斤原粮包干，柴草仍然保证供应，派人送到户。1984年废除人民公社体制、建立村民委员会后，村里供养五保人员减至20人，供养标准基本未变。

2000年以后，“五保”对象改由杨河镇养老院统一供养。供养对象是：年满60岁以上、无儿二女以下（三女则不行，因生育三女违反计划生育政策）、丧失劳动能力的孤寡老人，由本人申请，村委会核实，镇政府审批。养老院的开支，由政府民政部门拨付专款，生活标准是每位老人每月生活补助费150元，一年1800元。由于部分“五保”对象仍有劳动能力，可利用养老院空地自己生产蔬菜、养猪，因而物质生活方面的需求基本能够得到满足。目前，老人们的要求是：给每个房间配彩电，设棋牌室，以丰富精神文化生活。

2009年，巡检村在杨河镇养老院统一供养的老人有8位，他们的简要情况如下。

表5-14　养老院供养老人简况

姓名	性别	年龄	文化	身体和家庭情况	到养老院时间
邓有伢	女	82	文盲	身体尚可，无儿无女	2000
熊木义	男	70	小学	身体尚可，无儿无女	2002
丁宋华	男	70	文盲	聋子、无儿无女	2002
熊权材	男	65	文盲	身体尚可，无儿无女	2004
陈五伢	男	77	文盲	身体尚可，无儿无女	2004
陈五伢老伴	女	75	文盲	身体尚可，无儿无女	2004
刘家春	男	80	文盲	身体尚可，无儿一女	2007
熊毛珍	女	80	文盲	身体尚可，无儿无女	2007

此外，村里还有10户无儿二女60岁及其以上老人（其中夫妻健在的有3户），每人每月由市财政拨款发给计划生育奖励费60元；10位80岁以上老人，每人每月由市财政拨款发给生活补助费50元。对于这种奖励和补助，老人和其他村民都表示非常满意。

二　最低生活保障

进入21世纪后，巡检村开始实行最低生活保障。最低生活保障的对象是，（1）家庭成员无劳动能力或基本丧失劳动能力、没有依靠、没有生活来源的老年人、残疾人、未成年人等。（2）因灾、因病及残疾的致贫家庭。（3）由突发性自然灾害或经营失败而陷入临时生活困难的村民。（4）有一定收入来源，但生活水平低于或等于国家规定最低生活水平标准的村民。据调查，2009年巡检村村民人均纯收入低于国家农村贫困标准1196元的有8户、33人，根据这些户的不同情况，每人每月分别获得20元、35元、45元、60元、70元最低生活保障费。此外，每年元旦、春节期间，每户还可获得“三个五”（即50斤大米、5斤蛋、5斤肉）的节日礼品。上述费用，全部由政府财政支付。

第四节　社会治安

巡检村的社会治安，大致分为三个阶段，即1949年前，1950～1978年，1979年至今。

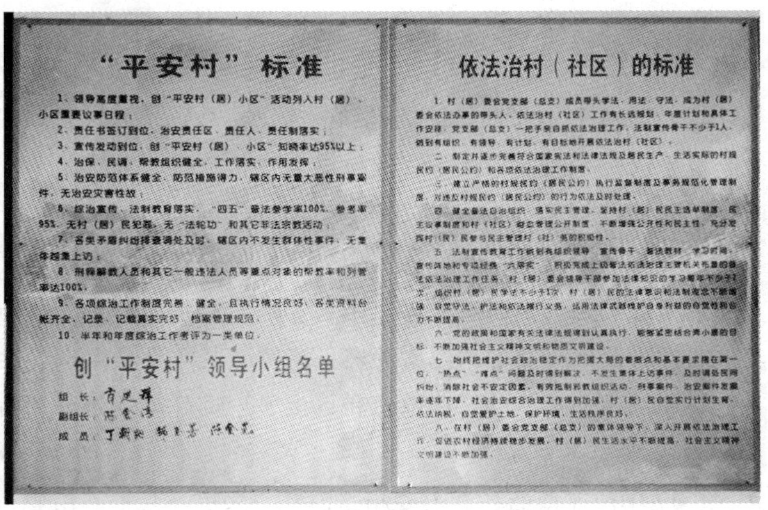

巡检平安村建设标准

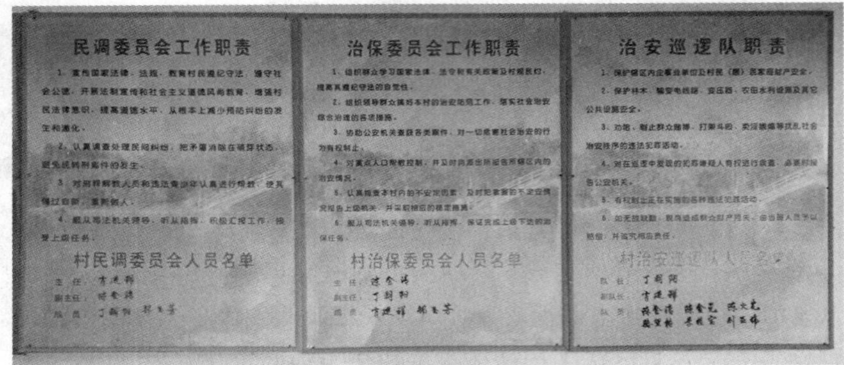

巡检民调、治保组织职责

一　1949 年前的社会治安

1949 年以前，巡检是个河码头，运输活动辐射范围广，当时应城县西北部的杨河、短港、田店、店坡，京山县的罗店、马店、曹伍，安陆县的城关、巡店、晏店、刘港等地部分物流、人流都在此集散，因而流动人口较多，社会关系复杂，盗窃、抢劫、诈骗，直到杀人放火等刑事案件时有发生，经济财产纠纷此起彼伏，社会治安状况不佳。

匪患、兵患相当频繁。1949 年前，几乎每年都有匪患发生，土匪多是外乡人，一般一群 10 来人，白天踩点，夜里强行入室，捆绑吊打，抢劫财物，闹得人心惶惶。1945 年国民党军队驻扎随县大洪山后，兵患又接踵而来，一般是每个季度来巡检一次，每次数百人荷枪实弹，要钱、粮、柴草，不给就抢，有时还抢鸡鸭鹅等家禽，闹得鸡犬不宁。

巡检有赵、陈、丁三大家族，每个家族内又房头林立，村民之间的宗族、房头关系错综复杂，为田地边界、用水管水、宅基地权属、财产转让和继承、经济交往、民间借贷等纠纷案件屡见不鲜。至于日常生产、生活中为家禽家畜危害庄稼、邻里争吵、婆媳不和、孩子斗殴等产生矛盾和纠纷更是层出不穷。

总之，1949 年前巡检的社会治安相当混乱，村民经常提心吊胆地生活在惶恐之中。

二　1950～1978 年的社会治安

1949 年以后，随着新中国成立，清匪反霸、减租减息、土地改革、镇压反革命、抗美援朝等运动的展开和完成，巡检村不仅建立了新村公所，而且设置了社会治安管理机构和人员——民兵连、治保会和民兵连长、治保会主任。通过上述运动，村民关系发生了深刻变化，对地主分子（熊××等）、反革命分子（陈××等）、坏分子（邓××等）、"右派分子"（熊××等）管理甚严，社会治安迅速好转，曾一度出现"路不拾遗"、"夜不闭户"的良好局面。

1956 年实行农业合作化、特别是 1958 年实行"政社合一"的人民公社体制后，巡检社会治安状况保持了长期稳定。1958 年组建的巡检民兵连，由 100 多名经政审合格的 18～28 岁的青年男女组成，每组 10 多人，配备 4～5 支步枪。他们的任务是，管理"五类分子"（即地主分子、富农分子、反革命分子、坏分子和"右派分子"），防止敌人破坏，维持社会治安。在有大型活动或特殊任务时，他们则是一支随时可以集中行动的突击队。1958～1983 年，民兵连长刘家园、刘金望、肖建祥和治保主任罗幺宗、陈文明、陈金清等，在维护社会治安方面发挥了重要作用。

1959～1962 年经济困难期间和 1966～1976 年"文化大革命"时期，社会治安状况曾一度严重恶化，特别是偷盗现象较为普遍，并出现了一些惯偷。例如，熊××（男，30 多岁）盗窃成性，1963 年被逮捕，定性为惯盗，被判处有期徒刑 20 年，1973 年死于监狱。又如，张××（男，40 岁）、张××（男，32 岁），经常到粮管所偷窃稻谷，1976 年被逮捕，经法院审判定性为盗窃罪，判处有期徒刑 3 年。

三　1978 年后的社会治安

1978 年改革开放后，特别是 1984 年废除人民公社体制、巡检生产大队改为村民委员会后，随着农村市场经济的发展、农民自主权的提高、社会流动加速，再加上新型社会管理没有及时跟上，巡检社会治安状况出现了一系列新情况、新问题。

（1）刑事案件时有发生。据不完全统计，1978～2009年期间，巡检村发生刑事案件10起，其中9起案件的简要情况如下。

表5－15 刑事案件简况

案件类型	发案时间	被害人及其特点	犯罪嫌疑人及其特点	认定罪名	判处徒刑
杀人分尸	1978年6月	熊××，男，22岁，农民兼木匠	尚未侦破		
强奸	1980年5月	黄××，女，村民	黄××，男，村民	强奸	5年
	1996年6月	女、高中学生	雷××，男，村民	强奸	15年
故意伤害	1984年6月	村民	宋××、刘××、陈××、熊××，男，村民	故意伤害罪	2～4年
	1985年春	王××，男，学生	熊××，男，学生	故意伤害致人死亡罪	5年
诈骗	2002年4月	村民	熊××，男，村民	诈骗罪	2年
盗窃	1982年4月	村民	周××，男，23岁	盗窃罪	3年
	2008年6月	储户和客户	刘××，男，40岁，邮局职工	盗窃罪	6年
	2009年10月	村民	在侦破之中		

另外，还有一起犯罪人被判处死刑1人、判处无期徒刑1人的案件：1983年7月，村民邱××、肖××、彭××、肖××（均为男性、20岁左右），与当地膏矿职工发生矛盾，冲进厂区打架斗殴，法院认定为破坏生产秩序的流氓罪。当时正值“从重从快”的“严打”期间，邱××被判处死刑、立即执行，彭××被判处无期徒刑，肖姓二人则被判处8～12年有期徒刑。多年后，村民认为这个案件不过是年轻人之间的普通冲突，法院判得实在太重了。

（2）治安案件逐渐增多。据不完全统计，1978～2009年，巡检村发生治安案件24起，其中有具体资料的案件11起，它们的简要情况如下。

此外，还有13起治安案件，有文字记载，但没有详细情况，无法具体说明，它们的发案时间和类型是：2007年第一季度，殴打他人案件1起，作调解处理。2008年第二季度，殴打他人案件和赌博案件各1起，罚款4人；第三季度，殴打他人案件1起，行政拘留1人；第四季度，殴打他人案件1起。2009年第一季度，殴打他人案件1起；第二季度，殴打他人案件2起，

表 5-16　治安案件简况

案件类型	发案时间	当事人及其特点	违犯治安事实	处置情况
故意伤害	1987 年 7 月	村民熊××,男	殴打他人,构成轻伤	赔偿受害人损失
	1989 年 5 月	彭××,27 岁,供销社销售员	将彭××打伤	赔偿医药费 500 元
	1996 年 7 月	彭××,男,村民	打伤谢××、谢××兄弟	拘留 15 天,赔偿医药费 2000 元,并罚款 2000 元
	2000 年 3 月	谭×,男,中学教师	将校长杨××打伤	拘留 15 天,赔偿医药费 3000 元,并罚款 2000 元
	2004 年 6 月	刘××、刘××,男,村民	将屠户杨××打成轻伤	拘留 15 天,罚款 1000 元
寻衅滋事	1993 年 6 月	熊××、戴××、史××,男,20 岁左右	损坏他人财物,构成流氓违法行为	拘留 5 天,罚款 1000 元
	2002 年 12 月	赵×,男,20 岁,无业	将钱××打伤	拘留 10 天,罚款 1000 元
赌博	1993 年 9 月	肖××,务农;黄××,邮电职工	用扑克赌博	肖罚款 200 元;黄罚款 1000 元
	1995 年 3 月	罗××、马××、肖××,村民	以摇单双方式赌博	分别罚款 1500、800、500 元
妨碍公务	2003 年 4 月	许××,男,48 岁,村民	无证贩运化肥,打伤工商执法人员	警告,并罚款 500 元
	2005 年 5 月	叶××,女,44 岁,百货摊主	阻碍烟草稽查人员正常执法活动	拘留 2 天

行政拘留并罚款 8 人；第三季度，殴打他人案件 3 起，行政拘留 1 人；第四季度，殴打他人案件 2 起。

（3）意外事故不断发生。据不完全统计，1963～2009 年，巡检村发生意外事故 31 起，其简要情况如下。

（4）民事纠纷此起彼伏。1978 年后，围绕着土地承包、水源使用和管理、税费征收（2006 年取消农业税之前）、宅基地划分和调整、计划生育政策落实、村委会换届选举、集体账务管理和交接、政府补贴发放、商贸往来、医患纠纷、邻里关系等经济、政治、社会问题，经常发生纠纷。这些此起彼伏的民事纠纷，经调解、协商大都能够得到缓解，或拖延一段时间后冷处理，但仍然是影响村民团结、影响社会安定的重大因素。

表 5-17 意外事故简况

事故类型	发生年度	起数	简要情况
水淹死	1963~1994 年	20	死 20 多人,其中玩水淹死 10 多人,跳水自杀 1 人,其余为失足淹死
火灾	1974~1996 年	3	死 1 人,烧毁房屋 8 间
触电	1981 年	1	死 1 人,赵××,男,40 多岁
车祸	1974~2005 年	6	死 6 人,其中小孩 2 人
医疗事故	2009 年 9 月	1	死 1 人,熊××,男,40 多岁,米厂老板,针剂过敏,赔偿 40 万元

1984 年巡检生产大队改为村民委员会后，村干部为搞好社会管理、维护社会治安做了大量工作，特别是历任民兵连长和治保主任肖建祥、陈金清、熊立生、熊立生等（上任时，均为男性青年，高中毕业生）发挥了重要作用。

4. 社会治安民意调查

为了弄清村民对社会治安的看法和建议，2010 年 1 月课题组成员以巡检集贸市场附近 40 位居民为对象做了一次问卷调查，其具体情况如下：调查对象 40 人。其中，本村村民 22 人，外来人员 18 人；男性 27 人，女性 13 人；年龄 20~30 岁 5 人，30~50 岁 15 人，50 岁以上 20 人。调查内容：社会治安状况；对社会治安和干群关系、邻里关系的评价。

表 5-18 的数据说明：(1) 村里仍然存在社会闲散人员，存在村霸横行

表 5-18 社会治安状况

单位：人

询问问题	很多	较多	较少	很少	没有/不清楚
村里近几年有社会闲散人员吗？	0	4	9	21	6
村里近几年有村霸横行吗？	0	8	8	15	9
村里近几年有偷盗事件吗？	13	16	8	3	0
村里近几年有抢劫事件吗？	0	0	3	31	6
村里近几年有聚众赌博现象吗？	11	15	7	6	1
村里近几年有卖淫嫖娼现象吗？	0	0	0	0	40
村里近几年有吸毒贩毒事件吗？	0	0	0	0	40

现象，这是影响社会治安的两大因素，值得高度重视。（2）村里偷盗现象相当普遍，抢劫现象时有发生，说明社会治安问题严重。（3）村里聚众赌博现象十分突出，它是造成社会不安定的重要原因。（4）卖淫嫖娼、吸毒贩毒现象尚未出现，值得庆幸，但仍需警惕。

表 5－19 的数据说明：（1）对社会治安状况的评价，满意的占 27.5%，一般的占 37.5%，不满意的占 35%；与前两年比较，认为好的占 32.5%，差不多的占 60%，差的占 7.5%。总体看，不满意的比例相当高，但认为比前两年好转的占多数。（2）对村镇干部的作风，满意的占 27.5%，一般的占 30%，不满意的占 42.5%。总体看，不满意的比重最大。（3）对邻里关系，满意的占 82.5%，一般的占 17.5%。总体看，邻里关系较好，这是一大积极因素。

表 5－19　受访者的评价

单位：人

询问问题	满意或好	一般或差不多	不满意或差
您对本村社会治安是否满意？	11	15	14
您认为目前的社会治安比两年前好吗？	13	24	3
您对村镇干部的作风是否满意？	11	12	17
您与邻里之间的关系如何？	33	7	0

此外，我们还询问了这样两个问题：

一是，您认为村镇干部对地方经济和社会治安，更重视哪一个？回答的结果是：重视经济的 11 人，占 27.5%；重视社会治安的 4 人，占 10%；两方面都重视的 14 人，占 35%；两方面都不重视的 11 人，占 27.5%。重视社会治安的比重，低于重视经济的比重 17.5 个百分点，这在一定程度上说明了该村社会治安状况不佳的一个重要原因。

二是，您遇到被偷、被抢会报警吗？回答是：会，有事就找警察的有 14 人，占 35%；会，但对警察不抱多少希望的有 21 人，占 52.5%；不会，他们不会理这些小事的有 5 人，占 12.5%。显然，对警察不够信任的村民居多。

撰稿人：何　文（第一节～第三节）　詹檐鹏（第四节）

第六章 婚姻、家庭和生育

第一节 婚姻

一 婚姻状况

据《巡检村村民家庭问卷调查》等方面的资料，巡检村村民的婚姻状况如下。

1. 婚配结构

婚配结构，是指15周岁及其以上人口中各类婚姻状况人口的排列组合模式。据《巡检村村民家庭问卷调查》，2009年巡检村15周岁及其以上人口的婚配结构，如表6－1所示。

表6－1 15周岁及其以上人口婚配结构

单位：人，%

项目	15周岁以上人口合计	婚姻状况								
		未婚	已婚有配偶	离婚再婚	离婚未婚	丧偶再婚	丧偶未婚	分居	同居	其他
人数	1213	321	801	4	9	5	63			10
比重	100.0	26.46	66.03	0.33	0.74	0.41	5.19			0.83

表6－1的数据说明：巡检村15周岁及其以上人口中未婚占26.46%，比全国15周岁及其以上人口中未婚率18.76%，高7.7个百分点；已婚有配偶占66.03%，比全国已婚有配偶的72.49%，低6.46个百分点；离婚未婚

和丧偶未婚占 5.93%，比全国离婚未婚和丧偶未婚占 7.06%，低 1.13 个百分点；离婚再婚和丧偶再婚占 0.74%，比全国离婚再婚和丧偶再婚占 1.69%，[①] 低 0.95 个百分点。显然，巡检村的婚配结构有两大特点，一是，15 周岁及其以上人口中未婚率较高，晚婚晚育在巡检村已蔚然成风；二是，离婚未婚、丧偶未婚和离婚再婚、丧偶再婚率均较低，它是婚姻关系较稳定、较传统的具体表现。

2. 未婚

据调查，在 15 周岁及其以上未婚的 321 人中，法定婚龄男 22 周岁、女 20 周岁以上的人口约 190 人。[②] 其中，超龄青年——28 岁及其以上的人口 11 人。在这 11 人中，女性 5 人，其中 3 人因工作不稳定推迟婚期，2 人想完成学业后再结婚。男性 6 人，其中 2 人因工作不理想暂不想结婚；2 人智障；1 人患侏儒症难找配偶；1 人因年轻时家穷娶不起老婆，现已 80 多岁，难言婚配。此外，近 180 人均在适龄婚期，但没有结婚。这不能不说是晚婚晚育教育较为普及的结果。

3. 已婚

（1）初婚年龄。据对巡检村 341 名村民调查，他们的初婚年龄如表 6－2 所示。

表 6－2　初婚年龄

单位：人，%

项　目		有效回答	16 岁以下	17～19 岁	20～21 岁	22～24 岁	25 岁以上
男	人数	225		3	24	113	85
	比重	100.0		1.3	10.7	50.2	37.8
女	人数	116	2	5	30	54	25
	比重	100.0	1.7	4.3	25.9	46.5	21.6
合计	人数	341	2	8	54	167	110
	比重	100.0	0.6	2.3	15.8	49.0	32.3

① 上述全国性数据引自《中国统计年鉴 2010》3－11，http：//www.stats.gov.cn/tjsj/ndsj/2010/indexch.htm。

② 参见本书：《巡检村村民家庭问卷调查报告》。

据计算，341 名村民平均初婚年龄 23.4 岁。其中，男性平均初婚年龄 23.8 岁，超过法定婚龄 22 周岁的 198 人，占 88%；女性平均初婚年龄 22.6 岁，超过法定婚龄 20 周岁的 109 人，占 93.96%。总体看，晚婚比较普遍。但是，早婚现象仍然存在。男性不足 22 周岁结婚的有 27 人，占 12%；女性不足 20 周岁结婚的有 7 人，占 6%。因此，晚婚教育仍需加强。

（2）结婚程序。在巡检，结婚称为“办喜事”，一般要闹三天。第一天，待媒。在巡检婚配过程中，媒人是重要角色，绝大部分村民都是通过媒人认识对方的，即使双方自己认识、自由恋爱，到谈婚论嫁时仍要请“媒人”做媒。第一天待媒时，媒人为大，坐首席，舅爷、姑爷、姨爷都是陪客。“待媒”往往是双方的，有的女方为显慎重，会再请一位媒人，即双方各待一位媒人，不过现在请两位媒人的现象已越来越少了。第二天，婚娶。女方送亲，男方迎娶。这一天，舅爷坐首席，姑爷坐二席，姨爷坐三席。第三天，拜茶。新婚夫妻给各位亲朋好友敬茶，亲朋好友则回赠红包或礼品。巡检的习俗是，与一般“赶情送礼”必须礼尚往来不同，拜茶时赠送的钱物，新婚夫妻不用还情。在巡检人看来，拜茶时赠送钱物越多，说明这家亲戚越有钱、越阔气。据说，巡检有一家的舅爷非常有钱，这家儿子结婚时只送了 500 元，令人大失所望。但拜茶时却赠了“三金”（即金项链、金戒指、金耳环），又令人大感意外。这足以说明，拜茶在婚配过程中的重要。

（3）结婚方式。据对巡检村 344 名村民调查，他们结婚采用的方式如表 6-3 所示。

表 6-3　结婚方式

单位：人，%

项　目	有效回答	同拜天地	婚宴庆典	旅行结婚	集体婚礼	联欢舞会	宗教仪式	其他
人数	346	83	242	4	3	1	1	12
比重	100.0	23.99	69.94	1.16	0.87	0.29	0.29	3.47

从进一步询问的情况看，回答人对各类结婚方式的理解并不准确。例如，回答“旅行结婚”的 4 人中，有 3 人是女方家在外省，结婚时男女双方回巡检举行婚宴后就赶往女方家去了；另 1 人是单位批准婚假时间短，结婚

时回村请亲友热闹一天后就回单位上班去了。又如，回答“集体婚礼”的3人中，有2人是兄弟同时结婚、同时举行婚礼。回答“联欢舞会”的1人，是指结婚当天闹洞房时，参加婚礼的小伙子要求新娘与他们伴舞，大家跳得很开心而已。回答“宗教仪式”的1人，是指娶了一个苗族姑娘，按照苗族习俗举行婚礼。另外，回答“其他”的12人，是只领结婚证，而没有举办婚礼仪式。总体而言，有一点是肯定的，即传统的婚宴庆典、同拜天地方式占绝对优势，达93.93%。

4. 离婚、丧偶和再婚

离婚、丧偶和再婚率较低，是巡检婚配结构的一大特点。但是，不同性别、不同文化程度、不同年龄人口的离婚、丧偶和再婚率是不相同的（见表6-4）。

表6-4　离婚、丧偶和再婚

单位：人，%

项目			有效回答合计	性别		年龄				文化程度			
				男	女	<40 岁	40~50 岁	50~60 岁	>60 岁	文盲	小学	初中	高中
离婚	合计	人数	13	10	3	6	6	1			1	9	3
		比重	100.0	76.9	23.1	46.2	46.2	7.7			7.7	69.2	23.1
	再婚	人数	4	3	1	3	1					3	1
		比重	100.0	75.0	25.0	75.0	25.0					75.0	25.0
	未婚	人数	9	7	2	3	5	1			1	6	2
		比重	100.0	77.8	22.2	33.3	55.6	11.1			11.1	66.7	22.2
丧偶	合计	人数	68	30	38		4	6	58	42	24	2	
		比重	100.0	44.1	55.9		5.9	8.8	85.3	61.8	35.3	2.9	
	再婚	人数	5	3	2		3	2			4	1	
		比重	100.0	60.0	40.0		60.0	40.0			80.0	20.0	
	未婚	人数	63	27	36		1	4	58	42	20	1	
		比重	100.0	42.9	57.1		1.6	6.3	92.1	66.7	31.7	1.6	

注：“未婚”，是指离婚、丧偶后未再婚。

表6-4的数据说明：

（1）从合计看，在全村15周岁及其以上的1213人中，离婚13人，离

婚率1.07%；丧偶68人，丧偶率5.61%，后者高于前者4.54个百分点。离婚13人中，再婚4人，占30.77%；丧偶68人中，再婚5人，占7.35%，后者低于前者23.42个百分点。由于人们对离婚往往存在一些不好的看法，因而在同等条件下，丧偶比离婚更容易再婚；巡检丧偶再婚率大大低于离婚再婚率，其主要原因是丧偶人群的年龄普遍较高。

（2）从性别看，在离婚的13人中，男性10人，占76.9%；女性3人，占23.1%。在丧偶的68人中，男性30人，为44.1%；女性38人，占55.9%。在离婚、丧偶后再婚的9人中，男性6人，占66.7%；女性3人，占33.3%。在未再婚的72人中，男性34人，占47.2%；女性38人，占52.8%。显然，男性离婚率、再婚率较高，女性丧偶率、未再婚率较高。

（3）从年龄看，在离婚的13人中，50岁以下的12人，占92.4%；50岁以上的1人，仅占7.7%。在丧偶的68人中，50岁以下的4人，仅占5.9%，50岁以上的64人，占94.1%。在离婚、丧偶后再婚的9人中，50岁以下的7人，占77.8%；50岁以上的2人，占22.2%。在未再婚的72人中，50岁以下的9人，占12.5%；50岁以上的63人，占87.5%。这说明，50岁以下的人离婚率、再婚率较高，50岁以上的人丧偶率、未再婚率较高。

（4）从文化程度看，在离婚的13人中，小学及其以下的1人，占7.7%；初中及其以上的12人，占92.3%。在丧偶的68人中，小学及其以下的66人，为97.1%；初中及其以上的2人，占2.9%。在离婚、丧偶后再婚的9人中，小学及其以下的4人，占44.7%；初中及其以上的5人，占55.6%。在未再婚的72人中，小学及其以下的63人，占87.5%；初中及其以上的9人，占12.5%。显然，初中及其以上的人离婚率、再婚率较高，小学及其以下的人丧偶率、未再婚率较高。

据调查，在全村离婚的13人中，有6人是因家庭矛盾而导致离婚，占46.15%；有6人是因外出打工引发婚外恋而离婚，占46.15%。这说明，外出务工引发婚外恋，是农村离婚的一个重要原因，应该引起重视。此外，还有1人是因女方生育障碍而协议离婚，占7.7%。据这位妇女说，她是自己

不想耽误别人，建议男方趁年轻再去找一个合适的女人结婚，自己则打算寻找一位有孩子的单身男人结婚，这样双方就都不耽误了。处理婚姻问题的这种冷静、理智、现实态度，是令人敬佩的，值得提倡的。

总体而言，巡检村的婚姻状况比较稳定、保守，具有离婚率较低、丧偶率较高、没有婚后分居、未婚同居现象等特点。在离婚和离婚再婚中，男性多于女性，50 岁以下的多于 50 岁以上的，初中及其以上的多于小学及其以下的；在丧偶和丧偶未婚中，女性多于男性，50 岁以上的多于 50 岁以下的，小学及其以下的多于初中及其以上的。

二　择偶标准、途径和配偶家距离

1. 择偶标准

社会发展阶段不同，择偶标准就会不同。例如，20 世纪 50 ~ 60 年代，择偶标准看重政治条件和家庭出身；1978 年以后，看重个人素质。据《巡检村村民家庭问卷调查》和已婚家庭婚姻状况抽样调查，不同年龄组村民择偶的主要标准如表 6 – 5 所示。

表 6 – 5　择偶标准

单位：人，%

项目			有效回答合计	经济条件	长相身体	职业地位	思想品德	家庭背景	情投意合	其他
年龄组	<30 岁	人数	7						7	
		比重	100.0						100.0	
	30 ~ 40 岁	人数	66	2	6		10	2	42	4
		比重	100.0	3.0	9.1		15.2	3.0	63.6	6.1
	40 ~ 50 岁	人数	123	10	17	2	29	3	55	7
		比重	100.0	8.1	13.8	1.6	23.6	2.4	44.7	5.7
	50 ~ 60 岁	人数	78	12	8		14	3	36	5
		比重	100.0	15.4	10.3		17.9	3.8	46.2	6.4
	>60 岁	人数	69	11	5	3	20	5	15	10
		比重	100.0	15.9	7.3	4.3	29.0	7.2	21.7	14.5
合计		人数	343	35	36	5	73	13	155	26
		比重	100.0	10.20	10.50	1.46	21.28	3.79	45.19	7.58

表 6 - 5 的数据说明：

（1）从合计看，情投意合、思想品德、长相身体居第一至第三位，分别占 45.19%、21.28% 和 10.50%，经济条件、家庭背景、职业地位居第四至第六位，分别占 10.20%、3.79%、1.46%。这说明，重人品、轻物质，重个人、轻家庭，已成为择偶的主要标准。

（2）分年龄组看，30 岁及其以下年龄组 7 人，100% 把情投意合作为唯一标准；30 ~ 50 岁年龄组 189 人，选择情投意合 97 人，思想品德 39 人，长相身体 23 人，经济条件 12 人，家庭背景 5 人，职业地位 2 人，分别占 51.32%、20.63%、12.17%、6.35%、2.65%、1.06%，其顺序与合计相同，比重略有差异；50 岁以上年龄组 147 人，选择情投意合 51 人，思想品德 34 人，经济条件 23 人，长相身体 13 人，家庭背景 8 人，职业地位 3 人，分别占 34.69%、23.13%、15.65%、8.84%、5.44%、2.04%，其顺序发生了变化，经济条件提升到第三位，长相身体下降到第四位；此外，经济条件、家庭背景、职业地位和思想品德的比重有了不同程度增加，情投意合、长相身体的比重却有了不同程度下降。这说明，越年轻越重视个人素质，特别是情投意合，越年老越重视经济条件、家庭背景，同时也重视思想品德。

此外，不同性别、不同文化程度村民择偶的主要标准，总体一致，但略有差异。例如，在性别方面，男性看重女方是否“温柔贤惠、操持家务”的占 98.7%，女性看重男方是否“干事认真，责任心强”以及“知识和能力”的分别占 72.9% 和 65.7%。有的女性在谈到找对象时，强调“不应看对方是否家境富裕，而应看对方是否有一门技术”。这说明，男、女择偶时对对方的性别角色具有不同期望。在文化程度方面，高中及其以上学历者更强调“知识和能力”，初中及其以下学历者则更强调“责任心”。

2. 择偶途径

据《巡检村村民家庭问卷调查》和已婚家庭婚姻状况抽样调查，不同性别、不同年龄组村民的择偶途径如表 6 - 6 所示。

表 6－6　择偶途径

单位：人，%

项　目			有效回答合计	自己认识	父母亲属介绍	他人介绍	媒人介绍	婚介所介绍	其他
性别	男	人数	227	36	52	64	72		3
		比重	100.0	15.9	22.9	28.2	31.7		1.3
	女	人数	119	13	29	36	40		1
		比重	100.0	10.9	24.4	30.2	33.6		0.8
年龄组	<30 岁	人数	10	5	1	2			2
		比重	100.0	50.0	10.0	20.0			20.0
	30～40 岁	人数	66	14	15	21	16		
		比重	100.0	21.2	22.7	31.8	24.3		
	40～50 岁	人数	123	19	24	32	48		
		比重	100.0	15.4	19.5	26.0	39.1		
	50～60 岁	人数	78	7	21	25	24		1
		比重	100.0	9.0	26.9	32.1	30.8		1.3
	>60 岁	人数	69	4	20	20	24		1
		比重	100.0	5.8	29.0	29.0	34.8		1.4
合　计		人数	346	49	81	100	112		4
		比重	100.0	14.16	23.41	28.90	32.37		1.16

表 6－6 的数据说明：

（1）从合计看，媒人介绍、他人介绍、父母亲属介绍居第一至第三位，分别占 32.37%、28.90% 和 23.41%，自己认识的仅占 14.16%。这说明，在婚嫁大事上，主要依靠别人介绍，自己认识的非常有限，婚介所介绍为零。据了解，对于婚介所介绍，95.7% 的村民表示“根本就没有想过”，86.3% 的村民认为“婚介所介绍心里没底，还得花钱”，72.9% 的村民表示“婚介所的征婚广告很难分辨是否真实”。显然，婚介所在村民中的信任度很低。

（2）从不同性别看，自己认识的比例，男性高于女性；媒人介绍、他人介绍、父母亲属介绍的比例，女性都高于男性。这说明，男性选择配偶的自主性更高。

（3）从不同年龄组看，30 岁及其以下年龄组 10 人，自己认识的 5 人，占 50%；不是自己认识的 5 人，占 50%。30～50 岁年龄组 189 人，自己认识的 33 人，占 17.46%；不是自己认识的 156 人，占 82.54%。50 岁以上年龄组 147 人，自己认识的 11 人，占 7.48%；不是自己认识的 136 人，占

92.52%。这说明，越年轻选择配偶的自主性越高，特别是“80后”、“90后”，几乎都是通过自己认识来择偶的。

据了解，巡检通过别人介绍对象到结婚，一般要经过以下一些程序：一是，“发八字”，即双方互换生辰八字。二是，“定亲”，当双方认为生辰八字相合时，双方才正式定亲，以便进一步交往。三是，“求婚”，当双方感情成熟到谈婚论嫁时，由媒人带男方去女方家求婚，在女方同意后，就商定结婚的日子。四是，“传期”，即将结婚日子告知双方亲朋好友。五是，举行婚礼。不过，这些程序在许多年轻人中已逐渐淡化。

3. 配偶家距离

据《巡检村村民家庭问卷调查》资料，已婚村民与配偶家距离分布情况如表6－7所示。

表6－7　与配偶家距离

单位：人，%

项　目	有效回答	<1公里	1～2公里	3～5公里	6～10公里	11～20公里	21～50公里	51～100公里	>101公里
人数	322		134	102	45	24	5	3	9
比重	100.0		41.61	31.68	13.98	7.45	1.55	0.93	2.80

表6－7的数据说明：村民与配偶家的距离，1～2公里、3～5公里、6～10公里居第一、第二、第三位，分别占41.61%、31.68%和13.98%，11公里及其以上的合计占12.73%，总趋势是距离越远比例越低。1公里以下为零，说明巡检村没有邻里间的婚姻。据计算，村民与配偶家的距离平均为8.76公里，即大都没有超出本乡镇范围。

据了解，与配偶家距离50公里以上的村民，基本上都是通过外出读书、外出务工经商认识对方的。它说明，随着人口流动加强，通婚圈将越来越大。

三　婚姻要素和感受

1. 婚姻要素

婚姻要素，是指影响婚姻质量的基本元素，如夫妻感情、物质生活、生

理条件、社会关系等。对于"您认为婚姻生活中哪种要素最重要?"这一问题，做有效回答的共344人，其具体情况见表6-8。

表6-8　婚姻中哪种要素最重要

单位：人，%

项目		有效回答合计	感情	物质	生理	其他
男	人数	225	143	41	33	8
	比重	100.0	63.6	18.2	14.7	3.6
女	人数	119	87	3	25	4
	比重	100.0	73.1	2.5	21.0	3.4
合计	人数	344	230	44	58	12
	比重	100.0	66.9	12.8	16.9	3.5

表6-8的数据说明：(1)从合计看，感情居第一位，占66.9%；生理居第二位，占16.9%；物质居第三位，占12.8%。(2)从性别看，男女都把感情放在第一位，但女性占73.1%，男性占63.6%，前者比后者多9.5个百分点，它说明女性更看重婚姻生活中的感情因素。此外，女性更看重生理，占21%；男性更看重物质，占18.2%，这也显示出了性别差异。

在调查中我们遇到一对40多岁的夫妻，他们一直未生育，但感情非常好。对于没有孩子，他们表现得很坦然、乐观。据男主人透露，他们打算有机会就去领养一个孩子。这说明，在现代农民中，传宗接代等传统观念已大大淡化。

2. 婚姻感受

对于"您婚后生活的主要感受?"这个问题，做有效回答的共346人，其具体情况见表6-9。

表6-9　婚后生活感受

单位：人，%

项目	有效回答	非常幸福	幸福	比较幸福	一般	不太幸福	不幸福	很不幸福	说不清楚
人数	346	43	111	97	79	6	3	1	6
比重	100.0	12.43	32.08	28.03	22.83	1.73	0.87	0.29	1.73

表6-9的数据说明：幸福、比较幸福、非常幸福合计占72.54%，一般的占22.83%，不太幸福、不幸福、很不幸福合计占2.89%，说不清楚的占

1.73%。这表明，巡检村民的婚姻质量，从总体看是较高的，但是，一般的占22.83%，不幸福和说不清楚的（它实质上是不幸福的另一种说法）占4.62%，这是婚姻关系不稳定或出现危机的警讯，值得高度重视。

为了把握婚姻质量的具体内容，我们把它分解为“性生活满意度”、“婚姻稳定性”、“夫妻交流”和“性格相容性”4个指标，对此做有效回答的341人，具体情况见表6-10。

表6-10 婚姻质量的内容

单位：人，%

项目		有效回答合计	性生活满意度			婚姻稳定性			夫妻交流			性格相容性		
			满意	一般	不满意	稳定	不稳定	说不清	经常	有时	从不	相容	一般	不相容
男	人数	222	131	89	2	138	7	77	119	98	5	92	122	8
	比重	100.0	59.0	40.1	0.9	62.2	3.2	34.7	53.6	44.1	2.3	41.4	55.0	3.6
女	人数	119	37	72	10	77	3	39	81	37	1	49	56	14
	比重	100.0	31.1	60.5	8.4	64.7	2.5	32.8	68.1	31.1	0.8	41.2	47.1	11.8
合计	人数	341	168	161	12	215	10	116	200	135	6	141	178	22
	比重	100.0	49.3	47.2	3.5	63.1	2.9	34.0	58.7	39.6	1.8	41.3	52.2	6.5

表6-10的数据说明：

（1）在“性生活满意度”方面，表示满意的占49.3%，其中男性占59%，女性占31.1%，男性高于女性27.9个百分点；表示一般的占47.2%，其中男性占40.1%，女性占60.5%，女性高于男性20.4个百分点；表示不满意的占3.5%，其中男性占0.9%，女性占8.4%，女性高于男性7.5个百分点。从总体看，巡检村民对性生活表示满意的居第一位。但是，对性生活表示一般和不满意的合计占50.7%，高于满意1.4个百分点。对于“性生活在婚姻生活中是否重要”这个问题，女性的回答是：“一般”占48%，“比较重要”占26.2%，“很重要”占8%，“不重要”占7.5%，“不太重要”占9.3%，“厌恶”占1%。这些数据说明，巡检许多村民性生活质量不高，特别是相当一部分女性对性生活表现冷漠，甚至厌倦。

（2）在“婚姻稳定性”方面，表示稳定的占63.1%，不稳定的占2.9%，说不清的占34%。据了解，表示“说不清”、“不稳定”的大都是配偶外出务工经商的村民，由于对方常年在外，以至于对配偶越来越不了解

了，因而产生了“说不清”或“不稳定”的感觉。事实上，前述离婚的13人中，就有6人是因外出务工经商、引发婚外恋而离婚的。这种情况，在男性和女性中都存在，其中男性比女性高2.6个百分点。

(3) 在“夫妻交流”方面，经常交流占58.7%，有时交流占39.6%，从不交流占1.8%。这说明，“经常交流”居第一位。但是，相当一部分村民认为，家里家外每天就是那些事，没有什么可交流的，因而“有时交流”占了相当大的比重，这是婚姻质量不高的表现。至于“从不交流”的6个人，据了解都是配偶在外务工经商，而且性格不相容的人，他们往往是一交流就吵嘴，所以一般不同配偶联系。

(4) 在“性格相容性”方面，相容的占41.3%，一般的占52.2%，不相容的占6.5%。据调查，绝大部分村民都认为夫妻性格是可以磨合的，只有少数很难磨合。特别是在一方外出或双方异地外出的情况下，由于长期不在一起生活，性格就更难磨合了。而这种互不相容，是造成婚姻关系不稳定的一个重要因素。在这方面，女性比男性多8.2个百分点。

四 婚姻观念

对于“您对‘男到女家’有何看法?”这个问题，做有效回答的344人，其具体情况见表6-11。

表6-11 对“男到女家”的看法

单位：人，%

项目		有效回答	应该提倡	应该允许	顺其自然	不应提倡	感觉不好	无所谓
男	人数	225	46	37	93	7	15	27
	比重	100.0	20.4	16.4	41.3	3.2	6.7	12.0
女	人数	119	13	23	47	5	12	19
	比重	100.0	10.9	19.3	39.5	4.2	10.1	16.0
合计	人数	344	59	60	140	12	27	46
	比重	100.0	17.15	17.44	40.70	3.49	7.85	13.37

表6-11的数据说明：

(1) 从合计看，顺其自然、应该允许、应该提倡，居第一、第二、第三位，分别占40.7%、17.44%和17.15%，无所谓占13.37%，感觉不好和不应提倡共占11.34%。这说明，绝大多数村民都不反对男到女家。（2）从性别看，男性与女性相比较，应该提倡和顺其自然合计高11.3个百分点；应该允许、不应提倡、感觉不好合计低7.3个百分点，无所谓低4个百分点。总体而言，对“男到女家”，男性比女性更为宽容。

我们在调查中发现，巡检村有两对夫妻长期“居无定所”。一对是，丈夫在外打工，妻子和孩子常在娘家住一年半载，再到婆家住一年半载，这样来回居住；另一对是，男方在巡检村周边谋业，女方长年住在娘家。这说明，许多村民对居住何家已越来越无所谓了。

对于“您认为缺乏爱情的婚姻应该离婚吗？”这个问题，做有效回答的346人，其具体情况见表6－12。

表6－12　缺乏爱情的婚姻应该离婚吗

单位：人，%

项目			有效回答	应该离婚	可以离婚	具体情况具体分析	社会责任重于爱情	不应离	说不清
性别	男	人数	227	36	41	60	24	51	15
		比重	100.0	15.9	18.1	26.4	10.6	22.5	6.6
	女	人数	119	10	11	19	21	44	14
		比重	100.0	8.4	9.2	16.0	17.6	37.0	11.8
文化程度	文盲	人数	36	1	3	10	9	7	6
		比重	100.0	2.8	8.3	27.8	25.0	19.4	16.7
	小学	人数	93	8	7	19	9	38	12
		比重	100.0	8.6	7.5	20.4	9.7	40.9	12.9
	初中	人数	154	23	28	30	14	48	11
		比重	100.0	14.9	18.2	19.5	9.1	31.2	7.1
	高中	人数	50	11	12	16	10	1	0
		比重	100.0	22.0	24.0	32.0	20.0	2.0	0
	>高中	人数	13	3	2	4	3	1	0
		比重	100.0	23.1	15.4	30.8	23.1	7.7	0
合计		人数	346	46	52	79	45	95	29
		比重	100.0	13.29	15.03	22.83	13.01	27.46	8.38

表6－12的数据说明：

（1）从合计看，“不应离”和“社会责任重于爱情”共占40.47%，“可以离婚”、“应该离婚”共占28.32%，“具体情况具体分析”占

22.83%。显然，不主张离婚的比重较大，但不排斥离婚的合计超过了一半，这不能不说是对传统婚姻观念的一大突破。

（2）从性别看，认为“不应离”和“社会责任重于爱情”的，女性占54.6%，男性占33.1%，女性比男性多21.5个百分点；认为“可以离婚”、“应该离婚”的，女性占17.6%，男性占34%，女性比男性少16.4个百分点；认为“具体情况具体分析”的，男性占26.4%，女性占16%，女性比男性少10.4个百分点。总体而言，女性比男性更倾向于不离婚。

（3）从文化程度看，高中及其以上的63人，认为“不应离”和“社会责任重于爱情”的15人，占23.8%；认为“可以离婚”、“应该离婚”的28人，占44.4%；认为“具体情况具体分析”的20人，占31.7%，不排斥离婚的合计占76.1%。初中及其以下的283人，认为“不应离”和“社会责任重于爱情”的125人，占44.2%；认为“可以离婚”、“应该离婚”的70人，占24.7%；认为“具体情况具体分析”的59人，占20.8%，不排斥离婚的合计占45.5%。显然，高中及其以上的村民比初中及其以下的村民，不排斥离婚的比例多30.6个百分点。

第二节　家庭

村民的堂屋

家庭是以血缘关系、婚姻关系和共同居住关系为基础的社会共同体，是社会的细胞。家庭的结构、功能等基本状况和家庭的稳定性都与社会发展密切相关，社会变迁影响家庭，而家庭的变化也会影响社会。

一　家庭规模和类型

1. 家庭规模

据《巡检村村民家庭问卷调查》资料（2009 年底），有效回答 349 户，总人口 1353 人，户均 3.88 人。比全国平均每户常住人口 3.98 人,[①] 少 0.1 人，即少 2.51%。他们家庭人口规模的分布情况见表 6－13。

表 6－13　家庭规模

单位：户，%

项　目	有效回答	1 人	2 人	3 人	4 人	5 人	6 人	7 人	8 人	9 人
户数	349	7	40	84	119	69	23	2	4	1
比重	100.0	2.01	11.46	24.07	34.10	19.77	6.59	0.57	1.15	0.29

表 6－13 的数据说明：全村家庭人口规模，4 口之家最多，119 户，占 34.1%；5 口及其以上的 99 户，占 28.4%；3 口及其以下的 131 户，占 37.5%。

2. 家庭类型

据《巡检村村民家庭问卷调查》资料（2009 年底），有效回答 349 户，他们家庭结构的类型、代数、夫妻对数，见表 6－14、表 6－15。

表 6－14　家庭结构

单位：户，%

项目	有效回答	夫妇家庭	核心家庭 A	核心家庭 B	主干家庭	联合家庭	单亲家庭	空巢家庭	隔代家庭	单身家庭	其他家庭
户数	349	10	158	30	88	13	14	27	4	3	2
比重	100.0	2.87	45.27	8.60	25.21	3.72	4.01	7.74	1.15	0.86	0.57

① 《中国统计年鉴 2011》10 ~ 18，资料来源：http：//www.stats.gov.cn/tjsj/ndsj/2011/indexch.htm。

表 6－15　家庭代数、夫妻对数

单位：户，%

项　目	有效回答	代数				夫妻对数			
		1	2	3	≧4	无	1	2	≧3
户数	349	43	207	95	4	20	258	66	5
比重	100.0	12.32	59.31	27.22	1.15	5.73	73.93	18.91	1.43

表 6－14 的数据说明：（1）夫妇家庭（指未生育子女，只有夫妇二人的家庭）10 户，占 2.87%。（2）核心家庭 A（指由父母及其未婚子女组成的家庭）158 户，占总户数的 45.27%。（3）核心家庭 B（指由父母及其未婚子女组成，但父、母或父母与未婚子女常年不在一起生活的家庭）30 户，占 8.6%。（4）主干家庭（指由两代或两代以上已婚家庭成员组成、每代最多不超过一对夫妻，包括夫妻一方，且中间无断代的家庭）88 户，占 25.21%。（5）联合家庭（指家庭中任何一代含有二对以上夫妻，包括夫妻一方的家庭）13 户，只占 3.72%。（6）单亲家庭（指由离婚、丧偶、未婚的父亲或母亲一方，与未婚子女或非婚生子女组成的家庭）14 户，占 4.01%。（7）空巢家庭（指子女因各种原因已离开或已死亡，只有夫妇二人的家庭）27 户，占 7.74%。（8）隔代家庭（指由三代以上组成、中间有断代的家庭，如祖孙家庭）4 户，占 1.15%。（9）单身家庭（指只有一个人的家庭）3 户，占 0.86%。

表 6－15 的数据说明：（1）从代数看，2 代、3 代家庭 302 户，占 86.53%。新型的 1 代家庭开始时兴，已达 43 户，占 12.32%。传统的 4 代家庭已经式微，仅 4 户，占 1.15%。（2）从夫妻对数看，1 对夫妻家庭 258 户，占 73.93%。2 对及其以上夫妻家庭 71 户，占 20.34%。此外，无夫妻家庭 20 户，占 5.73%，值得特别关注。

总体而言，巡检村居民家庭结构的主要特点是：核心家庭（包括核心家庭 A 和核心家庭 B）居于首位，合计 188 户，占 53.87%；比较传统的主干家庭、联合家庭居于次位，合计 101 户，占 28.94%；比较新型的夫妇家庭、单亲家庭、空巢家庭、隔代家庭、单身家庭居于末位，合计 58 户，占 16.62%。与上述特点相适应，2 代及其以下家庭和 1 对夫妇及其以下家庭居多，分别达 250 户和 278 户，分别占 71.63% 和 73.99%。

二　家庭关系

据《巡检村村民家庭问卷调查》资料，在327~335份有效问卷中，关于家庭关系问题的回答情况，见表6-16~表6-22。

表6-16　家庭关系中最常见的问题

单位：人，%

项　目	有效回答	夫妻不和	代际矛盾	父子纠纷	婆媳冲突	兄弟不和	姑嫂纠纷	其他
人数	327	121	32	8	62	5	4	95
比重	100.0	37.00	9.79	2.45	18.96	1.53	1.22	29.05

表6-17　夫妻关系中最常见的问题

单位：人，%

项　目	有效回答	第三者插足	当家理财	待人接物	职业活动	思想品德	生活琐事	其他
人数	331	31	167	15	5	9	67	37
比重	100.0	9.37	50.45	4.53	1.51	2.72	20.24	11.18

表6-18　父子关系中最突出的矛盾

单位：人，%

项　目	有效回答	当家理财	待人接物	传宗接代	思想品德	职业活动	生活作风	其他
人数	327	180	33	23	21	7	3	60
比重	100.0	55.05	10.09	7.03	6.42	2.14	0.92	18.35

表6-19　婆媳关系中最常见的问题

单位：人，%

项　目	有效回答	当家理财	对待子孙	传宗接代	生活作风	姑嫂关系	待人接物	其他
人数	330	145	76	11	6	5	37	50
比重	100.0	43.94	23.03	3.33	1.82	1.52	11.21	15.15

表6-20　兄弟关系中最常见的矛盾

单位：人，%

项　目	有效回答	当家理财	孝敬父母	生活作风	待人接物	思想品德	职业活动	其他
人数	330	129	122	4	16	5	3	51
比重	100.0	39.09	36.97	1.21	4.85	1.52	0.91	15.45

表 6－21　引起家庭矛盾的主要原因

单位：人，%

项　目	有效回答	当家理财	传宗接代	待人接物	生活作风	职业活动	思想品德	其他
人数	329	215	11	17	10	7	14	55
比重	100.0	65.35	3.34	5.17	3.04	2.13	4.26	16.72

表 6－22　家庭中的当家人

单位：人，%

项　目	有效回答	父亲	母亲	儿子	媳妇	父母	子媳	其他
人数	335	151	22	33	82	3	1	43
比重	100.0	45.07	6.57	9.85	24.48	0.90	0.30	12.84

表 6－16～表 6－22 的数据说明：

（1）从“您村家庭关系中最常见的问题”看，居第一、第二、第三位的是夫妻不和、婆媳冲突、代际矛盾，分别占 37.0%、18.96% 和 9.79%；父子、兄弟、姑嫂纠纷合计只占 5.2%，这主要是核心家庭、夫妇家庭、单亲家庭、隔代家庭、单身家庭、空巢家庭占 70.5%，基本上不存在父子、兄弟、姑嫂关系，因而这几类矛盾所占比例很低。

（2）从“您村夫妻关系中最常见的问题”看，居第一、第二、第三位的是当家理财、生活琐事、第三者插足，分别占 50.45%、20.24% 和 9.37%。看来，夫妻失和的主要原因是当家理财矛盾和生活琐事纠纷。这两类矛盾，只要妥善处理，都不难化解。第三者插足的比例位居第三，值得高度重视，因为这类矛盾几乎是无法调和的。

（3）从“您村父子关系中最突出的矛盾”看，居第一、第二、第三位的是当家理财、待人接物、传宗接代，分别占 55.05%、10.09% 和 7.03%。此外，思想品德占 6.42%、职业活动占 2.14%。这说明，在父子关系中，当家理财问题仍然居第一位，但待人接物、传宗接代、思想品德、职业活动等传统道德问题已占有相当大的比重。

（4）从“您村婆媳关系中最常见的问题”看，居第一、第二、第三位的是当家理财、对待子孙、待人接物，分别占 43.94%、23.03% 和

11.21%。此外，传宗接代问题占3.33%、生活作风问题占1.82%。这说明，在婆媳关系中，尽管当家理财问题居第一位，但对待子孙、待人接物、传宗接代、生活作风等人际关系问题已居重要地位。

(5) 从“您村兄弟关系中最常见的矛盾”看，居第一、第二、第三位的是当家理财、孝敬父母、待人接物，分别占39.09%、36.97%和4.85%。显然，当家理财问题仍然居第一位，但孝敬父母问题已占36.97%，仅比当家理财少2.12个百分点。它说明，在农村兄弟关系中，孝敬父母问题已占据相当重要地位。

(6) 从“您村引起家庭矛盾的主要原因”看，居第一、第二、第三位的是当家理财、待人接物、思想品德，分别占65.35%、5.17%、4.26%。此外，传宗接代占3.34%、生活作风占3.04%。目前，巡检村经济正处于温饱或小康初期阶段，部分村民尚未摆脱相对贫困，因而当家理财等经济问题就必然成为引起家庭矛盾的最主要的原因。

(7) 从“您村多数家庭的当家人”看，居第一、第二、第三、第四位的是父亲、媳妇、儿子、母亲，分别占45.07%、24.48%、9.85%和6.57%。从辈分看，父母占有一定优势，合计为52.54%，媳妇、儿子居于劣势，只占34.63%；从性别看，父子占多数，合计为54.92%，婆媳居少数，合计占31.05%。但是，在父母辈中，是男性居优，占45.07%，女性仅占6.57%；在子媳辈中，则是女性居优，占24.48%，男性仅占9.85%。

总体而言，巡检村民家庭关系出现了两大显著变化：一是，家庭关系简化。家庭关系的繁简，主要取决于家庭规模的大小、家庭代数和夫妻对数的多少。巡检村村民家庭，由于家庭规模较小（平均3.88人），纵向代际关系（2代及其以下家庭250户，占71.63%）和横向夫妻对数（1对夫妻家庭258户，占73.93%）较少（平均2.18代人、1.16对夫妻），因而家庭关系必然大大简化。二是，女性地位提高。它集中反映在代际当家人的变化中。在父辈当家人中，男性151人，女性22人，前者是后者的6.86倍；在子辈当家人中，男性33人，女性82人，后者是前者的2.48倍。就当家人比重而言，媳妇比婆婆多17.91个百分点。从实际调查看，巡检村很多妇女都有

自己的工作或生意、独立的经济来源；即使是无业无收入的女性，由于男性大多外出务工经商，也往往掌握着家庭事务的决策权或管理权。

巡检家庭客厅

三　家庭问题

家庭问题，是指由于家庭关系失调给家庭正常生活造成的障碍。表 6－16 的数据说明，巡检村最常见的家庭问题是夫妻不和、婆媳冲突和代际矛盾，约占家庭问题的 2/3。

1. 夫妻关系失调

主要表现为夫妻感情疏远，经常争吵扯皮，冷战热战不断，直至最后离婚。其主要原因有三：一是，为家庭收支的项目、多少、方式等当家理财问题产生分歧。二是，为教育孩子、赡养老人、家务劳动、人情世故、抹牌娱乐等生活琐事而起争执。三是，第三者插足，双方或一方感情转移，夫妻关系逐渐疏远，直至离婚。这种情况虽不多见，但在外出务工经商者中，由于夫妻长年分居而时有发生。

2. 婆媳关系紧张

婆媳关系历来是最难处理的一种家庭关系。其主要原因有二：一是，为

当家理财，一般地说，婆婆习惯节俭，媳妇出手大方，儿子多半听从媳妇，就难免引起婆媳间的明争暗斗。二是，为抚养孙辈，一般地说，婆婆没有孙子希望早抱孙子，有了孙子往往溺爱孙子，媳妇则希望迟要孩子，严管孩子，这就难免引发婆媳间的分歧或争斗。此外，待人接物、生活作风的不同，也往往是婆媳矛盾的诱因。

3. 代际矛盾凸显

代际矛盾，包括婆媳矛盾，但这里主要是指父母与子女的矛盾。其主要原因有二：一是，思想上代沟明显。现在的年轻一代，特别是“80 后”、“90 后”，受时代新潮影响，更个性化、时尚化、叛逆化，在当家理财、待人接物、传宗接代、思想品德、职业活动等方面，往往在语言上顶撞父母，甚至在行动上发生冲突。二是，缺乏沟通习惯。由于父辈不了解子辈，子辈不理解父辈，再加上父辈与子辈之间既缺乏沟通习惯，又缺乏主动精神，因而随着子辈年龄增长，父辈与子辈之间思想距离越来越远，情感越来越淡。

第三节 生育

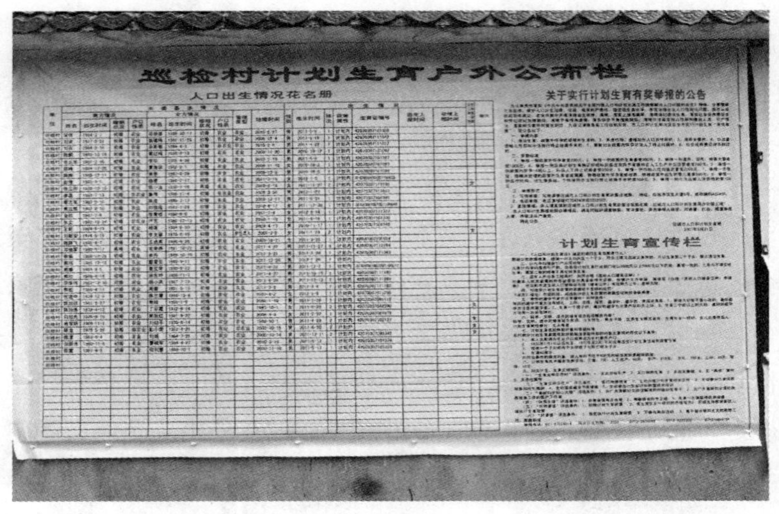

计划生育公布栏

一　生育历史和现状

1. 生育数量不断减少

据了解，1949 年前巡检妇女生育子女较多，最多的一名妇女生育了 11 胎。1949 年后，随着生活条件改善、医疗水平提高、生育观念转变，生育胎数逐渐减少。据全国第五次人口普查资料，应城市育龄妇女总和生育率 1982 年为 3.32，1990 年为 2.81，1999 年为 1.80，比 1982、1990 年分别下降了 1.52 和 1.01；育龄妇女终身生育率 1982 年为 6.42，1990 年为 5.45，1999 年为 2.57，比 1982、1990 年分别下降了 3.85 和 2.88。

据了解，1995 年前，巡检育龄妇女大多生育 2 ~ 3 个孩子；1995 年后，实行较严格的计划生育，人口出生率明显降低。1990 ~ 2010 年，巡检新出生婴儿情况见表 6 - 23。

表 6 - 23　新出生婴儿

单位：人，%

项　目	1990	1991	1992	1993	1994	1995	1996	1997	1998	1999
新出生婴儿人数	64	38	48	33	20	12	15	14	8	14
#计划外生育	32	27	28	20	8	1	0	0	0	0
比重	50.00	71.05	58.33	60.61	40.00	8.33	0	0	0	0

项　目	2000	2001	2002	2003	2004	2005	2006	2007	2008	2009	2010
新出生婴儿人数	10	12	12	13	3	17	16	15	16	17	25
#计划外生育	0	0	0	0	0	0	0	0	0	0	2
比重	0	0	0	0	0	0	0	0	0	0	8.00

资料来源：杨河镇计生办巡检村计划生育年报表。

从表 6 - 23 可以看出，1995 年前后，新生婴儿人数差异悬殊。1990 ~ 1994 年 5 年间，新生婴儿 203 人，年均 40.6 人，其中计划外生育 115 人，占 56.65%；1995 ~ 2010 年的 16 年间，新生婴儿 219 人，年均 13.7 人，其中计划外生育 3 人（皆出自外出打工家庭），占 1.37%。

据调查，2010 年全村育龄妇女 504 人，其中，未生育妇女 21 人，生育一个孩子的妇女 242 人，生育两个孩子的妇女 241 人，没有生育三孩的情况。

2. 初育年龄逐步提高

据了解，巡检妇女的初育年龄呈现出不断提高的趋势。1949 年前，一般在 19 岁以下；20 世纪 50 ~ 60 年代，提高到 20 岁左右。20 世纪 70 ~ 80 年代，随着计划生育的实施和晚婚晚育的提倡，已婚妇女初育年龄普遍推迟了 2 ~ 3 年。进入 21 世纪后，已婚妇女一般到 25 岁左右才生第一个孩子。

3. 哺乳期间逐渐缩短

母乳喂养，是妇女抚育新生婴儿的传统方式。随着时代变迁，抚育新生婴儿方式已悄然发生了变化，其中最直接的表现就是哺乳期逐渐缩短。据调查，巡检村新生婴儿哺乳期，55 岁以上的妇女平均为 22.8 个月，45 ~ 55 岁的妇女平均为 14.7 个月，30 ~ 45 岁的妇女平均不到 11 个月，30 岁以下的妇女仅为 5 ~ 6 个月。

新生婴儿哺乳期缩短的原因主要有二：一是，现在年轻妇女生育子女大多采用剖腹产方式。这样，母乳量大幅减少，不能满足喂养孩子需要，甚至完全没有母乳，不得不放弃母乳喂养。二是，育龄妇女外出务工经商增多。据调查，夫妻双方在外务工经商的被访问者中，仅有 20% 左右的人将未成年子女带在身边（包括哺乳期婴幼儿），大多数育龄妇女怀孕后回家生产，未等孩子脱乳就将孩子托付给老人抚养，自己又外出务工经商。这样，就不得不用老人的怀抱和奶瓶来代替母亲的怀抱和母乳。

4. 生产条件不断改善

农村传统接生方式，是请接生婆到家里为产妇接生。直到 20 世纪 80 年代以前，巡检仍是如此。这种方式，接生设备少，卫生条件差，生产风险大。20 世纪 90 年代前后，巡检卫生院设置了妇产科，产妇开始到卫生院生产，生产条件有了较大改善。2000 年后，巡检卫生院由于医生退休或调走撤销了妇产科，再加上村民经济收入提高，少生优生观念深入人心，公路交通方便，因而一般产妇都会送到应城市医院生产，这就进一步改善了生产条件，保证了母子平安和健康。

5. 避孕节育渐成习惯

20 世纪 80 ~ 90 年代，对于避孕、节育措施，大多数育龄妇女都不太愿意采用，特别是没有男孩的夫妇，更难以接受。然而，随着计划生育政策的

实施，优生优育观念的普及，特别是外出务工经商的发展，婚育夫妇采用避孕节育措施的积极性、自觉性已大大提高。据有关资料记载，避孕节育对象，以女性为主；避孕节育方式，以绝育（结扎）、放置宫内节育器等为主，其具体情况见表 6-24。

表 6-24 已婚育龄妇女节育情况

单位：人，%

项 目	2000	2001	2002	2003	2004	2005	2006	2007	2008	2009	2010
已婚育龄妇女数	387	383	385	380	392	406	415		428	441	505
节育妇女数	364	361	366	360	362	371	382		386	400	433
节育率	94.06	94.26	95.06	94.24	92.35	91.38	92.05		90.19	90.7	85.74

说明：2007 年年报数据缺失。

资料来源：杨河镇计生办巡检村计划生育年报表。

二 生育观念

1. 生育观念变化的阶段

巡检村村民生育观念的变化，大体可分为 3 个阶段。

（1）旧生育观主导时期（1949～1979 年）。这个时期，婚育夫妇的生育基本上受旧生育观的驱使，村民倾向于早婚、早育、多生、生男。据 20 世纪 50 年代有关资料记载，当时女性平均初婚年龄 18.54 岁，育龄妇女总和生育率 6.39，育龄妇女终身生育率 5.37。

（2）生育观转变时期（1980～1994 年）。这个时期，村民的生育观逐步发生了变化。据第三次人口普查资料，应城市女性平均初婚年龄 19.4 岁，比 50 年代上升 0.86 岁；育龄妇女总和生育率 3.32，比 50 年代下降 3.07；育龄妇女终身生育率 6.42，比 50 年代上升 1.05。据第四次人口普查资料，女性平均初婚年龄 19.53 岁，比 1982 年上升 0.13 岁；育龄妇女总和生育率 2.18，比 1982 年下降 1.14；育龄妇女终身生育率 5.45，比 1982 年下降 0.97。

（3）新生育观形成时期（1995～2010 年）。这个时期，晚婚、晚育、少生、优生、生男生女一个样等观念已相当普及。据第五次人口普查资料，女性平均初婚年龄 20.36 岁，比 1982 年、1990 年分别上升 0.96 岁和 0.83 岁；

育龄妇女总和生育率1.8，比1982年、1990年分别下降1.52和1.01；育龄妇女终身生育率2.57，比1982年、1990年分别下降3.85和2.88。

2. 生育观念的变化

主要表现在以下几个方面。

（1）多子多福观念已发生改变，但是，传宗接代和养儿防老仍然是生育的主要目的。据《巡检村村民家庭问卷调查》资料，对于"您村多数村民生孩子的主要目的"这个问题，有效回答342人，其中传宗接代、养儿防老居第一、第二位，分别占39.18%、30.7%。调查中发现，巡检有2户村民因无生育能力，经到武汉专科医院做手术，已生育了试管婴儿。

（2）重男轻女思想已大大淡化，但是，仍然不同程度地存在。据《巡检村村民家庭问卷调查》资料，对于"您村多数村民喜欢男孩还是喜欢女孩"这个问题，有效回答344人，其中回答男孩女孩都喜欢、喜欢女孩居第一、第三位，分别占55.36%、5.81%，回答无所谓的占5.52%。这说明，重男轻女观念已大大淡化。据了解，巡检村有4对夫妇的独生女儿即将参加高考，有的夫妇表示终生只要一个女儿。但是，只喜欢男孩的仍高居第二位，达33.43%。

（3）注重晚生、少生、优生，人口文化素质有了较大提高。前述育龄妇女总和生育率和育龄妇女终身生育率的大幅下降，就是最好的说明。由于注重晚生、少生、优生，因而人口素质有了较大提高。据《巡检村村民家庭问卷调查》资料，对回答人父辈与回答人的文化程度，做有效回答的有349人，其具体情况见表6-25。

表6-25 回答人父辈与回答人的文化程度

单位：人，%

项目		有效回答	文盲	小学	初中	高中	中专、职高	大专	本科
回答人父辈	人数	349	185	111	41	10	1	1	
	比重	100.0	53.00	31.80	11.75	2.87	0.29	0.29	
回答人	人数	349	36	94	155	51	4	4	5
	比重	100.0	10.32	26.93	44.41	14.61	1.15	1.15	1.43

表6－25的数据说明：在回答人父辈中，文盲占53%，小学、初中占43.55%，高中以上占3.45%；在回答人中，文盲占10.32%，小学、初中占71.34%，高中以上占18.34%。简言之，回答人父辈的文化程度以文盲为主，回答人则以初中为主。据了解，在巡检村的年轻人中，大学生不计其数，硕士大有人在，博士也不乏其人。

3. 生育观念变化的原因

主要有以下几个方面：一是，计划生育政策和有关法律法规的长期教育和熏陶。二是，计划生育工作实际成果的显现和影响。三是，大量村民外出务工经商为改变旧观念、形成新思想提供了广阔平台。四是，经济发展的现实为新生育观念产生提供了合适的土壤。五是，社会保险体系的逐步完善、计划生育优惠政策的实施（例如，《应城市人民政府关于建立计划生育利益导向机制的若干规定》，对计划生育户提供了18个方面的奖励、优惠和扶助），为牢固树立新生育观念提供了物质保障。

三　生育管理

1979年4月前，巡检村的生育基本处于放任自流状态。1979年后，计划生育工作逐步加强。1988年，推行计划生育包保责任制。1989年，实行计划生育目标责任制和“一票否决”制。当时，曾出现使用行政手段、运动方式、过激行为的做法，引起了村民不满。然而，即便如此，巡检村1990～1994年计划外生育仍高达115人，占同期新生婴儿的56.65%。1995年后，巡检村的计划生育工作实现了两个转变，一是，从管理为主向服务为主转变。二是，从孕前管理为主向孕中、产后服务为主转变，其主要表现是：

1. 奖励措施

在计划生育工作中，1995年前强调义务、偏重惩处；1995年后，转变为强调奖励、偏重扶助。例如，对农村独女、二女户，夫妇满60周岁者，每年奖励600元；农村独女中考加5分、高考加10分，等等。

2. 日常管理

1995年前，偏重于孕前管理。1995年后，则将管理寓于服务之中，并

贯穿于孕产全过程，努力做到：(1) 孕前有计划。夫妻从登记结婚、领取结婚证之日起，计生专干就为他们建立"已婚育龄妇女信息卡"，纳入计划生育服务范围；若要生育1胎或2胎，可提出申请，经村委会初审、张榜公布，报镇计生办复审、市计生办审批后，由镇政府下达生育计划，发给准生证。凭准生证，卫生部门接受孕妇分娩，公安机关办理新生婴儿户口手续。(2) 孕期有服务。村里为每位孕妇建立"孕妇跟踪管理情况登记卡"，计生专干每月对怀孕妇女随访，了解孕妇健康及胎儿发育情况，掌握预产期，并将这些情况登记在册。(3) 产后有措施。孕妇生产后，由计生专干陪同到市计划生育服务站安避孕环，已生育2胎产妇则要求42天后结扎。村里每年组织育龄妇女免费检查，主要是查环、查病、查孕（俗称"三查"）。若避孕环有问题可重新上环；若有妇科病就积极治疗；若有孕，计划内可做孕妇、胎儿保健检查，若计划外怀孕，则采取人工流产或引产等措施补救。这样的检查，每年3月、6月、9月进行三次。外出打工人员，腊月返村后或正月外出前，进行"三查"补查。

3. 流动人口管理

对于流动人口，采取户籍所属地与现在居住地共同管理方式进行计划生育管理。其中，对于流出人口中的育龄妇女，由本村办理"已婚育龄妇女信息卡"、"孕妇跟踪管理情况登记卡"和"流动人口婚育证"；若要生育，由村里申报生育计划；每年的"三查"，由现居住地相关部门组织实施，"三查"结果填写在《流动人口避孕节育情况报告单》上，由计生专干在"两卡"上登记、存档，若外出育龄妇女没有寄回由现居住地相关部门验证的报告单，村计生专干就敦促其回村"三查"。对于流入的育龄妇女，村里从3个方面管理：(1) 要求她们必须持有在原户籍所在地办理的"流动人口婚育证"。(2) 为她们办理"流动人口计划生育查验证明"。(3) 组织她们参加"三查"，并填报《流动人口避孕节育情况报告单》。

四　生育问题

1. 性比例失衡

由于传宗接代、养儿防老等传统观念作祟，再加上农村劳动生产的现实

需要，因而出生婴儿性别比例失衡现象始终存在，特别是1985年以前较为严重。1990～1999年巡检新生婴儿男女人数和性比例情况见表6－26。

表6－26　新生婴儿性比例

单位：人，%

年份	1990		1991		1992		1993		1994		1995		1996		1997		1998		1999	
性别	男	女	男	女	男	女	男	女	男	女	男	女	男	女	男	女	男	女	男	女
人数	37	27	21	17	30	18	21	12	10	10	7	5	5	10	7	7	4	4	5	9
性比例	137.0		123.5		166.7		175.0		100.0		140.0		50.0		100.0		100.0		55.6	

说明：性比例，以女性为100%。

资料来源：杨河镇计生办巡检村计划生育年报表。

据表6－26的数据计算，1990～1994年新生婴儿203，其中男119人，女84人，性比例为141.7；1995～1999年新生婴儿63人，其中男28人，女35人，性比例为80；1990～1999年合计新生婴儿266，其中男147人，女119人，性比例为123.5。总体而言，性比例失衡现象相当严重，应该引起高度重视。

2. 外出人口管理难度大

主要表现有二：一是，外出育龄妇女底数难摸清。每年春节前后时间有限，许多外出育龄妇女不回家过年，因而很难摸清外出育龄妇女的全部人数。二是，外出育龄妇女“三查”难落实。由于“三查”费用较高，外出育龄妇女主动“三查”并寄《流动人口避孕节育情况报告单》（以下简称《报告单》）回村的较少。以巡检村2008年度3次“三查”为例，第一次应寄《报告单》22人，实寄14人，其比例为63.64%；第二次应寄《报告单》23人，实寄14人，其比例为60.87%；第三次应寄《报告单》25人，实寄22人，其比例为88%，全年合计应寄《报告单》70人次，实寄50人，其比例为71.43%。这就是说，有近30%的外出育龄妇女没有“三查”或没有寄回《报告单》。

3. 历史遗留问题有待处理

20世纪80～90年代，一些农村居民通过“买户口”方式，为孩子购买了“非农业户口”，并到城镇上学。这些孩子中，除少数通过考大学等方式脱离农村外，大多数毕业后又回到农村种田。他们买的“非农业户口”，不仅没有为他们带来正式工作、城镇人口享有的社会保障等方面实际利益，而且为他们带来了许多麻烦——由于他们是“非农业户口”，因而从户口性质上讲不能享受农村户口在计划生育等方面的优惠政策，而想重新转为农业户口又困难重重，在现行政策下几乎是不可能。现在，这些孩子大都进入婚育年龄，他们的生育问题亟待出台有关政策予以解决。

4. 服务质量有待提高

目前，计划生育服务质量，总体看是比较好的。但是，仍然存在问题：一是，在“三查”方面，多以查孕、查环为主，查病往往未落到实处。二是，在生育方面，产妇送到医院后，医院不愿等候产妇自然生产，大都采取剖腹产方式生育，致使生产费用高、康复时间长、喂养奶水少，不利产妇、婴儿健康。三是，在政策兑现方面，镇村要在公开、公正、公平方面加大力度，务使每个村民能平等享受到国家政策的温暖。

撰稿人：金亚慧（第一节）　周乾（第二节）　曾晓娥（第三节）

第七章　基础设施和居民住宅

巡检村是湖北省新农村建设“百镇千村”试点村之一。村镇建设内容非常广泛，其中农业基础设施、公用基础设施和居民住宅建设具有重要意义。

巡检村抽水泵站

国家补贴的机具

第一节　农业基础设施

一　土地规划和整治

据实地测量，巡检村土地总面积1358.58亩，其中：农业用地1071.05亩，占78.84%；非农业用地287.53亩，占21.16%。巡检村土地利用现状、规划和整治情况如下。

1. 土地利用现状

2009 年，巡检村土地面积及其利用现状见表 7－1。

表 7－1　土地面积及利用现状

主要用途		占地面积（平方米）	折合市亩	比例（%）
农业用途	种植业	573553	86 0.28	63.32
	畜牧业	10045	15.07	1.11
	林业	11718	17.57	1.29
	水域	93343	140.01	10.31
	空闲和荒芜	25412	38.12	2.81
	合　计	714071	1071.05	78.84
非农业用途	居民住宅	43055	64.59	4.75
	公用设施	25696	38.54	2.84
	基础设施	38494	57.74	4.25
	第二产业	10622	15.93	1.17
	第三产业	5486	8.23	0.60
	闲置设施	34302	51.45	3.79
	空闲荒地	34038	51.05	3.76
	合　计	191693	287.53	21.16
总　计		905764	1358.58	100.00

巡检村地势平坦，水源丰富，沟渠较多，农业灌溉条件较好，水田约占 70%，旱地约占 30%，土地利用率较高。目前，土地利用中存在的主要问题是：（1）人均土地资源少，2009 年按户籍村民 1447 人计算，人均占有土地仅 0.94 亩，其中耕地更只有 0.59 亩。（2）闲置设施和空闲荒地多，土地资源浪费大，合计达 140.62 亩，占总面积 10.35%。（3）坑塘沟渠等水域小而散，蓄水能力差，利用效益低。（4）村庄分布零散，功能分区不明，私搭乱建严重，不利于基础设施的建设和共享。（5）基础设施不配套，生产、生活不方便，村组水泥道路等级低，村内泥土路多，道路狭窄，缺乏消防通道，卫生设施少，垃圾乱排放，生活环境差。（6）生态用地比重小，林业用地只占总面积的 1.29%，绿化覆盖率低。

2. 土地利用规划

作为湖北省“百镇千村”示范工程建设村之一，巡检村于 2008 年 12 月完成了《巡检村土地利用规划》。该规划以 2006 年为基期年，2010 年为近期目标年，2020 年为远期目标年，其主要内容如下。

第一，人口预测。1997 ~ 2006 年人口综合增长率 K = 6.58%，2006 年人口 1798 人。考虑到未来因升学、经商、外出务工以及城市化对农村人口的吸引，村民中应有一定人口迁出，从而导致人口下降，初步预测 2010 年、2020 年总人口分别为 2150 人、2100 人。

第二，土地需求量预测。

（1）居民点用地预测：巡检村 2006 年 1798 人，居民点用地 249.62 亩，人均用地 92.56 平方米。根据农村人均建设用地规划指标，近期 90 平方米、远期 80 平方米计算，预计 2010 年、2020 年居民点用地规模分别为 290.24 亩、251.98 亩。

（2）公共设施用地预测：村委会办公综合楼、文化娱乐活动中心和小广场，规划用地分别为 4528 平方米、3535 平方米；现有小学和幼儿园位置得当，使用良好，不做调整；商业建筑、集贸市场和新规划一处大型购物中心，卫生院现状较好，不做调整。

（3）工业、生产用地预测：保留原粮食和豆腐加工生产用地，在村西应（城）田（店）公路以南预留 15 亩加工生产建设用地，在村东大富水旁低洼地预留 50 亩养殖业发展用地。

（4）基础设施用地预测：2006 年村内道路占地 24000 平方米，人均 13.35 平方米，虽未超过人均道路占地 15 平方米的标准，但没有新建道路的必要。集贸市场、养殖小区各建垃圾转运站一座，邮政电信代办点一处，人流密集区和居住中心建公厕 6 处，墓葬用地一处。

3. 土地规划目标与整治

巡检村土地利用规划目标与整治的主要内容如下。

（1）农村居民点用地规模（含预留工业用地项目区）：根据巡检村村民居住的历史习惯、拆迁资金等条件，确定农村居民点用地规模 2010 为 290.24 亩、2020 年为 251.98 亩。

（2）村镇建设占用耕地位置及数量：位置，丰江米业附近；面积，70.50 亩，其中：水田，31.65 亩；旱地，38.85 亩。

(3) 土地整理、复垦和开发数量：巡检村只有村庄整理项目。规划期内，通过村庄集并，废旧居民点拆迁可新增耕地面积42.45亩（见表7-2）。

表7-2 土地整理项目

单位：亩

项目序号	项目地点	项目类型	现状用途	用地面积	净增加耕地
1	陈台	复垦	居民点用地	13.20	13.20
2	刘塔	复垦	居民点用地	22.35	22.35
3	刘塔以东	复垦	居民点用地	6.90	6.90
合　计	巡检村	复垦	居民点用地	42.45	42.45

(4) 耕地保有量及基本农田保护面积：规划期内耕地减少情况，村镇建设占用耕地70.50亩；规划期内耕地增加情况，村庄整理新增耕地42.45亩；规划期内耕地保有量将减少28.05亩。据此，确定规划期内基本农田保护面积为730亩，共分3个片块，占现有耕地面积的85%。另外，还有一般农田保护片块2块，面积50亩。

(5) 生态建设和环境保护：重点是利用零散土地，搞好绿化工作；减少工业污染；减少土地肥力下降；防止水土流失；设立垃圾处理站，推广垃圾分类收集，集中填埋处理等。通过上述措施，改善居住环境，促进居民健康。

巡检的土地整治，有两个难点：一是国有土地较多，原人民公社、乡镇政府及其下属单位供销社、粮站、医院、老高中等占用的国有土地，有的仍在使用，有的破败不堪，有的完全废弃，至今未作处理。二是废弃宅基地、旧房、新宅严重混杂，主要是原来沿大富水河修建的老街，多数居民已放弃原宅基地迁至应随公路两侧新建住宅，但仍有少数人在原址上拆老房、建新房，这样老街就形成了废弃宅基地、旧房、新宅严重混杂局面。由于产权关系复杂，复垦成本高，操作难度大，致使短期内难以开发、利用。

二　农田水利

巡检村地处鄂中丘陵与江汉平原的过渡地带，属准平原类型，地势平坦，水平落差一般为2~3米。农田依地势而建，田块平整，面积不等，小

的不到1亩，大的达7亩，形状不规则，其中约70%为水田，30%为旱地。田间塘堰较少，但沟渠发达，村南有大富水河，村内有洑水河两条支流经过，灌溉比较方便。

20世纪70年代以前，主要使用传统人力水车从大富水河提水。1974年5月和1986年7月，由政府提供资金、设备和建设方案，村里组织出工，先后在大富水河边兴建了一座柴油机泵站和一座电动机泵站，部分村民还购置了微型电动水泵，用于提水灌溉或家用。

1958～1983年生产大队时期，巡检每年冬季都要参加应城县或（区）公社统一组织的农田水利建设，主要是深翻土地、修建沟渠、清淤坑塘、加固田埂等。1984年实行家庭承包责任制后，农田水利建设曾一度中断，农业基础设施大多处于吃老本状态。泵站的使用、管理和维修，由村干部负责，根据各家使用情况收取费用，主要用于电费支出与人员工资。2008年的收费标准是，55千瓦泵站使用1小时支付24元。

巡检既是应城市新农村建设试点村，又是应城市香稻生产基地。2008年，为了加强香稻基地建设，发展香稻种植，杨河镇向市“香稻办”为巡检村申请农田水利建设资金，获得市财政批拨40万元。巡检村运用这笔拨款，改造了泵站，铺设了3公里长、2米宽的机耕路，硬化了村内灌溉渠道近3000米，从而促进了巡检香稻生产发展，使巡检成为应城市香稻生产重要基地，其产品远销湖北省内外许多地方。

三　农业机械化

1. 农业机械化状况

据杨河镇农机站提供的资料，巡检村农机从业人员50人，农机服务专业户30户，农机资产5万元以上的农机户16户，农机驾驶员持证率达90%，拖拉机与农用汽车有牌率98%，主要作物综合机械化水平达85%，在杨河镇与应城市均名列前茅。巡检村农业机械化建设的具体情况如下。

（1）机械类型：共有机械设备76台。其中，履带式拖拉机2台，轮式拖拉机4台，小型拖拉机1台，耕整机22台，机耕船1台，收割机1台，机动喷雾器1部，农用汽车18台、三轮摩托21台、货车汽车5台。

（2）总动力：697.89千瓦。其中，柴油发动机375.44千瓦，汽油发动机3.95千瓦，电动发动机318.5千瓦。

（3）排灌动力：132台，423.32千瓦。其中，柴油机34台，171.62千瓦；电动机97台，248.5千瓦；汽油机1台，3.2千瓦。

（4）配套农具：48台，其中，大中型拖拉机配套农具20台，小型拖拉机配套农具28台。

（5）农副产品加工机械：13部（砻谷机8部，榨油机1部，淀粉加工机4部），农用水泵38台（潜水泵），饲料加工机2台，农副产品加工动力1台（电动机），70千瓦。

2. 农业机械化中的问题

巡检村农业机械化过程中存在的突出问题是：

（1）在农机使用方面，农业机械非农使用多，特别是多作运输机械使用。例如，农机户中有一半专门从事运输业，其中有6户既从事运输，又做粮食购销生意。

（2）在农机服务方面，乡镇机构改革后，乡镇农机服务体系大大削弱。目前，农机油料供应已为石油公司取代，农机配件销售和农机修理则为个体和私营企业占领。

（3）在农机推广方面，对先进、新型农机具宣传、培训不够，致使农民难以掌握，或因操作不当发生故障，给农机户和农民带来损失。

（4）在农机维修方面，由于缺少维修场所、检修设备和专业维修人才，农忙时节农机故障多、修理难，经常耽误农时，造成损失。

（5）在农机零配件方面，比较普遍地存在着质量差、品种不全、假冒伪劣产品多、销售渠道不畅等问题，农机用户很难用合理价格及时买到自己需要的农机零配件。

第二节　公用基础设施

一　饮水安全与改水工程

在历史上，巡检村村民用水大都使用大富水河、洑水河河水。

巡检附近的自来水厂

20 世纪 70 年代，由于使用河水容易传染血吸虫病，多数村民都自己投资百八十块钱修建“压把井”，提取和使用 20～30 米深的浅层地下水。后来发现，浅层地下水的某些金属元素含量不完全符合饮用水标准，致使饮水安全遇到了“第二道坎儿”。

1998 年 8 月，巡检村经过多年努力，采取政府、社会、村民（每户 500 元）3 条腿走路办法，共筹集资金约 58 万元（其中，政府资助 35 万元，社会筹集 5 万元，村民出资约 18 万元），由自来水公司提供设计方案和技术指导，村民投入义务工，在大富水河边建设自来水厂。1999 年 4 月，自来水厂建成，由村统一管理，设专人负责收费，每吨 0.3 元。最初，部分村民对建自来水厂没有信心，不愿使用自来水，只有七成村民出资。后来，看到使用自来水不仅方便、卫生，而且水费不贵，纷纷要求参与。这部分村民，由于没有投入义务工，村里规定每户接通自来水须交 700 元，他们仍欣然接受。自来水厂建成后，村民使用上了自来水，但不少家庭仍保留了原来的压把井，有的农户甚至还在自家水井里安装潜水泵，作为非饮用水水源。目前，全村还有 64 户（占总户数 18.55%）使用传统方式取水。

在调查过程中，我们在村老支部书记家里找到了修建自来水厂时巡检村与应城市自来水公司协商、制定的施工、管理文件，其主要内容如下：

1. 给水系统

规范管网布局，保证供水安全，供水水质应符合《生活饮用水卫生标准》（GB85749）的规定，做好水源地卫生防护、水质检验及供水设施日常维护工作。

2. 工程规模

按每人每天生活用水不低于80升设计，并考虑到未来用水人口增加因素，预留供水能力。

3. 管道铺设

根据需要采取防冻保温措施；给水管道距离树木及建筑外墙不小于1.5米，与污水排放沟渠或管道的间距不小于0.5米；给水管道材料可选择焊接钢管、铸铁管、预应力钢筋砼管、聚丙烯塑料管等。

4. 水厂管理

按照“建、管、养”相结合原则，培养专业人员，引导农民建立用水协会等组织，实行“以水养水”运行机制，确保自动供水设备正常运转。

5. “雨污分流”

通过村庄排水工程整治，逐步实现“雨污分流”，污水不直接排入池塘。

6. 生活污水

逐步引导采用管道和暗沟收集生活污水。

7. 污水处理

包括集中式和分散式两种。集中式可采用如氧化沟、生物塘（稳定塘）、人工湿地、生物滤池等设施；分散式可采用三格式化粪池、双层沉淀池等简易设施。

从目前情况看，后3点没有实现，但自来水的使用，明显改善了巡检人的用水质量。

二　农村道路

巡检村有3条通往村外的道路，其中最主要的是始建于1929年的宋应

公路，它横贯全村。1987 年前，为沙石路面；1987～1988 年，改造为水泥路面；1990～1991 年，进一步改造成现在的沥青路面。在巡检境内，宋应公路长约 1200 米、宽 18 米，1988 年后沿公路两侧兴建了许多住宅和店铺，形成了一条街路合一的集镇核心地带。除宋应公路外，还有两条通往外村的简易公路，可供拖拉机、农用汽车等机动车辆行驶。

村内道路，原来都是土质羊肠小道，有了农业机械后，土路慢慢扩宽了一些。巡检村被列为湖北省新农村建设试点村后，于 2007 年修建了 2 公里村内主干道，其具体情况如下。

1. 技术要求

（1）主干道硬化率 90% 以上，以水泥路面为主，主干道红线宽度 5～6 米，次干道 3.5～5 米。（2）主干道标高低于两侧住宅场地标高，并统一考虑、安排各类工程管线改造。（3）通过学校、商店等人流密集的路段，设置交通限速标志及减速坎（杠），保证行人安全。（4）主干道、人行道树株间距离 6～8 米，树池为 0.8～1.2 立方米，树坑中心与地下管道水平距离不少于 1.5 米。（5）主干道两侧设置排水沟渠。

2. 资金来源

修建 2 公里干道需资金 20 万元，没有向村民集资，其来源，一是，作为新农村建设试点村，政府补贴了 11 万元；二是，巡检闲置粮库较多，产权属粮食部门，市粮食公司出资 2 万元；三是，向巡检籍在外干部、老板筹集 8 万元，合计 21 万元。

3. 工程施工

由承包工程队负责道路设计、技术设备和劳动力调配，村里只负责检查、监督和验收。主干道线路，按照村民代表会议决议划定，大多是沿原来老路基修建。最后验收的结果是，修建了水泥路面、宽度为 4 米的主干道 2 公里。

从目前情况看，村内主干道较为完善，路面基本硬化，村民出行比较方便，无论下雨下雪，村民的生活、生产和经营活动都不会受到大的影响，而且有利于环境卫生，增强了对周围农民的吸引力。但是，主干道技术标准较低，蜿蜒曲折较多，附属设施不够齐全；其他道路仍然是土质的羊肠小道。

三　农村能源

巡检村使用的能源，除传统薪柴外，还有电、油、煤气、沼气、太阳能等新型能源。

1. 电

20 世纪 60 年代初，巡检开始通电。1980 年代，村民家庭普遍用上了电灯，但供电不稳定。1998 年后，电路经过不断改造，供电已得到基本保证。

2. 煤气

巡检地处准平原地带，薪柴历来紧缺。20 世纪 80～90 年代，村民中有人开始使用煤气罐做饭，但必须到应城灌气。1996 年，巡检开始出现私人开设的煤气供应站，从而解决了就近灌气需求。到 2009 年，巡检村民使用煤气的家庭已达 233 户，约占全村户籍村民 386 户的 60.4%，比应城市农户煤气使用率 30% 多 30.4 个百分点。

3. 油

巡检原来没有汽柴油供应，农业机械用油都得到应城或杨河镇去购买。2011 年，中石油公司在巡检附近开设了加油站，从此可就近购买汽油、柴油等机械用油了。

4. 太阳能

由于自来水普及和村民收入提高，从 2007 年开始，巡检村利用太阳能提供热水的家庭日益增多。到 2009 年，全村已有 50 多户安装了太阳能热水器。

5. 沼气

巡检村秸秆资源较多，养猪业较发达，人口较密集，住居集中，多丘陵岗地，气候温和，光照充足，无霜期长，具有建设沼气池的良好自然条件。早在 20 世纪 50 年代末，巡检作为公社所在地，就曾推广、使用过沼气，但是，受当时经济、技术条件制约，沼气池建设水平低，再加上农村房屋改造等原因，后被废弃。

为了发展农村户用沼气池，应城市从“九五”（1996～2000 年）末期开始实施“一建三改”工程，即建一口 $8m^3$ 沼气池，改造（或建设）$3m^2$

厕所、$12m^2$ 猪圈和 $8m^2$ 厨房。当时，巡检村有两户实施了“一建三改”，起到了一定示范作用。但是，由于缺乏必要的资金、技术支持，没有能够得到推广。

2006～2007 年，应城市实施农村沼气国债项目，巡检村被列为重点实施对象，国家给予每个修建沼气池的农户 1000 元的管灶、建材等物资补贴（农户自己还需出资 1000 元左右），并有应城市农业局组建的施工队伍与技术人员实地施工或指导。在村干部和养猪大户示范带动下，全村已有 56 家农户使用了沼气。

据调查，沼气推广应用中存在一些有待解决的问题。一是，建设资金投入不足。目前，建设一口沼气池约需 2000 元，但加上改厨、改圈、改厕，总费用达 8000 元左右，一般村民难以承受，国家每口沼气池补助 1000 元明显偏低。二是，地方配套资金难以到位。每建设一口沼气池国家补贴 1000 元，地方需配套 200 元。由于市政府财力有限，地方配套资金很难到位，因而影响了项目的完成率。三是，项目实施部门与地方配合不够协调，主要是乡镇及乡镇农业服务机构不够完善，协调工作存在较多困难。四是，沼气池建成后的服务工作不够完善。沼气池建成后，在使用过程中经常出现各种各样的故障，由于一般村民缺乏维护修理技术，缺乏进出料加工机械设备，致使部分农户沼气使用率不高。

四　社区环境

巡检不仅是一个农村集镇，而且在相当长的时间内还是一个乡镇级行政中心，因而居民的环境意识比一般农村居民高一些，社区环境比一般农村好一些。目前，村里有一个由 6 名成员（年龄多在 60 岁上下）组成的环卫队，设有队长、副队长和会计，每天上午集贸市场散集后，对集贸市场和宋应公路与巡检街道合一部分进行清扫。环卫队的人员工资和购置拖车、扫帚等工具的费用，主要有两方面来源：一是，向街道两边住户收取，每月每户 5 元。二是，村里给予部分补贴。据观察，环卫队运转比较正常，主要街道环境比较整洁、卫生。此外，村域内尽管树木植被较少，但大富水河边原应城二中旧址有一成片树林（土地不属巡检）保存较好；大富水和洑水河河滩也

较为宽阔，空气较为清新。

但是，社区环境仍然存在一些问题：一是，村民住宅旁的畜禽圈舍多、简易厕所多、露天堆肥多，夏季杂草丛生，蚊蝇乱飞，极不卫生，村内污水横流，雨天泥泞不堪，难于行走。二是，大富水河畔的老街，破旧倒塌老房多，随意搭建设施多，空宅基地多，长期处于无人管理的废弃状态。三是，村内沟渠塘堰淤塞严重，排水不畅，害虫滋生，有碍观瞻，夏季更臭气熏人。四是，以宋应公路作为巡检主街道，每天上午 10 点以前，人车混杂，安全隐患大。五是，环卫队清扫的垃圾，运到村边或河滩只倾倒不处理，致使这些偏僻位置变成垃圾场，脏乱不堪，一遇起风，更是白色垃圾满天飞。六是，社会公德低下，2007 年在街道旁设立的 40 个钢筋水泥垃圾桶，不是被破坏就是被偷走，一个不剩。

第三节　居民住宅

一　居民住宅的历史

据调查，巡检村民住宅的变化，在建筑材料上，经历了从茅草、土坯到砖瓦、钢筋水泥的转变；在建筑样式上，经历了从平房到楼房的转变；在建筑设计上，经历了从简单间隔到功能区分的转变；在空间布局上，经历了沿大富水兴建到沿宋应公路兴建的转变。

历史上，巡检居民住宅质量相对较好。但是，一般仍以土坯、木梁、布瓦为主，条件较好的家庭才用石头、青砖砌墙脚或整个墙面，部分贫困户则不得不以茅草屋栖身。当时的住宅，绝大多数是平房，只有少数富裕家庭才建有两层楼房。住宅的地面，一般用黏土整平、压紧，只有少数家庭用青砖面地；二层楼房，多用木材做横梁、楼板和房前的墙面。在巡检老街废弃的旧房中，这类木制楼房仍依稀可见，有的楼房在横梁、门窗上还有精致的木工雕刻。1949～1978 年，除政府机构、供销社、粮站、学校、医院等单位有砖石瓦木结构或水泥预制件结构的房屋外，巡检居民的住宅大都停留在传统建筑水平上。

1978 年改革开放后，特别是 1984 年实行家庭承包责任制后，巡检村民压抑了几十年的建房欲望得以释放，掀起了持续升温的建房热潮。在建筑结构上，从开始的砖石瓦木结构，到砖混结构，再到钢筋混凝土结构；在建筑样式上，从平房，到带外走廊的平房，再到两层、多层楼房；在建筑设计上，从简单间隔，到卧室、客厅、厨房、卫生间、起居室等室内功能分工，再到房屋外观美化设计；在住宅装修上，从最初的石灰、水泥粉刷，木制门窗，到墙面瓷砖，铺地板砖，再到铝合金、塑钢门窗，吊顶、装网线等花样不断翻新。近 30 年来，巡检村多数居民都曾有二三次建房或装修经历，他们的居住条件已逐步获得较大改善；讲求结构、质量、功能、舒适、美观，已成为居民住宅的追求和时尚。小康不小康，关键看住房。居民住宅的变化，已成为巡检居民生活质量显著提高的重要标志。

二　居民住宅的现状

据《巡检村村民家庭问卷调查》，对住宅和宅基地问题做有效回答的有 345 户、1338 人。他们的回答情况如下。

1. 住宅类型、结构和产权

据调查，其具体情况见表 7－3～表 7－5。

表 7－3　住宅类型

单位：户，%

项目	有效回答合计	排列平房	独院平房	排列楼房	独院楼房	公寓楼房	其他
户数	345	87	29	110	108	9	2
比重	100	25.22	8.41	31.88	31.3	2.61	0.58

表 7－4　住宅结构

单位：户，%

项目	有效回答合计	竹木草	土坯砖木	砖石瓦木	水泥预制	水泥框架	其他
户数	345	1	46	50	229	19	0
比重	100	0.29	13.33	14.49	66.38	5.51	0

表 7－5　住宅产权

单位：户，%

项目	有效回答合计	全部自有	部分自有	他人所有	集体所有	国家所有	其他
户数	345	313	4	5	13	9	1
比重	100	90.72	1.16	1.45	3.77	2.61	0.29

表 7－3～表 7－5 数据说明：（1）从住宅类型看，排列楼房和独门独院楼房居多，占 63.18%；排列平房和独门独院平房次之，占 33.63%。（2）从住宅结构看，水泥预制件结构居多，占 66.38%；砖石瓦木结构次之，占 14.49%。水泥框架结构已经出现，占 5.51%；土坯砖木结构和竹木草结构仍然存在，占 13.62%。（3）从住宅产权看，全部自有居多，占 90.72%；部分自有，占 1.16%；集体和国家所有仍占 6.38%。

2. 建筑面积、庭院面积和占地总面积

据调查，其具体情况见表 7－6～表 7－8。

表 7－6　建筑面积

单位：户，%，人，平方米

项　目	有效回答合计	＜100	101～150	151～200	201～250	251～300	＞301
户数	345	181	108	43	10	1	2
比重	100	52.46	31.3	12.46	2.9	0.29	0.58
人数	1338	661	434	190	41	5	7
面积	39297	14124	14126	7572	2365	260	850
户均面积	113.9	78.03	130.86	176.09	236.5	260	425
人均面积	29.37	21.37	32.55	39.85	57.68	52	121.43

表 7－7　庭院面积

单位：户，%，人，平方米

项　目	有效回答合计	＜100	101～150	151～200	201～300	＞301
户数	232	219	7	4	0	2
比重	100	94.4	3.02	1.72	0	0.86
人数	932	888	29	11	0	4
面积	10238	8012	860	716	0	650
户均面积	44.13	36.58	122.86	179	0	325
人均面积	10.98	9.02	29.66	65.09	0	162.5

表 7-8　占地总面积

单位：户，%，人，平方米

项　目	有效回答合计	<100	101~150	151~200	201~250	251~300	>301
户数	345	232	78	22	9	1	3
比重	100	67.25	22.61	6.38	2.61	0.29	0.87
人数	1338	886	319	85	37	3	8
面积	33359	16205	9743	3876	2030	290	1215
户均面积	96.69	69.85	124.91	176.18	225.56	290	405
人均面积	24.93	18.29	30.54	45.6	54086	96.67	151.88

表 7-6~表 7-8 数据表明：（1）从建筑面积看，人均 29.37 平方米，比 2008 年全国农村人均住房面积 32.42 平方米，少 3.05 平方米。[①] 其中，户均 100 平方米以下的占 52.46%，100~200 平方米的占 43.76%，200 平方米以上的占 3.77%。（2）从庭院面积看，有庭院的 232 户，占总户数的 67.25%；户均 44.13 平方米。其中，庭院面积 100 平方米以下的占 94.4%，100~200 平方米的占 4.74%，200 平方米以上的占 0.86%。（3）从占地面积看，人均 24.93 平方米。其中，户均 100 平方米以下的占 67.25%，100~200 平方米的占 28.99%，200 平方米以上的占 3.77%。

3. 住宅设施和装修

据调查，其具体情况见表 7-9、表 7-10。

表 7-9、表 7-10 数据说明：（1）从主要水源看，公用自来水占 66.09%，独用自来水占 15.36%，没有用自来水占 18.55%。（2）从生活用电看，有保障的占 57.39%，没有保障的占 39.42%，没有电的占 2.9%。（3）从主要燃料看，煤气罐占 67.54%，煤炭占 18.55%，柴草占 12.46%，沼气占 1.16%。（4）从厨房看，有厨房占 86.67%，双厨房占 2.32%，无厨房占 10.72%。（5）从卫生间看，有厕所或浴室的占 47.83%，既有厕所又有浴室的占 29.28%，没有厕所浴室的占 22.61%。（6）从内外装修看，有内外装修的占 20.87%，仅有内装修或仅有外装修的占 16.23%，无装修的占 62.61%。

① 《中国统计年鉴 2009》9-36，农村居民家庭住房情况，http://www.stats.gov.cn/tjsj/ndsj/2009/indexch.htm。

表 7-9 住宅设施

单位：户，%

项目	有效回答合计	主要水源					
		公用自来水	独用自来水	独用井水	河水	公用井水	塘堰库水
户数	345	228	53	27	22	14	1
比重	100	66.09	15.36	7.83	6.38	4.06	0.29

项目	有效回答合计	生活用电				主要燃料				
		无	无保障	有保障	其他	柴草	煤炭	煤气罐	沼气	其他
户数	345	10	136	198	1	43	64	233	4	1
比重	100	2.90	39.42	57.39	0.29	12.46	18.55	67.54	1.16	0.29

项目	有效回答合计	厨房				卫生间				
		无	有厨房	双厨房	其他	无	有厕所	有浴室	厕所浴室	其他
户数	345	37	299	8	1	78	153	12	101	1
比重	100	10.72	86.67	2.32	0.29	22.61	44.35	3.48	29.28	0.29

表 7-10 住宅装修

单位：户，%

项目	有效回答合计	无装修	内装修	外装修	内外装修	其他
户数	345	216	44	12	72	1
比重	100	62.61	12.75	3.48	20.87	0.29

4. 建房、购房费用和现值

据调查，对建房、购房费用做有效回答的 216 户，建房、购房总金额 7137500 元，户均 33044 元；对住宅现值做有效回答的 326 户，现值总金额 18193818 元，户均 55809 元（见表 7-11、表 7-12）。

表 7-11 建房、购房费用

单位：万元，户，%

项目	有效回答合计	<0.1	0.1~0.5	0.5~1	1~2	2~4	4~6	6~8	8~10	>10
户数	216	3	34	25	35	52	34	24	5	4
比重	100	1.39	15.74	11.57	16.2	24.07	15.74	11.11	2.32	1.85

表 7－12　住宅现值

单位：万元，户，%

项目	有效回答合计	<0.2	0.2～1	1～3	3～5	5～10	10～15	15～20	20～40	>40
户数	326	31	47	44	49	124	24	2	4	1
比重	100	9.51	14.42	13.5	15.03	38.04	7.36	0.61	1.23	0.31

表 7－11、表 7－12 数据说明：（1）从建房、购房费用看，户均 33044 元。其中，1 万元以下占 28.7%，1 万～4 万元占 40.27%，4 万～8 万元占 26.85%，8 万元以上占 4.16%。（2）从住宅现值看，户均 55809 元。其中，1 万元以下占 23.93%，1 万～5 万元占 28.53%，5 万～10 万元占 38.04%，10 万～20 万元占 7.97%，20 万元以上占 1.54%。应该指出，上述回答都是回答人自己的估计值。从总体看，大都存在着估值偏低倾向，特别是低端组的估计值偏低倾向更为突出。

从调查情况看，现阶段巡检居民住房存在的主要问题：一是，缺乏科学规划，特别是老街一带，私搭乱建严重，不仅浪费土地，而且有碍观瞻。二是，部分村民在老街有旧宅或宅基地，在新街建有新房，极少数户建筑

村民住宅

水岸名村商品房

面积、庭院面积、占地总面积分别达到300~400多平方米，既有失公允，又浪费资源。三是，建筑质量不高，村民建房往往无正规设计图纸，无合格施工队伍，多由农村泥瓦匠拼凑施工，难免出现种种质量问题。四是，相当一部分住宅设施不完善，装修水平普遍较低，缺电少水现象尚未完全消除。

撰稿人：熊主武

第二篇

专题调查报告

认真搞好人口和土地调查

人口、土地（指国土面积），是构成社会的两大基础要素。世界各国历史证明，人口和土地，既是两个最古老、最基本的调查项目，又是两个最难调查清楚的调查指标——人口不断生死、不断流动，户籍状况不断变化；土地所有权、经营权及其用途不断变更，计量方法不断改进，所有这一切，都给人口、土地调查带来种种困难。然而，正因为如此，认真搞好人口、土地调查，就成为一切社区调查的基础和前提。

村情调查是农村社区调查的基础，人口、土地调查则是村情调查的基础。如果这两个基础指标都调查不清楚，有关数据不真实、不具体、不准确，那么村情调查的可靠性、有效性就会大打折扣。为了弄清湖北省应城市巡检村的人口和土地状况，《中国百村调查 · 巡检村》课题组花费了很大气力，收到了较好效果，获得了较多体会。

一　调查简况

为了搞好巡检村人口、土地调查，课题组于 2009 年 6 月开始筹划人口登记和国土面积及其使用情况的测量工作，7 月正式实施，其简要情况如下。

（一）户籍和人口状况的登记

巡检村的人口登记工作，从 2009 年 7 月 25 日进村开始入户登记，到 8 月 26 日完成数据整理，前后历时 33 天，大体经历了 3 个阶段。

第一阶段，进村入户、现场登记。7 月 25 ~ 29 日，课题组成员进入巡检村，在村干部配合下，按照村民住宅的位置，从南到北、从东到西逐户上门询问村民家庭、外出人员和外来人员的基本情况，并当面登记。对于无人在家的户，则通过询问邻居进行登录。

第二阶段，分类汇总、划分区域。7 月 30 日至 8 月 6 日，整理入户登记资料，按照本村村民、外出人员和外来人员分类汇总。8 月 7 日，第二次到巡检村实地考察，按照村民住宅分布情况，将全村划分为 12 个居住区，并根据住宅的方位确定各户的顺序。

第三阶段，逐户核实、统一编号。8 月 8 ~ 26 日，课题组成员第三次进入巡检村，逐户核对本村村民、外出人员和外来人员的登录情况，修改或补充第一次登记的资料。然后，再在核实资料的基础上统一编号，并进行初步统计分析。

（二）国土面积及其使用情况的测量

经课题组积极争取，巡检村国土面积的测量工作，得到了中共应城市委、市政府的大力支持，决定由应城市规划局负责组织实施。从 7 月 7 日开始组织实施，到 8 月 20 日平面图绘制完成，前后历时 45 天，大体可分为 3 个阶段。

第一阶段，制定测量方案，组织测量队伍。7 月 7 日，课题组与应城市规划局共同研究测量指标、要求和实施方案，并决定委托具有测量资质的孝感学院下属城建学院负责现场测量工作。7 月 8 ~ 16 日，完成了签订委托协议和组织测量队伍等准备工作。

第二阶段，进入巡检村，开展实地测量。7 月 17 ~ 25 日，由 9 人组成的孝感学院城建学院巡检村测量小组进入巡检村，在杨河镇、巡检村干部的参与下，分 3 个小组使用测量仪器进行实地测量，前后共用了 63 个工作日。

第三阶段，计算测量数据，绘制测量地图。7 月 26 日至 8 月 20 日，进行数据处理、绘制平面图，共用了 20 个工作日。其间，7 月 31 日、8 月 7 日和 17 日测量组与课题组进行了 3 次现场交流，先后提交了 3 次图纸、2 次文字报告，至 8 月 20 日完成测绘任务。

二 主要效果

巡检村包括3个自然村镇，即巡检街（为非建制的农村集镇）、陈台湾和刘塔湾。其中，巡检街有约1/4的土地归邻近的柏树村管辖。

巡检村的人口和土地面积，不同资料来源的数据存在着很大的差异。

应城市民政部门提供的资料是：1981年，巡检街总面积0.5平方公里；人口1129人，其中非农业人口213人。

应城市规划部门提供的资料是：2005年底，巡检村居住917户，总人口3549人，其中总劳力1458人。

应城市统计部门提供的资料是：2008年，巡检村有272户、1327人，其中有1133个劳动力；耕地面积1099亩。

2008年3月4日，村支部书记肖建祥介绍的情况是：全村有435户，1673人，其中巡检街365户，陈台湾38户，刘塔湾32户；土地面积约1平方公里，其中耕地面积（第二轮承包面积）859.3亩；到2008年，为839.19亩。

通过入户登记和实地测量，巡检村的实际人口数量和土地面积情况如下。

（一）户籍和人口情况

（1）有户籍的村民户数和人数：386户、1447人，户均3.75人。其中，有外出人员的村民188户，外出人口456人，户均2.43人；占村民户数48.7%，占村民人口31.5%。

（2）无户籍的外来人员：165户，占村民户数42.7%；约530人，占村民人口36.6%，户均人口3.21人。

（3）实际居住：551户（村民386户、外来人员165户），1977人（村民1447人、外来人员530人），户均3.59人。其中，巡检街484户，1742人；陈台湾42户，145人；刘塔湾25户，90人。

（4）有户籍、无住宅、无人员户：32户、约110人，占村民户数8.3%；占村民人数7.6%。

上述数据说明，应城市政府有关部门提供的村级人口数据，不仅互相之间很不一致，而且都与现实情况存在较大差距；即使是村支部书记口头介绍的情况，也与实际登记数据存在一定误差。这种情况告诉我们，要想真正弄清楚全村实际居住户数和人口，唯一有效、可靠的方法就是进村入户、逐户询问和登记。

(二) 国土面积及其使用情况

巡检村国土面积及其使用情况的测量结果如下。

表 1　按照村镇划分

项目	国土面积(平方米)	折合市亩(亩)	比例(%)
合　计	905764	1358.58	100.00
巡检街	750040	1125.00	82.81
陈台湾	112999	169.49	12.47
刘塔湾	42725	64.09	4.72

*巡检街的国土面积，只测量了属于巡检村的部分，约占全街国土面积的 3/4；另 1/4 国土面积，属于附近的柏树村。

表 2　按照用途划分

主要用途			占地面积(平方米)	折合市亩(亩)	比例(%)
总计			905764	1358.58①	100.0
农业用地	合计		714071	1071.05	78.84
	种植业	小　计	573553	860.28	63.32
		水　田	401488		
		旱　地	172065		
	畜牧业	养　猪	10045	15.07	1.11
	林　业	树　林	11718	17.57	1.29
	水　域	小　计	93343	140.01	10.31
		塘　堰	60817		
		河　流②	24875		
		沟　渠	7651		
	其　他	小　计	25412	38.12	2.81
		空闲田	7624		
		荒芜地	17788		

续表

主要用途			占地面积(平方米)	折合市亩(亩)	比例(%)
非农业用地	合计		191693	287.53	21.16
	居民住宅	小　计	43055	64.59	4.75
		现有住宅	38749		
		闲置住宅	4306		
	公共设施	小　计	25696	38.54	2.84
		村委会	324		
		邮局	388		
		中学	18943		
		小学	5103		
		卫生院	938		
	基础设施	小　计	38494	57.74	4.25
		应随公路[3]	18836		
		人行道路	15146		
		水泥硬化渠道	4512		
	第二产业	加工厂[4]	10622	15.93	1.17
	第三产业	小　计	5486	8.23	0.60
		商饮服务业	4721		
		集贸市场	765		
	闲置设施	小　计	34302	51.45	3.79
		闲置原公社大院	3541		
		闲置原高中	17542		
		闲置原小学	7979		
		闲置原粮库	5240		
	空闲荒地	小　计	34038	51.05	3.76
		空隙地	6808		
		闲置地	17019		
		荒芜地	10211		

注：①按666.7平方米为1亩计算，下同。②河流面积：指巡检村村域内大富水河支流的面积。③应随公路巡检段：长约1570米、宽约12米。④加工厂是指粮食加工厂。

上述数据，起码说明了以下几个问题。

（1）村级国土面积：县市级政府有关部门大都没有数据，规划部门只有村镇建设方面的数据。因此，要弄清村级国土面积及其使用情况，唯一的方法是现场测量。

（2）耕地面积：573553 平方米，折合 860.28 亩，占总面积 63.32%。按照户籍村民 1447 人计算，人均耕地 0.59 亩，属于人多地少的村。测量的耕地面积，与第二轮承包时的 859.3 亩、肖建祥介绍的 839.19 亩相近。但是，与户口登记的承包面积 663.32 亩，相距甚远。这预示着，2010 年 1 月的入户问卷调查，弄清承包耕地面积将是一个难点。

（3）住宅占地面积：38749 平方米，折合 58.12 亩，占总面积 4.28%，人均 26.78 平方米。但是，户口登记的宅基地面积为 32335 平方米，比测量宅基地面积少 6414 平方米，即少 16.6%。这预示着，入户问卷调查时，弄清宅基地面积也是一个重点和难点。

（4）空闲荒芜土地面积：98058 平方米，折合 147.08 亩，占总面积 10.83%。其中，农业用地中，空闲田 7624 平方米；荒芜地 17788 平方米，合计 25412 平方米，折合 38.12 亩，占总面积 2.81%；非农业用地中，闲置设施面积 34302 平方米，空闲荒地面积 34038 平方米，闲置住宅面积 4306 平方米，合计 72646 平方米，折合 108.96 亩，占总面积 8.02%。在一个人均耕地仅 0.59 亩的村，有如此多的空闲荒芜土地，是一个值得深入研究的重点问题。

此外，如何提高占全村总面积 10.31% 水域面积的利用价值，如何调整、改进农业与非农业用地结构，基础设施、公用设施、居民住宅用地结构，第二产业与第三产业用地结构，以及各类用地内部结构等，都是值得深入研究的问题。

三　几点体会

通过巡检村的人口登记和土地测量，我们获得了一些体会。

（一）登记户籍、人口状况的体会

1. 科学界定调查对象

目前，在农村居住、生活、活动的户或人，大体可分为 7 种类型：（1）在本村有户籍、有住宅，在本村生活，在本村从事社会活动的户或人。（2）在本村有户籍、有住宅，在本村生活，但不在本村从事社会活动的户或人（即早出晚归、在外务工经商学习的户或人）。（3）在本村有户籍、有住宅，但不在本村生活，不在本村从事社会活动的户或人（即外出务工经商学习的户或人）。(4) 在本村有户籍，但无住宅，不在本村生活，不在本村从事社会活动的户或人（即仅存户籍、已外迁的户或人）。(5) 在本村无户籍，但有住宅（包括租用住宅），在本村生活，在本村从事社会活动的户或人（即外来务工经商或学习的户或人）。(6) 在本村无户籍、不在本村从事社会活动，但在本村有住宅（包括租用住宅），在本村生活的户或人（如投亲靠友、单纯来本村养老的外来人）。(7) 在本村无户籍，无住宅，不在本村生活，但在本村从事社会活动的人（即早来晚去、到本村工作或学习的外来人）。

村情调查的对象应该是本村村民，其内含应该是在本村居住、生活、活动的户或人；其外延则应根据研究的重点，可以是上述 (1) ~ (7) 种类型的户或人，也可以是 (1)、(2)、(3)、(5)、(6)、(7) 种类型的户或人，或 (1)、(2)、(3)、(5)、(6) 种类型的户或人，或 (1)、(2)、(3)、(5)、(7) 种类型的户或人，或 (1)、(2)、(3)、(5) 种类型的户或人，或 (1)、(2)、(5)、(6) 种类型的户或人，等等。村民的外延不管如何确定，都应该有一个明确界定，否则在实际操作中就会出现混乱。

巡检村的村民登记工作，是按照 (1)、(2)、(3)、(5) 种类型的户或人登记的。

2. 坚持属地原则

如果村民的定义是“在本村居住、生活、活动的户或人”的话，那么就必须坚持属地原则，即凡是“在本村居住、生活、活动的户或人”都是村民，而不管他们属于什么类型的单位，也不管他们属于什么类型的户籍。例如，巡检学校、卫生院、邮局等，都是国有单位，许多工作人员的户籍都在城镇。但是，他们常年居住、生活、活动在巡检，因而是事实上的巡检村村民。我们认为，只有如此登记，才能反映实际居住、生活、活动在农村的全部居民的真实情况。

3. 进村入户、现场登记

实践证明，县市级政府部门和乡镇政府提供的村级户数、人口数据，往往是前一年、按照户籍或部门口径统计的数据，因而往往相互矛盾，往往与调查时的现实情况之间存在着较大差距；即使是村干部介绍的数据，也往往是前一年按照户籍管理要求统计的数据，与调查时实际居住的户数、人口之

间仍然存在着一定误差。因此，只有进村入户、现场登记，才能真正弄清楚当前实际居住在本村的户和人的情况。

4. 根据住宅方位合理划分居住区，并按照居住区登记户数和人口

巡检街是一个非建制农村集镇，既有一般村民，又有一些第二、第三产业单位。许多第二、第三产业单位的工作人员杂居在村民之中，如果按村民小组、按单位登记，往往会出现遗漏或重叠现象，实际操作起来非常困难。为了便于操作、减少误差，我们先根据村民住宅的方位，将全村划分为12个居住区，然后，按照居住区的住宅顺序，挨门挨户登记户和人的状况。实践证明，这种方法既简便易行，又准确可靠，登记工作基本上没有出现遗漏或重叠现象。

（二）测量国土面积及其使用情况的体会

1. 必须到现场实地测量

实践证明，对国土面积及其使用情况的调查，无论是查看历史资料，还是听取村干部或村民口头介绍，或者通过某些人目测，都是不准确、不可靠的。历史资料的时滞性是非常明显的，特别是21世纪的中国农村发展很快，国土面积的使用情况几乎年年有变化、岁岁不一样，因而历史资料根本不能说明现实状况。村干部或村民的口头介绍及某些人的目测，大都是按照习惯看法估推，一般很难有准确数据。只有到现场，使用测量仪器，对每个居住区，每个单位，每条道路，每片耕地、林地、水面……进行实地测量，然后汇总计算，才有可能获得比较准确的数据。

2. 必须以平方米为基本测量单位

在农村测量国土面积时，人们往往以"习惯亩"为计量单位，这是很不准确的。因为，"习惯亩"的真实面积往往很不标准。在土地私有时代，农村耕地在买卖过程中，位置好、土质好、水源好的好田好地，其面积往往是越卖越小（一亩只有九分、八分，甚至更少）；位置偏、土质差、水源少的孬田孬地，其面积则往往越卖越大（一亩有一亩一分、一亩二分，甚至更多）。在土地公有条件下，耕地在按田亩面积征税时往往以多报少，在按田亩面积补助时又往往以少报多。据了解，目前巡检村承包耕地的面积，一般以800平方米为一亩计算，比标准亩多133.3平方米，即多近20%。这说明，以"习惯亩"为计量单位，是不

可能准确的。巡检村国土面积及其使用情况的测量，一律以平方米为测量单位，就避免了“习惯亩”的种种误差，基本上做到了准确无误。

3. 聘请有专业资质的单位承担测量任务

国土面积及其使用情况的测量，以及根据测量结果绘制平面图，是一项专业性较强的工作，没有接受过专业教育的工作人员，没有专门的测量仪器和制图软件，没有实地测量和绘图经验，是不可能测量出准确数据、绘制出规范平面图的。因此，应尽可能争取当地党政机关支持或企业赞助，聘请有专业资质的单位承担测量任务，这是搞好国土面积及其使用情况测量的组织保证。

4. 必须明确提出测量的具体要求

有专业资质的测量单位，大都属于国土、城建、规划等系统或部门，他们一般都有一套比较规范的行规，比较稳定的习惯。例如，他们对巡检村国土面积及其使用情况的测量，最初报告的测量结果与表 3 出入较大。

表 3　测量结果

类别	分类	占地面积(㎡)	总面积(㎡)
农业用地面积	种植业占地面积	573553	714071
	畜牧业占地面积	10045	
	林业占地面积	11718	
	水面占地面积	93343	
	其他占地面积	25412	
非农业用地面积	居民住宅占地面积	43055	191693
	公用设施占地面积	22482	
	基础设施占地面积	38494	
	第二产业占地面积	10622	
	第三产业占地面积	861	
	闲置设施占地面积	29614	
	空闲荒地占地面积	34038	
	其他设施占地面积	12527	

然而，这种粗线条的测量结果很难满足村情研究的需要。之后，课题组提出了测量的具体项目和要求，测量小组根据课题组要求对测量数据重新计算和汇总，才获得了表 3 所反映的结果。这说明，课题组根据研究需要提出明确测量要求，是搞好实地测量的必要条件。

撰稿人：水延凯

村民收入影响因素分析

根据《巡检村村民家庭问卷调查》数据，我们对2009年巡检村村民人均纯收入与影响收入的若干因素进行了交叉统计，现将交叉统计分析的结果报告如下。

1. 人均纯收入与家庭人口数的关系

表1　人均纯收入与家庭人口数

项目		总计	家庭人口数(人)						
			1	2	3	4	5	6	≥7
有效回答户数		344	7	38	84	118	68	23	6
人数合计		1331	7	76	252	472	340	138	46
纯收入合计		11747277	26600	444970	2668297	4456799	1903860	1766115	480636
人均纯收入(元)		8826	3800	5855	10588	9442	5600	12798	10449
人均纯收入分组(万元)	<0.2	36	3	8	3	11	7	4	0
	0.2~0.6	133	2	13	31	37	40	7	3
	0.6~1.0	102	2	10	26	42	13	8	1
	1.0~2.0	57	0	7	19	22	7	1	1
	>2.0	16	0	0	5	6	1	3	1

表1数据说明：家庭人口6口之家人均纯收入最高，12798元；3口之家次之，10588元；7口及其以上之家第三，10449元；4口之家第四，9442元；2口之家第五，5855元；5口之家第六，5600元；1口之家最低，3800元。这表明，人口多少不是人均纯收入高低的决定性因素，但存在着家庭人口越多收入越高的总趋势。

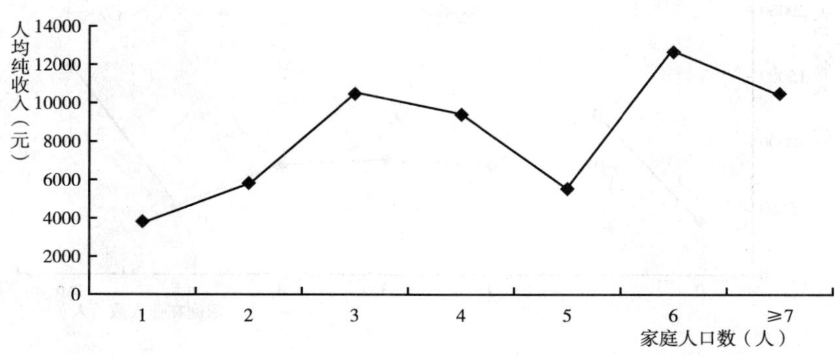

图 1 人均纯收入与家庭人口数

2. 人均纯收入与家庭在业人数的关系

表 2 人均纯收入与家庭在业人数

项目		总计	在业人口数						
			0	1	2	3	4	5	≥6
有效回答户数		344	15	49	129	82	53	13	3
人数合计		1331	26	164	463	331	250	74	23
纯收入合计		11747277	104684	2036600	3891941	2857712	2098559	395435	362346
人均纯收入（元）		8826	4026	12418	8406	8634	8394	5344	15754
人均纯收入分组（万元）	<0.2	36	5	8	11	5	4	3	0
	0.2～0.6	133	5	13	52	34	22	6	1
	0.6～1.0	102	5	11	41	25	17	3	0
	1.0～2.0	57	0	13	19	14	9	1	1
	>2.0	16	0	4	6	4	1	0	1

表 2 数据说明：家庭在业人数以 6 人及其以上之家最高，人均纯收入 15754 元；1 人之家次之，12418 元；3 人、2 人、4 人之家居第三、第四、第五位，分别为 8634、8406、8394 元；5 人之家第六，5344 元；无在业人口之家最低，4026 元。这表明，人均纯收入的高低，不取决于家庭在业人数的多少，但是否取决于在业人数在家庭总人数中的比重呢？

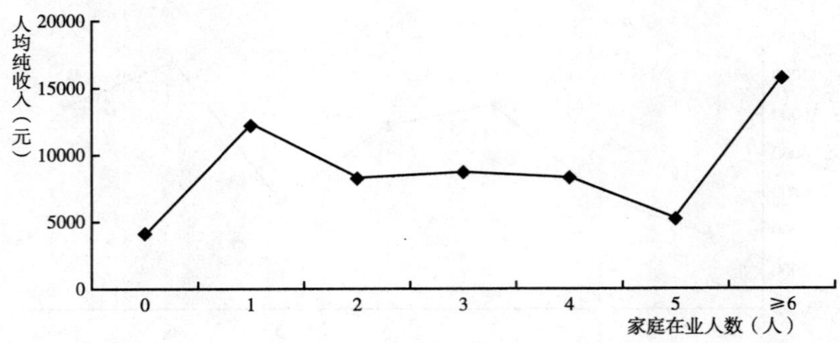

图 2　人均纯收入与家庭在业人数

表 3　在业人数在家庭总人数中的比重

项目	在业人口数						
	0	1	2	3	4	5	≥6
人均纯收入(元)	4026	12418	8406	8634	8394	5344	15754
家庭总人数(人)	26	164	463	331	250	74	23
在业人数(人)	0	49	258	246	212	65	19
在业人数比重(%)	0.00	29.88	55.72	74.32	84.80	87.84	82.61

表 3 数据说明：人均纯收入最高（在业 6 人及其以上）和第五位（在业 4 人）、第六位（在业 5 人）的家庭，在业人数比重都在 80% 以上；人均纯收入第二位（在业 1 人）的家庭，在业人数却不足 30%。这表明，在业人数在家庭总人数中的比重，不是影响人均纯收入高低的决定性因素，但是一个重要因素。

3. 人均纯收入与家庭结构、性别的关系

表 4 数据说明：（1）从家庭结构看，夫妇家庭人均纯收入最高，21971 元；核心家庭次之，9118 元；联合家庭第三，8546 元；主干家庭第四，8252 元；其他家庭（包括单亲家庭、空巢家庭、隔代家庭、单身家庭等）最低，6518 元。（2）从性别看，男性高，8918 元；女性低，7187 元。这表明，家庭结构和性别，对人均纯收入高低有决定性影响。

表 4　人均纯收入与家庭结构、性别

项目		总计	家庭结构					性别	
			夫妇家庭	核心家庭	主干家庭	联合家庭	其他家庭	男	女
有效回答户数		344	10	187	88	11	48	322	22
人数合计		1331	24	704	433	59	111	1260	71
纯收入合计		11747277	527294	6419087	3573166	504198	723532	11237015	510262
人均纯收入(元)		8826	21971	9118	8252	8546	6518	8918	7187
人均纯收入分组(万元)	<0.2	36	1	12	10	2	11	32	4
	0.2~0.6	133	4	69	42	4	14	129	4
	0.6~1.0	102	2	61	24	3	12	94	8
	1.0~2.0	57	2	35	8	1	11	51	6
	>2.0	16	1	10	4	1	0	16	0

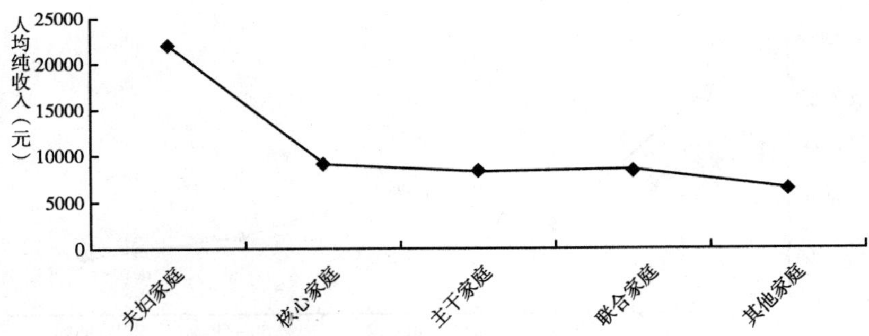

图 3　人均纯收入与家庭结构

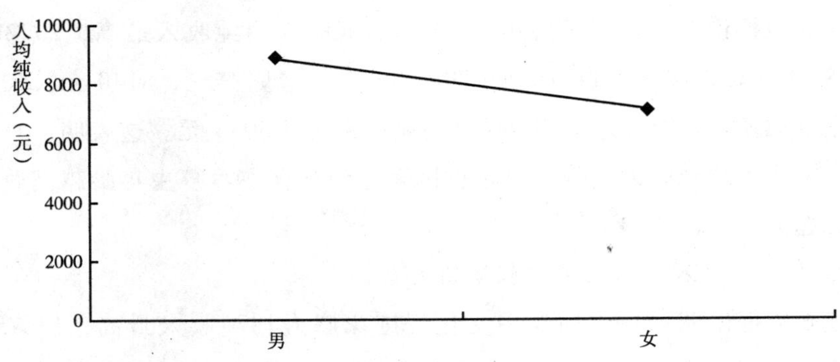

图 4　人均纯收入与性别

4. 人均纯收入与户主年龄的关系

表 5　人均纯收入与户主年龄

项目		总计	户主年龄(岁)				
			<29	30~39	40~49	50~59	>60
有效回答户数		344	4	59	133	80	68
人数合计		1331	21	238	532	294	246
纯收入合计		11747277	435138	1937308	6021099	2115247	1238485
人均纯收入(元)		8826	20721	8140	11318	7195	5034
人均纯收入分组(万元)	<0.2	36	0	8	9	6	13
	0.2~0.6	133	0	20	45	30	38
	0.6~1.0	102	0	21	43	27	11
	1.0~2.0	57	3	7	26	15	6
	>2.0	16	1	3	10	2	0

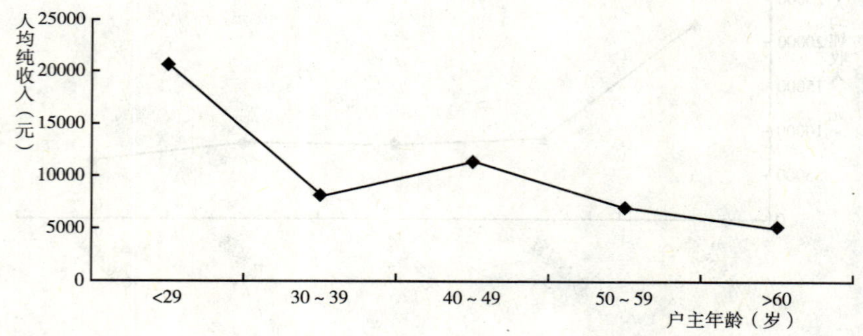

图 5　人均纯收入与户主年龄

表 5 数据说明：户主年龄小于 29 岁的家庭人均纯收入最高，20721 元；40~49 岁的家庭次之，11318 元；30~39 岁的家庭第三，8140 元；50~59 岁的家庭第四，7195 元；大于 60 岁的家庭最低，5034 元。这表明，户主年龄不是家庭人均纯收入高低的决定性因素，但却存在着户主年龄越高收入越低的总趋势。

5. 人均纯收入与户主文化程度的关系

表 6 数据说明：户主为高中文化程度家庭人均纯收入最高，14675 元；中专职高家庭次之，11671 元；本科及其以上家庭第三，11597 元；初中文化程度家庭第四，9113 元；大专文化程度家庭第五，6159 元；小学文化程

度家庭第六，5402 元；文盲家庭最低，4842 元。这表明，户主文化程度不是人均纯收入高低的决定性因素，但是重要因素，并存在着文化程度越高收入越多的总趋势。

表 6 人均纯收入与户主文化程度

项目		总计	户主文化程度						
			文盲	小学	初中	高中	中专职高	大专	本科及以上
有效回答户数		344	27	91	160	54	5	3	4
人数合计		1331	89	347	631	222	19	10	13
纯收入合计		11747277	430976	1874380	5750030	3257791	221750	61590	150760
人均纯收入(元)		8826	4842	5402	9113	14675	11671	6159	11597
人均纯收入分组(万元)	<0.2	36	8	9	12	5	1	1	0
	0.2~0.6	133	11	47	61	14	0	0	0
	0.6~1.0	102	4	31	48	15	1	1	2
	1.0~2.0	57	4	4	30	14	2	1	2
	>2.0	16	0	1	9	5	1	0	0

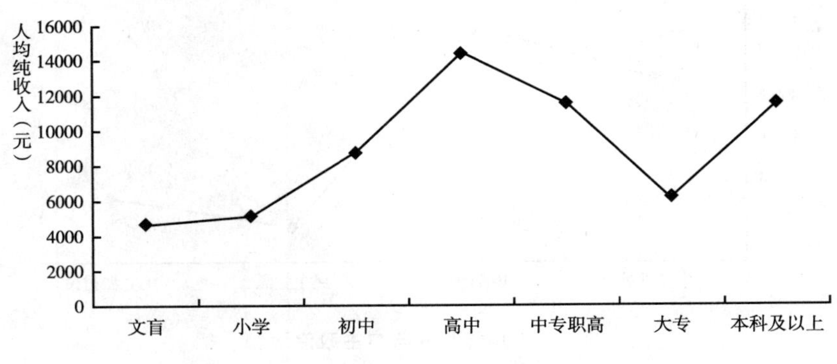

图 6 人均纯收入与户主文化程度

6. 人均纯收入与户主政治面貌、与户主当干部的关系

表 7 数据说明：（1）从户主政治面貌看，共青团员户主家庭人均纯收入最高，28778 元；中共党员家庭次之，22463 元；无党派家庭第三，7940 元；民主党派家庭最低，4186 元。共青团员和民主党派户主家庭均只一户，代表性不强，如果将他们合并到无党派户主家庭中，那么非中共党员户主家庭，人均纯收入则为 8057 元。（2）从户主当干部情况看，“其他”（主要是私企老板、个体户、务工经商等非农经营者）户主家庭最高，16430 元；干部户

主家庭次之，14003元；村民户主家庭最低，8583元。这表明，是否中共党员、是否非农经营者，对人均纯收入高低有决定性影响。

表7　人均纯收入与户主政治面貌、与户主当干部情况

项目		总计	户主政治面貌				户主当干部情况		
			中共党员	共青团员	民主党派	无党派村民	干部	村民	其他
有效回答户数		344	17	1	1	325	4	329	11
人数合计		1331	71	8	5	1247	18	1268	45
纯收入合计		11747277	1594862	230225	20928	9901262	252048	10755870	739359
人均纯收入(元)		8826	22463	28778	4186	7940	14003	8583	16430
人均纯收入分组(万元)	<0.2	36	2	0	0	34	0	36	0
	0.2~0.6	133	2	0	1	130	1	127	5
	0.6~1.0	102	5	0	0	97	0	99	3
	1.0~2.0	57	3	0	0	54	2	53	2
	>2.0	16	5	1	0	10	1	14	1

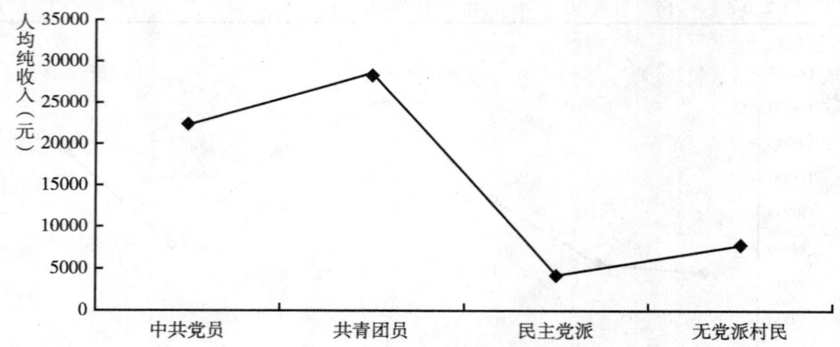

图7　人均纯收入与户主政治面貌

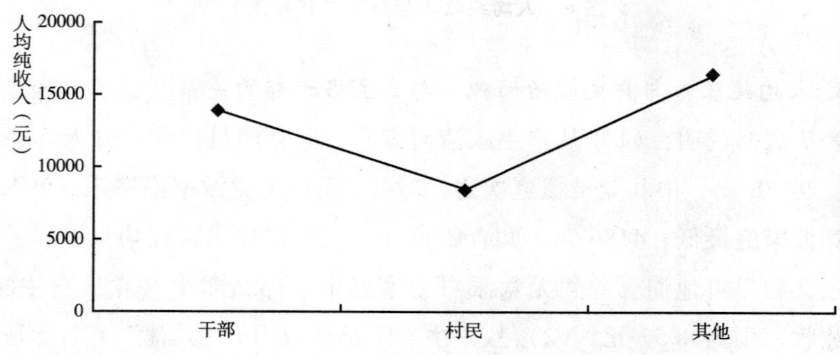

图8　人均纯收入与户主身份情况

7. 人均纯收入与户主工作地点的关系

表8数据说明：户主工作地点在本村的家庭人均纯收入最高，9591元；本县市次之，9448元；外省市区第三，7877元；本乡镇第四，7310元；本省市区第五，7191元；本地市第六，6866元，最低；其他（工作地点不稳定）最低，6355元。这里需要说明的是，巡检村有5个民企老板，其中2户养猪老板家庭人均纯收入超过10万元，因而抬高了本村的人均纯收入。此外，随着沿海地区受国际金融危机影响加深、中部崛起和地方经济的发展，工作地点因素对人均纯收入高低的影响已大大削弱，在家门口打工已成为越来越多村民的选择。

表8　人均纯收入与户主工作地点

项目		总计	户主工作地点						
			本村	本乡镇	本县市	本地市	本省市区	外省市区	其他
有效回答户数		344	222	15	12	2	9	45	39
人数合计		1331	857	65	42	8	42	187	130
纯收入合计(元)		11747277	8219168	475156	396832	54925	302024	1473033	826139
人均纯收入(元)		8826	9591	7310	9448	6866	7191	7877	6355
人均纯收入分组(万元)	<0.2	36	20	3	1	0	1	4	7
	0.2~0.6	133	96	3	3	1	2	14	14
	0.6~1.0	102	61	5	3	1	3	16	13
	1.0~2.0	57	31	4	4	0	3	10	5
	>2.0	16	14	0	1	0	0	1	0

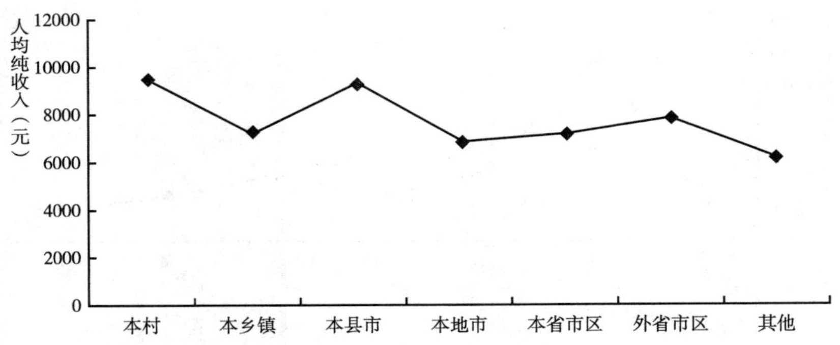

图9　人均纯收入与户主工作地点

8. 人均纯收入与户主所从事行业的关系

表 9 数据说明：户主从事养殖业的家庭人均纯收入最高，29977 元；制造业次之，11523 元；商贸餐饮业第三，10933 元；运输邮电业第四，7565 元；文教卫等服务业第五，7001 元；种植业第六，6034 元；其他（杂工等）最低，5639 元。这表明，只要达到一定规模，养殖业同样可创造出高人均纯收入。但就总体而言，人均纯收入从高到低，存在着第二产业、第三产业、第一产业的总趋势，即第二产业最高，第三产业（商贸餐饮、运输邮电、文教卫等服务）居中，第一产业中的种植业最低。

表 9　人均纯收入与户主所从事行业

项目		总计	户主所从事行业						
			种植业	养殖业	加工制造	运输邮电	商贸餐饮	文教卫等服务	其他
有效回答户数		344	72	7	68	30	72	35	60
人数合计		1331	292	29	274	121	259	150	206
纯收入合计		11747277	1761980	869344	3157238	915314	2831723	1050106	1161572
人均纯收入(元)		8826	6034	29977	11523	7565	10933	7001	5639
人均纯收入分组(万元)	<0.2	36	12	0	5	3	4	3	9
	0.2~0.6	133	33	1	22	11	22	13	31
	0.6~1.0	102	15	3	25	10	24	11	14
	1.0~2.0	57	11	0	12	5	16	7	6
	>2.0	16	1	3	4	1	6	1	0

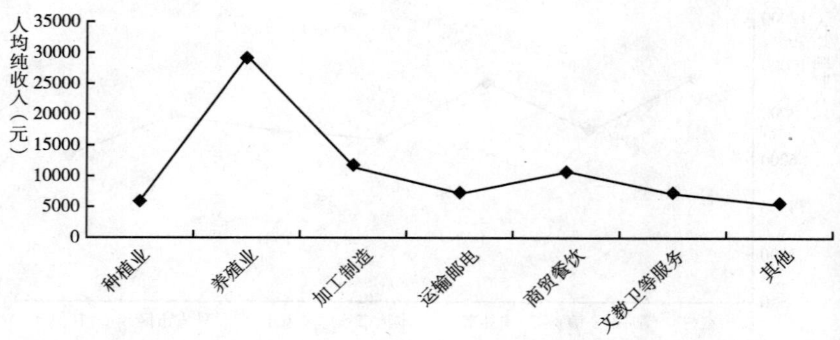

图 10　人均纯收入与户主所从事行业

9. 人均纯收入与户主所从事职业的关系

表 10 数据说明：民企老板家庭人均纯收入最高，80464 元；单位负责人次之，19046 元；管理人员第三，9972 元；个体户第四，8788 元；技术工人第五，8051 元；普通工人第六，7313 元；专业人员第七，6895 元；农林牧渔劳动者第八，6652 元；其他（不稳定）第九，6416 元；营业员和服务员最低，6227 元。显然，掌握财产和权力资源的多少，是人均纯收入高低的决定性因素。民企老板掌握财产资源较多，单位负责人掌握权力资源较大，因而成为人均纯收入最高的两种人。其中，人均纯收入最高的民企老板家庭，是最低的营业员和服务员家庭的 12.92 倍。至于掌握财产、权力资源较少的普通劳动者——无论是白领的管理人员、专业人员，还是蓝领的工人、农民，

表 10　人均纯收入与户主所从事职业

项目		总计	户主所从事职业				
			农林牧渔	普通工人	技术工人	营业服务员	个体户
有效回答户数		344	82	47	27	8	107
人数合计		1331	333	195	106	35	404
纯收入合计		11747277	2215102	1426008	853381	217936	3550436
人均纯收入(元)		8826	6652	7313	8051	6227	8788
人均纯收入分组(万元)	<0.2	36	10	5	2	1	9
	0.2~0.6	133	39	16	11	2	39
	0.6~1.0	102	19	19	5	4	37
	1.0~2.0	57	12	6	8	1	17
	>2.0	16	2	1	1	0	5

项目		户主所从事职业				
		专业人员	管理人员	民企老板	单位负责人	其他
有效回答户数		4	4	5	3	57
人数合计		16	15	22	11	194
纯收入合计		110314	149577	1770214	209511	1244798
人均纯收入(元)		6895	9972	80464	19046	6416
人均纯收入分组(万元)	<0.2	1	0	0	0	8
	0.2~0.6	1	2	0	0	23
	0.6~1.0	0	1	0	0	17
	1.0~2.0	2	0	0	2	9
	>2.0	0	1	5	1	0

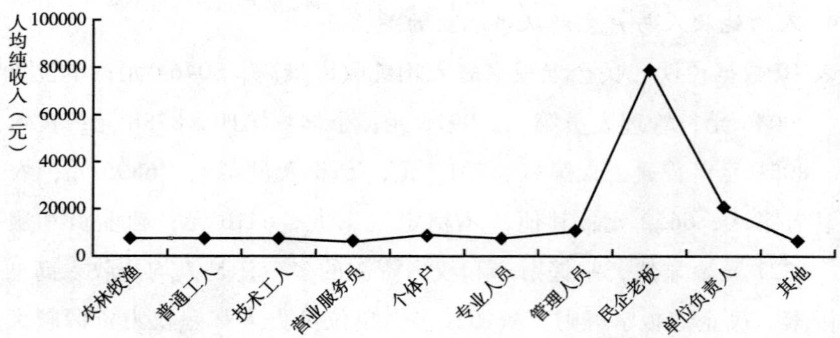

图 11　人均纯收入与户主所从事职业

以及个体户、营业员等，收入都较低，而且差距不大，其中人均纯收入最多的管理人员仅为最少的营业员和服务员的 1.6 倍。此外，农村专业人员（主要是民办教师和乡村医生）收入过低，是一个值得高度重视的问题。

※　※　※　※　※

通过上述交互统计分析，对于影响人均纯收入高低的因素，大体可做如下判断：影响人均纯收入高低的决定性因素，是掌握财产、权力的多少。此外，家庭人口和在业人数的多少，家庭结构和性别的状况，户主年龄和文化程度的高低，以及政治面貌、工作的地点、行业和职业等因素，都对收入高低产生或大或小的影响。

撰稿人：王　莉

糯稻之乡的新探索

——巡检糯米协会调查

应城农民有种糯稻传统，2005 年前全市常年糯稻种植面积达 25 万多亩，2010 年发展到 32 万亩，其产量稳居全国籼糯县市第一。[①] 杨河镇是应城糯稻集中产区之一，常年种植面积 1 万亩以上。巡检村地处杨河镇西南，是糯稻重要产区，常年种植面积 800 亩左右。

独特地理环境和精细工艺造就的应城糯米，质地柔软，糯香黏滑，含有丰富的蛋白质、脂肪、钙、磷、铁、维生素 B_1、维生素 B_2、烟酸及淀粉等，其味甘、性温，入脾、胃、肺经，具有补中益气、健脾养胃、止虚汗之功效，是酿酒、食品等工业的重要原料，常被用来制作风味小吃，深受消费者喜爱。例如，浙江女儿红黄酒、四川宜宾五粮液、湖北稻花香、河南三全食品等知名企业，都是应城糯米的传统客户。

然而，由于没有统一地域品牌，缺乏龙头企业带动，资源优势无法转化为经济优势。一方面，规模化程度低，25 万多亩糯稻分布在 12 个乡镇，尽管糯稻总产达 13.8 万吨，但糯稻品种多达 25 个，单品种规模不到 5600 吨，不利于单收、单储、单加工；另一方面，龙头企业实力偏弱，品牌不响，抵御市场风险能力较弱，一旦粮食价格波动，就无法兑现与稻农签订的合同。因此，每到糯稻收获季节，糯农辛辛苦苦种出来的优质糯稻，往往无法卖出好价钱，致使农民对种植糯稻缺乏信心。发展糯稻的落脚点是增产、增收，其关键有二：一是，产量高。为此，就要保证种植面积，推广糯稻良种，实行精耕细作，努力做到种植连片化、品种优质化、栽培科学化、生产订单

① 《应城糯稻产量稳居全国第一》，2012 年 4 月 18 日《湖北日报》。

丰江米业加工车间

巡检糯米协会

化、产销一体化。二是，价格高。为此，就要培植龙头企业，开展糯米加工，延伸糯米产业链，提高糯米产品附加值。

正是在这种背景下，由政府有关部门牵头，串联巡检周围 19 个村，经过充分酝酿，于 2006 年 6 月 20 日成立了应城市巡检糯米协会，会长是粮食

加工企业的老板吴红斌。该协会，由从事糯稻生产、加工、储藏、销售、科研及技术服务的单位、组织和个人自愿组成，是以自我服务为主要目的的非营利性、产销合作群众性组织，具有社会团体法人资格，直接接受应城市农业局和民政局的业务指导、监督和管理。协会成立时，有会员 121 户，其中，糯稻科技示范户、种植大户 107 户，种植面积 1.5 万亩，总产量 825 万公斤；加工户、销售户，加工销售户 14 户，日加工能力 30 万公斤。协会成立后，积极为会员服务。一是，推广优质品种，以提高糯稻的产量、质量和市场竞争力。二是，组织技术培训，采取集中学习、科技赶集、发放资料、张贴传单、在媒体开辟《农业科技大讲堂》栏目等形式，加强技术培训。三是，开展技术指导，邀请农业专家组成技术巡回小组，从技术上指导农户实现标准化生产。四是，建立示范样板，在优质稻板块建设核心区，开展糯稻品种展示、测土配肥、糯稻直播、水稻免耕栽培、全程机械化作业、“菇稻”轮作等试验示范。五是，申请绿色食品认证，充分利用杨河镇已获得水稻无公害产地认证的有利条件，积极申请无公害大米和绿色食品认证。六是，签订产销合同，协会与种植大户签订合同，农户按企业要求的品种、面积和技术规程生产，企业按每 0.5 公斤高于市场价 2～5 分收购。通过这些活动，协会扩大了影响，截至 2010 年底，协会会员带动的农户已达 5000 户，优质糯稻生产基地已扩大到约 3 万亩，糯稻种植户得到了可观的实惠。据估算，每亩糯稻售价比杂交稻高 240 多元，扣除与杂交稻产量差异等因素，每亩纯增效益 160 元左右。

2007 年 4 月 25 日，在原民营企业巡检金穗米厂基础上，成立了集粮食收购、加工、储存、营销于一体的粮食产业化龙头企业——民营湖北丰江米业有限公司。2010 年初，公司老板吴红斌与另 3 个加工厂老板合伙，共同投资，扩大规模。到 2010 年，该公司占地面积 25 亩，建筑面积 8000 余平方米，注册资本 600 万元，拥有日产 100 吨精粮加工设备一套，年加工能力 2.6 万吨，仓库容量达 10000 吨，采用国内较先进的全封闭、低速提升、多机轻碾、着水抛光、电脑色选、电子计量等生产工艺，产品名称为“江之行”系列。经营的糯米品种，按季节，分为中籼糯米和晚籼糯米；按品种，分为珍珠糯米、荆糯糯米、红糯 1 号等；按用途，分为酒厂用糯米、糯米粉糯米、米酒（醪糟）糯米。此外，还可根据客户需求，调整生产品种和质量。公司始终把会员增产增收放在第一位，在糯稻生产上，引导会员逐步向稳定化、产业化、规模化方向发展，并通过深化粮食加工尽可能增加糯稻生产的附加值。在市场营销上，湖北省内采取直销方式，减少流通环节，降低销售成本；湖北省外则建立固定销售网点，发掘诚信客户，稳定销售渠道。这样，通过“农户 + 企业 + 市场”模式，逐步做大做强糯稻产业，达到企业增效、糯农增收的双赢目的。[①] 到 2010 年底，该公司已在山西、内蒙古、河南、河北、陕西等地与 15 家用粮企业建立了销售关系，签订了 15 份、总额 3000 万公斤的销售合同。该公司还利用杨河镇获得水稻无公害产地认证的有利条件，积极申请无公害大米和绿色食品认证，该公司申请的“江之行”注册商标，已获得工商管理部门批准。

据不完全统计，糯米协会在 2006 年 7 月至 2008 年 10 月期间，共实现产值 36000 万元，利税 480 万元。其中，107 户种植大户实现产值 4950 万元、利税 66 万元，户均产值 46.3 万元、利税 6168 元，利税率为 1.33%；13 户加工、销售户实现产值 23292 万元、利税 141 万元，户均产值 1791.7 万元、利税 10.8 万元，利税率为 0.61%；龙头企业实现产值 7758 万元、利税 273 万元，利税率为 3.52%。这就是说，从产值看，龙头企业最高，加工销售户次之，种植大户最低；从利税率看，龙头企业居首，种植大户居中，加工销售户居尾。

目前，在全国几大粮食市场的糯米价格上，应城市已取得了一定话语权，糯米行情受应城糯米产量影响的幅度，每公斤至少在 2 分钱以上。应城市糯米协会将按照“民办、民营、民惠”原则、“公司 + 基地 + 农户”或“龙头企业 + 合作社 + 基地 + 农户”模式，做大做强应城市的糯稻产业，以达到粮食增产、农民增收、企业增效的多赢目的。

撰稿人：方显峰

---

① 《湖北丰江米业有限公司简介》，http：//2155832. s. toocle. com/company. html。

协会 + 基地 + 农户的养猪模式

——巡检养猪协会调查

巡检村历来有养猪传统，2000 年 4 月在杨河镇政府领导下，经应城市民政局备案，由养猪大户丁贵祥发起，熊冬清、丁维祥等 10 多人响应，在自愿互利基础上成立了集科研、养殖、加工、贸易于一体的巡检养猪协会。协会设会长 1 名，丁贵祥；副会长 3 名，熊冬清、丁维祥、欧阳双清；秘书长 1 名，刘长春；理事 12 名。协会成立后，制定了章程和管理制度；下设饲养、预防、购销 3 个专门小组，组长由会员选举产生；每月开一次理事会议，解决会员反映的热点、难点问题。

湖北九盛种猪有限公司

巡检养猪协会成立后，办了几件实事：(1) 普及科学养猪知识，制定了每月学习一次的制度，不定期举办科学养猪培训班和讲座，印发科学养猪技术资料，以提高会员科学养猪的能力。(2) 培植养猪示范大户，通过大户示范作用，带动养猪业的发展。目前，丁贵祥、陈金清、雷伍涛、欧阳双清4个大户的示范作用比较显著。(3) 建设良种繁育基地，通过引进英系双肌臀大白猪、法系和挪威系长白猪、台系杜洛克种猪繁育出的“三元”杂交猪，在瘦肉率等方面已显示出明显优势。(4) 购置人工授精设施，建立人工授精实验室，聘请持证上岗人工授精员，制订有关管理办法，开展了人工授精工作。(5) 建立疫情通报体系，协会设有咨询电话，会员户一旦发生疫情，可立即安排技术人员前去指导。同时，与畜牧主管部门签订了疫病防控监管责任书，及时通报疫情。(6) 提供养猪产销信息，积极与有关科研单位、大专院校、科学养猪实体和生猪销售部门挂钩，组织会员外出参观学习，搞好养猪产销信息服务。(7) 搞好为会员的日常服务，理事成员实行包片责任制，经常为会员提供选址、规划、母猪接产、种猪、销售等方面服务。(8) 积极发展协会会员，理事分片负责发展会员，充分利用电视、广播等新闻媒体宣传协会宗旨和目的，吸引更多养猪户参加协会。

巡检养猪协会

为了促进生猪生产和销售，提高经济效益，协会特别强调实施“三统一”模式，第一，统一改良品种，推广繁育出的“三元”杂交猪，其瘦肉率达65%以上，销售价格比普通生猪每公斤高0.80元；“杜、长、大”三元杂交品种，在全国生猪市场也有较强竞争优势。第二，统一使用饲料，为了防止假冒饲料和抬高饲料价格，组织养猪户与饲料厂家直接挂钩，采取直销方式购买饲料，既保证了饲料质量，又降低了养猪成本。第三，统一销售价格，协会随时收集全国主要生猪市场价格信息，然后制定出指导价格并及时通报会员，努力做到销售价格基本统一，尽可能减少猪贩子的中间盘剥。

到2005年，巡检养猪协会已被列为应城市5大养殖小区之一。协会以“基地+农户”模式，形成了抗御风险能力较强的“小规模、大群体”养殖格局。到2008年5月，协会会员已发展到162户，从业人员500多人，同时还带动了加工、运输、销售等行业的发展，取得了可观的经济效益和社会效益，多次被上级部门评为“星级农民专业合作社”。到2008年年底，协会拥有“台系”杜洛克公猪、美系长白公猪、英系大约克夏母猪96头，大母猪1800头，常年存栏商品猪18000头，出售二元母猪800头，三元育肥猪年产值5000万元，获利1200万元。2011年，仅丁贵祥、陈金清、雷伍涛、欧阳双清4个养猪大户年出栏生猪5000多头，每头生猪平均价格2000元，产值1000多万元，获利250多万元。这4个养殖大户，基本实现了自繁自养，若行情看好，还会向外购买一部分仔猪回来饲养。

2011年10月，由会长丁贵祥牵头，与丁大飞、雷伍涛合作，共同出资兴建了一个标准化的仔猪繁育基地——湖北九盛种猪有限公司。猪场位于一个偏僻的小山坡，地势较高、地形开阔、通风良好，同时远离居民区、医疗机构、屠宰场等场所。猪场总体布局，从有利于立体卫生防疫和生产管理出发，按功能划分为生产区、办公区和生活区。猪场内各猪舍间的通道，以及猪场与场外联系的主要通道，全部水泥硬化，配备了变压器、配电间、动力系统、照明线路、水管、电话等设施。为了搞好猪场防疫，猪场四周全部修筑了围墙，以便把猪场与外界分隔开来，严禁人员和车辆随便出入，猪场大门建有消毒池，有关人员及车辆必须经过消毒处理才能进出，进入的人员必须更换消毒服才能到猪场内活动。作为现代化养猪场，猪场粪便量很大，如

果不及时有效处理，将会污染周围环境。公司在选址、设计时就充分考虑了猪场的排污、环保等问题，在场址选择上，远离饮用水源；在猪场粪便处理上，修建了4个三级沉淀池；在综合利用上，在猪场上下方各开挖了一个100亩的鱼池，以便变废为宝，把养猪、养鱼和果蔬种植有机结合起来，还可将粪便干燥后作为肥料出售。

目前，第一期工程已经完成，占地80亩，投资900多万元，建成猪舍19幢，其中，种猪舍10幢，分娩猪舍5幢，保育猪舍4幢；办公、休息、储备等配套用房20间，总建筑面积13000多平方米。公司现有母猪650头，公猪13头，繁殖的仔猪，采取集中繁殖、分散育肥的模式经营，一部分转移到公司股东养猪场育肥，一部分提供给协会会员饲养。第二期工程，正在积极筹划、实施之中。

今后，协会将以湖北九盛种猪有限公司为龙头企业，不断扩大品种、品系，提高品质，增强市场竞争力，一个利益共享、风险共担的合作经济组织的雏形正在形成之中。

撰稿人：方显峰

发展中前进　变革中壮大

——巡检村运输业调查

明清以来，巡检不仅是一个农村集镇、一个基层行政中心，而且是一个相当繁荣的水旱码头。与一般农村相比较，巡检运输业比较发达。1949～2009年的60年间，随着经济发展、体制变革、水系调整和公路建设，巡检运输业经历了3个方面转变：从水路装卸，到陆路搬运，再到公路运输的转变；从肩挑背驮，到板车搬运，再到机械运输的转变；从个人装卸，到集体搬运，再到分户经营的转变。

一　沉重的人力装卸

1. 大富水河和巡检码头

大富水河发源于湖北省随州市大洪山南麓的白龙池，从西北注入应城市内河后，由西向东流经巡检，至盛滩后向南注入汉北河。应城境内河道长107.5公里，流域面积1255平方公里。巡检司以下为平原地带，河面宽阔，水量充沛，河水深度平时1～2米，4～9月汛期时6～7米，可行驶较大木船。

大富水河巡检段长近千米，村镇岸边有两个码头：上码头底宽5米、顶宽1.5米，有50级台阶，较陡峭；下码头底宽8米、顶宽1.8米，有37级台阶，较平缓，中间有一稍宽平台可歇脚，码头外有一深潭，可停泊较大木船。巡检码头的历史，几乎与巡检司一样长。它是巡检及其周围地区的货运中心。

1949年以后，随着土地改革完成，农村经济发展，巡检码头逐渐繁荣起

来。每年丰水季节，常有百多艘船只停靠，日运输量近千吨，每年货物吞吐量20万~30万吨。当时的货运，以汉川和应城长江埠的船只为主。进出货物，以巡检及其周围盛产的粮食、棉花等大宗农副产品和农民需要的生产、生活资料及日用杂货为主。物流辐射范围，上到京山，下到汉川、武汉，出自巡检及其周围的优质糯米是上佳酿酒原料，可远销江浙、四川。

2. 肩挑背驮的装卸工

1949~1958年，巡检的“运输业”，在水运旺季，主要是为大富水河码头上的船只装卸货物；在水运淡季，则主要是为巡检粮食、棉花等仓库晾晒、转运物资。

装卸方式，以肩挑背驮的人力装卸为主，只有五六辆独轮或双轮木制翻斗车，前用人拉、后用人推，走起来吱吱呀呀响，噪音非常大。这种翻斗车，尽管简陋、笨拙，但一次可装几百斤货物，比肩挑背驮效率高得多、省力得多。1958年初，为提高装卸效率，曾一度自建了一条连接码头与仓库的小铁轨，但因故障太多，不久就拆除了。

装卸组织，1950年前后，以个体为主；1954年后，则以合作小组为主。在巡检码头上，有一个由村里指派的“头人”，一般由力气大、出身好、能吃苦耐劳、愿为大家服务、有一定威信，并与当地机关、商业行会关系较好的人担任，其职责主要是联系装卸业务，分配装卸任务，自己参加劳作，没有固定报酬。

装卸人员，都是巡检居民，没有正式组织，有装卸业务，就呼朋唤友、左邻右舍一起去干，有事大家做，无事各回家。当时有种说法，“船东少上岸，巡（检）人难下水”，即船主吃住在船上，除联系业务、购买用品外基本不上岸；巡检人只管装卸，不过问水运事宜。据老人们回忆，当时码头装卸工平时30来人，忙时40~50人，约占全村劳力7%~12%。

装卸收入，一个工作日可挣一块多人民币，可买10多斤稻谷，与种田相比较，收入相当可观。尽管装卸工作劳动强度大，辛苦程度高，但是，无需资金投入，不要特殊技术，全靠出卖体力，而且来钱快，当天兑现，因而愿意做装卸工的村民很多，往往供大于求，“头人”不得不轮流安排，特别注意照顾那些有困难的村民。

主要问题，一是，受季节影响大，旺季短、淡季长；二是，靠老天爷吃饭，一遇大风大雨，有活也不能干；三是，装卸能力有限，超过人力所及范围的物体无法装卸，因此，它不可能成为巡检经济的主要支柱，不可能成为巡检村民收入的主要来源。

二　繁忙的板车搬运

1. 水路运输向陆路运输的转移

从20世纪50年代末到70年代初，由于大富水河上游修建了高关水库，外来客水大幅减少，下游淤积河段截弯取直，水位急剧下降，致使大富水河逐渐丧失了航行功能。从此，巡检码头的装卸业务逐渐衰落直至消失，装卸人员逐步回归原来所从事的行业，巡检码头变成大富水河两岸居民渡河小舟的停靠码头。

大富水河航运功能的消失，促使巡检的物流转向了陆运。巡检的东面、西面和北面，陆路交通四通八达，特别是宋应公路横贯全境，更成为巡检陆路运输的主要通道。宋应公路，起于京山市宋河镇，止于应城市城关，全长48公里，应城境内21公里。它始建于1929年，弯道多，路况差，时通时阻。1954年维护，以土代料，填补路基，只能晴通雨阻。1958年、1960年修筑，扩宽路基，裁弯取直，部分路段改为沙石路面，路况大为改善，从而为巡检发展陆路运输提供了较好的基础设施。

巡检集镇，1961年5月成为杨河区巡检公社（小公社）所在地，1975年2月升格为巡检公社（大公社）所在地，1978年11月成为巡检公社派出机构巡检管理区所在地；1981年10月成为巡检公社下属巡检镇所在地。由于基层政权的设立，下属“七站八所”等机构通常在20个以上，有时高达30多个，从而促使巡检的商业贸易、餐饮服务、交通运输、文化教育、医疗卫生等非农产业较快发展起来。这样，农村集镇+行政中心的巡检，就对货物运输提出了越来越多、越来越高的客观需求。

大富水河航运功能的消失，以宋应公路为主的陆路交通条件的改善，为巡检从水运向陆运转移提供了物质基础，基层政权的设立和周围农村的需求，为巡检陆路运输发展提供了强大动力，正是在这两方面作用推动下，巡检陆路运输迅速发展起来。

2. 肩挑背驮向板车搬运的转变

1958年实行人民公社体制后，由于政府对大宗农产品实行统购统销政策，每年进出巡检的粮食、油料、棉花等农产品和各种生产、生活物资数量庞大，因而巡检的运输业，既不能依靠过去的肩挑背驮和木制翻斗车，又无力使用机械动力车辆，于是一种新型板车——充气胶轮板车，就成为最现实的选择。这种胶轮板车有3大优点，一是，载重量较大，一板车可以运输500公斤左右货物；二是，操作简便，不需要特殊技术，一个人就可以拖着走；三是，成本较低，在当时一部胶轮板车只要百十元就够了。因此，胶轮板车就成了当时巡检运输的主要工具，高峰时期全村板车达100多辆。

从20世纪60年代到80年代，巡检的板车运输经历了从人力为主到畜力为主的转变。在20世纪60年代，板车运输主要靠人力，一般一人一辆板车，货物重时也可增加一人帮助推拉。到20世纪70年代，板车运输逐渐由人力改为畜力，主要是小毛驴，人扶车把，掌握方向，小毛驴拉车，这样不仅可增加运量，而且人也轻松得多。当时，买条小毛驴并不容易，一般家庭要几年积蓄才能买得起一头。进入20世纪80年代后，货运大增，小毛驴力气小，走得慢，运输能力有限，于是人们开始改用力气大、走得快的骡马拉车，全村最多时拉车骡马达40多匹，从而满足了货物运输的需要。

3. 个人装卸到集体搬运的变迁

1958~1983年，巡检的运输业不仅实现了水路运输向陆路运输、肩挑背驮向板车搬运的转移，而且其经营模式实现了从个人装卸到集体搬运的变迁。

组织管理。1958年成立了巡检搬运站，最初由巡检大队管理，后来转归巡检公社，或巡检管理区，或巡检镇直接管辖。巡检搬运站设有站长、副站长和会计兼出纳各1人。站长相当于大队副职，拿两份工资，一是生产大队记一个劳动力的工分；二是拿一个搬运工的最高月工资（一般20元左右）；副站长参加装卸劳动，按工作量拿第二份工资；会计兼出纳只拿搬运工的平均工资。当时，巡检的搬运业务全部由搬运站集中管理，即业务由搬运站联系，任务由搬运站派遣，收入由搬运站结算，工资由搬运站发放。

搬运队伍。巡检搬运站的搬运工人，主要来自巡检大队的青壮年劳动力，常年保持在40~50名，他们是巡检运输业的骨干力量。每年从秋收到

巡检运营的三轮“麻木”

元旦、春节，是运输业的旺季，搬运工一般要增至150人左右，其中，临时帮工占半数以上。

劳动报酬。搬运工的劳动报酬，原则上与务农社员持平，但一般搬运工体力好一些，担负的劳动强度高一些，因而实际收入略高于务农社员。当时，运输货物每千斤2～3元钱，搬运工按15%提成，可多劳多得。如果运输业务饱满，一个搬运工一个月可得15元左右现金，而务农社员每天只有四角多钱，一个月十几元。这就是说，与比务农社员相比较，搬运工不仅收入高一些，而且可得到现金，这在当时是非常有吸引力的。

三　兴旺的机械运输

1984年，撤销人民公社体制后，基层政权机关及其下属机构逐渐撤出巡检，致使巡检非农产业迅速萎缩，运输货物大幅下降，巡检搬运站失去了客观需求支撑，到1998年不得不宣布解散。但是，巡检的运输业并没有因此萧条、削弱，反面在家庭承包责任制基础上，在市场经济推动下，实现了从集体经营向分户经营的转变，实现了从板车运输向机械运输的飞跃，这是为什么呢?

巡检的三轮农用车

1. 公路设施和支柱产业

1990～1991 年，宋应公路改造成为沥青路面，从而大大提高了运输效率。1994 年以后，宋应公路向北延伸到随州，改为随应公路，并升格为省级公路。通过改造，随应公路逐步建设成为路面宽 28 米的水泥公路。这样，就为巡检打开了向西北经宋河、随州通往鄂西北、豫西南，直到陕西的通道；向西南经宋河、京山加强了与天门等地的联系。此外，连接巡检与短港等地的几条公路，也逐渐硬化成为水泥公路，提高了运输能力。总之，公路设施的改善，为巡检运输业机械化提供了不可缺少的基础设施。

1984 年以后，随着家庭承包责任制的推广和市场经济的发展，巡检逐渐形成了两大支柱产业。一是，糯稻生产和粮食加工业。应城是优质糯稻生产基地之一，其产量稳居全国籼糯县市第一，其产品是酿酒、食品等行业的重要原料，远销河南、河北、浙江、四川、山西、陕西、内蒙等省区。巡检周围的杨河、田店、三合等乡镇是优质糯稻集中产区，2006 年 6 月由政府牵头成立了应城市巡检糯米协会，联络周围村庄会员 121 户，其中种植大户 107

户，种植面积1.5万亩，总产量825万公斤；加工销售户14户，日加工能力30万公斤，从而形成了巡检第一大支柱产业。二是，养猪业。巡检村历来有养猪传统，2000年4月由当地养猪大户丁贵祥发起在自愿互利基础上成立了巡检养猪协会。到2008年5月，会员达162人，拥有“台系”杜洛克公猪、美系长白公猪、英系大约克夏母猪96头、大母猪1800头，常年存栏商品猪18000头，出售二元母猪800头。2011年，协会仅丁贵祥、陈金清、雷伍涛、欧阳双清4个养猪大户年出栏生猪达5000多头。这两大支柱产业的形成，为巡检机械运输业的发展提供了源源不断的货源。

巡检的五轮农用车

2. 机动车辆和驾驶员

公路设施的改善和源源不断的货源，为巡检运输业现代化提供了客观需求，但是，要把这种客观需求变成为现实，还必须有足够的机动车辆和合格的驾驶人员。

1984～2010年的巡检运输业，不仅在经营方式上实现了从集体经营向分户经营转变，而且在运输工具上实现了从胶轮板车，到拖拉机，再到汽车的历史性跨越。据调查，2010年巡检从事机动车辆运输的有50户。巡检运输业的情况大致如下。

农用汽车运输户18户，有农用汽车（包括三轮、五轮和六轮农用汽车）18辆，载重负荷1～2吨，时速30公里左右，购买价格平均2.61万元，估计现值1.66万元；驾驶员平均年龄47岁，收入较高。由于农用汽车不能上高速公路，不太安全，已有两户想退出经营。

货运汽车运输户5户，有货运汽车（包括自卸翻斗车）6辆，载重负荷4～5吨，实际载荷10吨左右，时速可达100公里，购买价格平均5.58万元，估计现值3.5万元；驾驶员平均年龄43岁，原来大都开过农用车。这种车辆，可在高速公路行驶，载重量大，速度快，收入高，有这种车辆的运输户大都比较富裕。

三轮摩托车运输户21户，有三轮摩托车（俗称“麻木”）21辆，载重负荷0.5吨，实际载荷1吨左右或承载7～8人，时速20～30公里，购买价格平均0.46万元，估计现值0.23万元；驾驶员平均年龄54岁，收入较低，很难致富，但可过日子。这种车辆，价格不高，驾驶不难；可运货，可送客；可走大街，可串小巷，颇受短途、低端市场青睐。

轿车运输户6户，有轿车6辆（巡检实有轿车10辆，另4辆为私营老板专用车），可载客3～4人，时速80～100公里，购买价格平均8.3万元，估计现值6万元；驾驶员平均年龄35岁，多为父母资助购买、兼业经营。这种车辆是“地下的士”，没有客运证照，一般不敢跑武汉、孝感等大中城市，主要用于农村婚丧嫁娶、请客送礼、节假日客运，可做跨市域长距离运输，在农村有一定市场，但客户有限，收入有限。

2010年，巡检运输业拥有机械车辆及经营情况如表1所示。

表1　机动车辆及经营简况

单位：辆，吨，年，万元

车辆类型	数量	载重吨位	平均经营年数	车辆金额/辆		经营情况/辆		
				购置	现值	营业额	总开支	纯收入
农用汽车	18	1～2	5.8	2.61	1.66	3.88	1.95	1.93
货运汽车	5	4～5	6.5	5.58	3.50	6.42	2.86	3.56
三轮摩托	21	0.5	7.3	0.46	0.23	1.04	0.55	0.49
轿　车	6	—	7.6	8.30	6.00	1.81	0.60	1.21
合　计	50	71.5	6.72	2.72	1.76	2.69	1.29	1.40

表1的数据说明：（1）全村50辆机动车，额定总载重吨位在48.5～71.5吨之间，实际载重吨位达100吨左右，可基本满足巡检货物运输需要。（2）平均经营年数为6.72年，即多数车辆是在2003年前后购买的，其中，营运年数最长的是轿车，其次是三轮摩托，再次是货运汽车，最后是农用汽车。（3）购买车辆金额平均2.72万元，是2003年前后一般村民可以承受的；估计现值平均1.76万元，相当于原价格的64.7%，即已折旧约1/3。（4）平均年营业额2.69万元，相当于购买价格的98.9%。其中，总开支1.29万元，占48%；纯收入1.4万元，占52%。（5）从不同车辆类型看，营运效益（购买价格与年纯收入之比）三轮摩托最高，达1∶1.07；农用汽车其次，为1∶0.74；货运汽车再次，为1∶0.64；轿车最低，为1∶0.15。（6）驾驶员人均纯收入14000元，比2009年全村人均纯收入8826元[①]高58.6%。其中，农用汽车、货运汽车驾驶员的纯收入更高，分别比全村人均纯收入高1.19倍和4.03倍。

巡检运输的大卡车

① 参见本书《巡检村村民家庭问卷调查报告》。

此外，两轮摩托车在巡检相当普及，据《巡检村村民家庭问卷调查》资料，在有效回答的342户中，有摩托车113辆，即每百户33.04辆。这种两轮摩托车，主要是家庭自用交通工具，但运输繁忙时也会用于载人或小件货物运输，其营运量和收入有限，可忽略不计。

总体而言，巡检运输业的发展是快速的、健康的，经济效益是比较好的，对巡检及其周围农村经济社会发展发挥了重要推动作用。但是，仍然存在一些值得注意的问题：一是，分户经营规模小、盲目性大、稳定性差；二是，部分营运车辆或驾驶员没有办理正规执照，不利于运输管理；三是，服务质量不平衡、不稳定，很难完全满足客户需求。四是，车辆的购置、维修、保养、加油和驾驶员培训等配套服务不完善，等等。只有解决了这些问题，巡检运输业才能得到进一步健康发展。

撰稿人：苏格清

宝贵的资源　可怕的浪费

——巡检村土地浪费调查

巡检村土地资源有限，国土总面积905764平方米，折合1358.58市亩，按照户籍村民1447人计算，人均625.9平方米，折合0.94亩。但是，土地浪费却相当严重，主要表现在两个方面：一是，土地撂荒或闲置；二是，土地利用效益低。

土地撂荒或闲置

巡检村的土地撂荒或闲置，主要表现在以下3个方面。

1. 破旧的老街

巡检司原是大富水河畔的一个河码头，街道沿大富水河北岸兴建。20世纪50～70年代，上游修建高关水库、下游截弯取直，水位急剧下降，致使航运功能丧失。与此同时，始建于1929年的宋应公路，经扩宽路基、裁弯取直、路面改造，不仅路况大为改善，而且向南北延伸，成为巡检与外界联系的主要通道。在这种背景下，村民逐渐搬离大富水河畔的老街，而到宋应公路两侧新建住宅，致使老街逐渐衰落、凋零和荒芜。据实地调查，老街无人居住的房屋有140多栋（每栋房屋有2～3间宽），其中倒塌80多栋，无人居住60多栋，这个区域南北约250米，东西约200米，占地面积约50000平方米，折合75市亩。据实地测量，其中完全闲置的4306平方米，折合6.46市亩。据了解，这些房屋的主人，80%以上都在宋应公路两侧新建了楼房，10%以上的主人则占用着闲置的公房。这就是说，他们中的绝大多数都占有两处房屋或宅基地。

杂草丛生的旧街

破败的旧宅

2. 闲置的公房

巡检不仅是一个农村集镇，而且曾是应城西北部的一个基层行政中心，特别是1961~1987年更是乡镇级行政中心，因而有许多国有公共建筑。例如，原巡检公社大院、乡镇供销社、粮食加工厂、旧仓库、应城高中等。

1987 年后，随着基层行政中心搬迁，原国家所有的公共建筑和大院，村委会既无权处置，又无能利用，更无力保养和维修，于是不得不闲置起来或让村民无偿占用。据实地测量，这些闲置设施和大院占地面积达 34302 平方米，折合 51.45 亩。其中，部分公用建筑的现状如表 1 所示。

表 1　部分公用建筑现状

原建筑名称	乡镇供销社	粮食加工厂和仓库	应城高中
占地面积	约 4 亩	约 8 亩	约 26 亩
现状	原有 6 排房子，现居住 5 户、16 人。其中，一养猪大户占地 800 平方米左右。	原有 15 排房子，现居住 12 户、36 人。	原有 9 排房子，现有 3 排居住 13 户、39 人；6 排养鸽子、种蘑菇、堆放杂物。

3. 荒芜的空地

巡检老街有 10 余条街道，包括老河东街、老河西街、十字西街、十字北街、十字中街、十字南街，以及老高中、养猪场、集贸市场等街区。由于老街区缺乏科学规划，道路弯弯曲曲，再加上大富水河滩宽窄不一、坡地较多，因而形成了许多荒芜空地。据实地测量，村域内空闲荒芜土地达 34038 平方米，折合 51.05 亩。

上述 3 项合计 72646 平方米，折合 108.96 市亩，占全村国土面积的 8.02%。

土地利用效益低

巡检村的土地利用效率低，主要表现在以下 3 个方面。

1. 土地经营规模小

据《巡检村村民家庭问卷调查》资料，在有效回答的 349 户、1353 人中，2009 年实际承包经营土地的有 154 户、635 人，经营土地总面积 796.1 亩（其中，耕地 746.1 亩，占 93.72%；水面 13.2 亩，占 1.66%；自留地 36.8 亩，占 4.62%），户均 5.17 亩，人均 1.25 亩。户均经营土地面积的情况见表 2。

表 2 户均经营土地面积

单位：亩、户、%

项目	合计	<1	1~3	3~6	6~10	10~20	>20
户数	154	1	45	70	27	7	4
比重	100.0	0.65	29.22	45.45	17.53	4.55	2.60

表2的数据说明：经营土地面积不足3亩的46户，占29.87%；3~10亩的97户，占62.98%，11亩以上的11户，占7.15%。总体而言，都是小规模经营。

2. 土地流转数量少

据《巡检村村民家庭问卷调查》资料，在经营土地的154户中，有流转土地的31户，占20.13%；经营流转土地181.3亩，占经营土地总面积796.1市亩的22.77%；户均5.85亩，比经营土地总面积户均5.17亩多0.68亩，即多13.15%。这就是说，经营流转土地的农户，其土地经营规模稍大于其他农户，其具体情况见表3。

表 3 有流转土地农户经营土地的规模

单位：亩、户、%

项目	合计	<1	1~3	3~6	6~10	10~20	>20
户数	31	1	9	12	4	4	1
比重	100.0	3.23	29.03	38.71	12.90	12.90	3.23

表3的数据说明：户均经营3亩以下的10户，占32.26%；3~10亩的16户，占51.61%；10亩以上的5户，占16.13%。总体而言，户均10亩以下的小规模经营仍占绝对优势。

在《巡检村村民家庭调查问卷》中，提出这样一个问题，“现在，政策‘允许农民以转包、出租、互换、转让、股份合作等形式流转土地承包经营权’，您是否打算流转自己承包土地的经营权?”答案是：“(1) 不打算流转；(2) 打算流转一部分；(3) 打算流转全部，为什么?”对这个问题的有效回答共163项，大体可分为3类：

第一类，不打算流转。选答61项，占37.42%。他们回答的理由主要

是：生活离不开、是家庭收入来源之一；种地可保证口粮；种点地，今后回家有退路，有依托，心里踏实；自己年轻，身体好，可多做一点，增加收入；流转太麻烦，没有计划。

第二类，已打算流转。选答 18 项，占 11.04%。他们回答的理由主要是：没有劳动力种地；外出打工，没有时间种地；自己做生意，种不过来；年老体弱、没力气种地；种地不赚钱，不如转让给别人种；只要达到要求，就可流转给别人。

第三类，无土地流转。选答 84 项，占 51.53%。他们回答的理由主要是：从来无土地；没有承包田地；承包的土地早已流转了。

显然，人多地少、没有土地流转或早已流转，以及不打算流转的占绝对多数，达 88.96%；已打算流转的仅占 11.04%。这说明，不仅已流转的土地少，而且今后的流转土地也不可能多，其根本原因是人均占有土地太少。

3. 土地收入比较低

据《巡检村村民家庭问卷调查》资料，对 2009 年家庭收入情况做有效回答的 344 户、1331 人。他们有关收入问题的回答情况如下。

表 4　2009 年家庭收入情况

单位：元，%

项　目	全家全年总收入	家庭经营收入合计	#农业收入	#非农产业收入	工资性收入	财产性收入	转移性收入
合　计	38610708	31957761	3002960	28954801	4834370	1048907	769670
比　重	100.00	82.77	7.78	74.99	12.52	2.72	1.99
户　均	112240	92900	8729	84171	14053	3049	2237
人　均	29008	24010	2256	21754	3632	788	578

表 4 的数据说明：从总收入水平看，户均 112240 元，人均 29008 元，是相当高的。但是，其中农业收入户均 8729 元，人均 2256 元，就相当低了。更重要的是，在农业收入中，养殖业收入约占 2/3，依靠土地的种植业收入仅占 1/3，即户均 2900 元左右，人均 750 元左右，就更低了。从总体

看，土地收入比较低是一个无可争辩的现实。

总而言之，如何开发撂荒或闲置的土地，如何提高土地利用效益，是当前巡检村建设全面小康新农村的两大重要课题。

闲置的粮食加工厂和粮库

巡检高中旧址

撰稿人：何　文

九年一贯制的巡检学校

巡检学校从1956年建校至2010年已有55年历史，它的发展经历了3个阶段。

一　应城县第二中学（1956～1970年）

1955年，随着经济发展、社会稳定、人口增加、生活提高，巡检及其周围村民迫切要求建立一所中学让孩子就近上学。当时，原孝感地区行署教育部门正着手制定全区教育发展规划，在了解到巡检及其周围村民的要求后，就把在巡检办一所中学纳入了孝感地区行署和应城县的教育发展规划，并立即开始筹建。

1956年上半年巡检中学建成，命名为应城县第二中学，第一任校长陈道坤。学校建制齐全，有校长、副校长、教导主任、教师、司务长等近20人，教师中的许多人（如陈想一、潘良郎、汪炎林、韩洪章、王长佳等）都是高等师范院校的毕业生。1956年秋，应城县第二中学开始招生，学生来自全县，以西北部的杨河、杨岭、三合等区为主。1958年，学校规模为3个年级、6个教学班、在校学生350多人，全部实行寄宿制。

应城县第二中学虽是一所新办中学，但是，师资力量雄厚，教学管理规范，教育质量较好，升学率较高，80%的毕业生或考入高中和其他中等学校，或提干，或参军入伍，或被企业招工，社会声誉较好。后来，该校校长和教师中，有不少人成为应城县、孝感地区教育部门的领导干部，有1人还成为孝感师范专科学校的负责人。

随着教育事业的发展，应城县除县一中外迫切需要再办一所高级中学。1970 年，应城县教育部门根据各初级中学的条件和教学质量，决定将应城县第二中学改为巡检高中，初中部分则剥离出去另行办学。原应城县第二中学的绝大部分教师转到巡检高中任教，另由县教育部门从全县调配部分教师来充实巡检高中和巡检初中的教学队伍。

1996 年，巡检高中被撤销。据不完全统计，1970～1996 年，巡检高中在 26 年间共培养出高中毕业生 4000 余名，年均 150 多人。

二　应城县巡检初级中学（1970～1999 年）

巡检初中从巡检高中剥离出来后，隶属于杨河区管辖，主要招收杨河、巡检、田店、盛滩等区的学生。1970～1978 年，初中为两年制，2 个年级、6 个教学班、在校学生约 300 人。这些学生，不在校住宿，都是走读生，但在校吃一餐午饭。当时的校长是李爽生，另有副校长 1 名，主任 2 名，教师 23 名。由于受“文化大革命”影响，这个时期的教学质量有所下降，但是，比其他初中还是要好一些。

1978 年后，巡检初中改为三年制，校长先后由张秀香、彭焕斌、熊树龙、马炎喜等担任。这个时期的巡检初中，在行政上，由杨河区（镇）代管；在教育业务和人事上，由县（市）教育部门管理。当时的办学规模是，3 个年级，5～6 个教学班，在校学生 300 人左右。

1994 年，巡检初中搬入新校址，占地面积 25 亩，建有 1 栋三层建筑面积约 4000 平方米的教学楼，4 栋教师宿舍（平房），另建有食堂、自行车棚、运动场等设施，可以容纳学生 1000 人。当时的校长是刘银轩（直到 2005 年离任），由于刘校长治学有方，再加上 1996 年巡检高中撤销后部分教师调配到巡检初中，因而教学质量不断提高，升学率不断上升，社会声誉与日俱增。当时，教师 32 人，学生 300 人左右，最多时也没有超过 400 人，其中部分住宿，部分走读（在校吃午饭）。

巡检初中教学楼

三　应城市巡检学校（2000～2010年）

进入21世纪后，随着九年义务教育的普及，巡检小学并入巡检初中，实行九年一贯制教育，学校改名为巡检学校，吸收周边小学的高年级学生来校学习。该校是杨河镇辖区的全日制学校，校园布局合理，环境优雅，被地级孝感市评为“花园式学校”。2005～2009年，邓武涛、熊正德先后任校长，有专任教师44名。办学规模，2008～2009年度8个教学班，在校学生597名；2009～2010年度7个教学班，在校学生427名。

2000年以来，尽管学校教学条件不断改善，教学质量稳步提升，每年为高级中学输送大批优质学生，多次被评为应城市教学质量优胜单位，但是，随着群众对高质量教育资源的追求，再加上交通条件的改善，辖区内的生源不断转移到应城市城区教育资源更优的中学上学，致使巡检学校生源渐显不足，教育资源得不到充分利用。

四　巡检学校的经验

1. 抓好师德建设，树立教师形象

一是，开展师德教育，自觉提高师德。二是，建立师德档案，规范师德记录。学校的师德档案，一人一袋，专柜存放，专人管理，无论是师德学习体会文章、师德业绩评价，还是师德失范行为记载等，都及时填写、规范操作，作为评先评优依据。三是，定期考核师德，促进师德建设，每月考评，年终总评。四是，把师德评价与教师业绩、经济利益挂钩，奖优罚劣，有重大失范行为者，实行一票否决。

2. 优化教学管理，提高教学质量

一是，建立教学管理体系，形成校长——年级主任——班主任——科任老师的教学管理网络，做到人人有事做，事事有人管。二是，落实教学管理责任，教导处负责制定教学管理方案、教学工作计划、教学评价细则，狠抓备、教、改、导、辅、考等环节，坚持一月一检查，定期测试综合质量。三是，制定教研计划，成立语文、数学、外语、综合4个教研组，各自制订工作方案，努力做到“五定四有”，即定课题、定人员、定时间、定场地、定目标，有教案、有评议、有记载、有反思。四是，开展教研活动，组织优质课评选、鼓励教师撰写论文等活动，学校获国家级、省级、地市级优秀论文、教案、课件奖300余项。五是，实行教学考评奖惩。对教师的教学质量，采取多角度、多形式分析，量化评分，列入教师业绩考核记录，并据此实行奖惩。

3. 创建校园文明，提升校园品位

一是，强化安全管理，确保校园平安。校长、班主任、值班人员、门卫、小卖部经营户、食堂承包主和负责人，层层签订安全责任书。班主任每周上一堂安全课，校长每周检查一次，学生每学期观看2次安全教育片，后勤处每月排查一次安全隐患，严禁“三无自行车”、“三无食品”进入校园，节假日派专人到重点场所值班，确保重大财产万无一失。二是，搞好道德教育，狠抓行为规范。由政教处牵头开展系列道德教育，每周一次升国旗仪

式、晨会、卫生检查、班组和青年团活动等，都是集中教育的时间。通过开展“争当升旗手”、在国旗下讲话、观看影片、写感恩信等活动，对学生进行爱国主义、集体主义、社会主义荣辱观等教育，让学生接受思想洗礼。三是，加强卫生教育，提升校园卫生。学校划分了清洁责任区，天天督查、周周通报，重点盯着卫生“死角”和乱扔乱丢行为。学校每年春秋两季各举办一次运动会，所有班级都组队参加田径、球类、拔河等项目比赛。通过这些活动，逐步形成卫生文明之风，在学生中乱扔乱丢的行为少了，讲究卫生的习惯多了，参与打架、“播肥”的人少了。

“路漫漫其修远兮”。塑造巡检学校形象，树立巡检学校品牌，任重道远。

撰稿人：吴天元

巡检的社区精英

精英，是指一定领域的优秀人才。社区精英，是指一定区域里的优秀人才。20世纪以来，巡检的经济、政治、社会等领域发生了巨大变化，涌现了许多优秀人才。这里，介绍20位社区精英简况。

巡检村班子成员研究工作

一　1949年前的社区精英

（一）赵保民

赵保民（1896～1956年），男，字均礼，巡检司人。他自幼勤奋好学，

1918年考入北京大学中文系，开始阅读马克思主义书籍。1919年，赵保民积极参加五四运动。1922年，他与许白昊、李本孚、万作霖、彭铁等受党组织委派，先后回应城传播革命火种，为在应城建立中国共产党组织奠定基础。

1925年初，在中共湖北省委指示下，赵保民积极筹建国民党应城县党部。同年3月，在应城湾上韩诚记膏园秘密召开县党部成立大会，他和彭仲民、盛兰芳被选举为县党部常务委员。同年7月，赵保民出席湖北省国民党临时党部第一次代表大会。1926年9月，北伐军进入应城，县党部活动公开，积极宣传孙中山“联俄、联共、扶助农工”的三大政策。同年10月，奉中共湖北省委指示，赵保民任县党部主任委员（后改称书记），李本孚等任执行委员，领导民众闹革命。1927年，任应城县教育局长。汪精卫在武汉发动“七·一五”反革命政变后，赵保民被迫隐匿于赵家湾，后为寻找党组织转移他方。

1930年，赵保民任巡检小学校长。因拒开军训课，为县长蒋作均所不容，乃愤然辞职。嗣后，与王育之、盛兰芳等开办同生林场，采用科学方法发展林业，开应城科学林业之先河。1933年5月，在李范一的劝导下，赵保民担任巡检改进实验区主任，兴建平民学校，接受贫苦农家子弟入学，实行免费教育。1938年10月31日，应城被日军占领后，赵保民迁居湖南，不仕、不贾，民族气节凛然。

1948年9月赵保民回应城担任县立初级中学校长。为改善学校教职员工生活待遇而四处奔走。1949年应城县解放时，他带领师生护校，并协助人民政府组织复学开课。中华人民共和国成立后，赵保民继续从事教育工作。1956年病故。

（二）熊树伟

熊树伟（1908～1927年），男，巡检司人。自幼刻苦自励，民国13年（1924年）秋结识进步教员万作霖，开始阅读《新青年》《向导》等刊物。翌年，以优异成绩考入应城高等小学，秘密组织学生联合会，被推举为学生会主席。1925年“五卅惨案”后，他率领同学上街游行示威，捣毁县城天主堂、

福音堂，赶走外国神甫、牧师，因而被通缉。于是，他愤然离家，取道上海赴广东。8月，考入广州中央农民运动讲习所，不久加入了中国共产党。

民国15年（1926年）7月，参加国民革命军北伐，攻克武昌后转入地方工作，任湖北省农民协会特派员。11月初，前往咸宁领导农民运动，先后在横沟、大幕山等地建立党组织，吸收雷子林等20多人入党。同时，在汀泗、双溪等地建立农民协会，发展会员近10万人，掀起了轰轰烈烈的土地革命，镇压了一批罪大恶极的土豪劣绅。12月29日，咸宁县召开第一次农民代表大会，熊树伟当选为县农民协会主席，旋任中共咸宁县委委员兼农运部长。民国16年（1927年）3月4日，湖北省第一次农民代表大会在武昌举行，熊树伟代表咸宁农协出席会议，并被推选为主席团成员。

1927年5月中旬，夏斗寅于宜昌叛变，进攻武汉。兵败，流窜鄂东，占领咸宁后，大肆搜捕、残杀共产党人和革命群众。在一片腥风血雨中，熊树伟不幸被捕。夏斗寅亲自审讯，施尽酷刑，熊树伟大义凛然，痛斥夏贼。敌人无计可施，竟将其活活烧死。就义时，敌人一边朝他身上浇油，一边逼问："你的同伙在哪里?"熊树伟横眉拒答，并高呼"打倒土豪劣绅!"、"中国共产党万岁!"表现了共产党人视死如归的英雄气概。

（三）肖作杰

肖作杰（1912~1935年），又名肖作洲，乳名肖银中，男，巡检司人。其父肖道本在巡检司做盐生意，兼有少量土地，家境比较殷实，他在4兄妹中排行老二。肖作杰从小入私塾读书，后考入应城县立高等小学，毕业后进入武汉一所私立中学就读。后来，家道衰微，其父要他回家结婚成家、接管生意。他却立志"从军习武，匡扶社稷"。1929年9月，17岁的肖作杰毅然投考黄埔军校武汉分校，被录取为第七期步科入伍生。翌年春夏之交，国民政府军委会在杭州开办中央航空学校，肖作杰经应试、体检被录取为航校第三期学员，成为应城县最早也是首位空军飞行员。

1931年九一八事变后，眼看中日战争不可避免，国家和民族危亡迫在眉睫，肖作杰把仇恨化作动力，勤学苦练，成为航校技术尖子，被外籍教官评为"学术两科咸卓超群"，令战友钦佩不已。1933年春，21岁的肖作杰回老家与张艳芳小姐成婚，婚后立即返校学习。1934 年，中国向英国购买了一架教练机，航校长官指令肖作杰执行驾机回国任务。他赴英国驾驶这架教练机，经远程飞行后人机平安返校，航校一片欢腾。不久，肖作杰学习结业，留校工作，成为航校最年轻的见习教官。在航校任职期间，他成天与学员、飞机滚在一起，抓住日军飞机要害和飞行特点，模拟演练，激励学员“练好飞行、空战本事，我们也能飞到福冈、大阪、东京，以牙还牙”。1935 年 12 月 3 日，肖作杰在杭州笕桥机场指挥飞机起降，一架飞机意外冲出跑道，肖作杰猝不及防，被飞机撞击头部而亡，年仅 23 岁。肖作杰殉职后，校方为其举行了厚葬和公祭，还通令全校官兵“效法肖作杰爱国敬业之精神”。

（四）张林元

张林元（1912～1941 年），男，巡检村人。1938 年参加革命，1941 年牺牲于京山马家河，时任新四军五师五团班长。

（五）钱福善

钱福善（1917～1942 年），男，中共党员，巡检村人，1938 年参加革命，1942 年牺牲于应城伍家山，时任应城抗日游击大队三中队队长。

（六）熊树杞

熊树杞（1921～1943 年），男，中共党员，巡检村人，1938 年参加革命，1943 年牺牲于汉阳侏儒山，时任新四军第五师三十七团指导员。

撰稿人：王慧雄

二　1949 年后的社区精英

（一）雷朝松

雷朝松，男，1928 年出生，贫农出身，读了几年书，但写不了几个字，

为人忠厚老实，办事踏实认真，思想比较开放，能接受新事物。1949年后，在家务农，积极参加本村的清匪反霸、减租减息、土地改革、镇压反革命、抗美援朝和农业互助合作等运动，为巡检的经济、政治、社会变革作出了一定贡献。1954年，加入中国共产党。

从1954年7月开始，雷朝松任巡检村中共党支部书记，一直到1972年9月卸任，前后历时18年有余。作为巡检村的第一任党支部书记，尽管文化程度较低，但作风朴实，行事不温不火，深受村民信任。在他的带领下，巡检村从互助组——初级农业生产合作社——高级农业生产合作社——人民公社，进展较为顺利。据村民反映，雷朝松工作作风稳健，落实上级指示认真，同时，注重结合实际，很少过激做法。这在“左倾”错误路线居压倒性优势时期，是难能可贵的。不过，也有村民反映，雷朝松虽然经验老到，不左不右，但是，工作搞不上去，不能适应当时的形势发展，因而被免除了支部书记职务。

1972年9月，巡检公社党委以年龄稍大为由，安排雷朝松由巡检生产大队党支部书记，改任支部副书记兼巡检生产大队队长，而由他培养入党的李艮生任党支部书记。对于这一变动，雷朝松服从组织安排，没有任何怨言，说明他能上能下，胸襟开阔。此后，他一直配合李艮生的工作，直到20世纪80年代中后期才卸任。

在巡检村，雷朝松是一位德高望重的老干部，村民大都尊重他、敬仰他、怀念他。雷朝松卸任后，为了让他晚年生活有保障，村里每年从“三提五统”中给他生活补助400~500元。2000年前后，雷朝松去世，享年七十有余。据村民说，雷朝松有5个儿子，其中两个儿子在巡检务农，3个儿子在应城工作。在应城的3个儿子中，有1个在浦阳医院当医生。

（二）李炎生

李炎生，男，1940年出生，出身贫苦，高中文化程度，1970年入党，1972年10月至1981年3月出任巡检生产大队党支部书记。李炎生工作吃苦耐劳，能说会写，工作能力强，深受公社党委信任和重视。他的工作作风是，雷厉风行，敢想敢干，从不拖泥带水，与其前任支部书记雷朝松的温吞

作风形成了鲜明对照。

1972年10月至1981年3月李炎生担任支部书记期间，是巡检最红火的时期。特别是1975年2月原巡检人民公社（乡级公社，简称小公社）升格成下辖巡检、田店、姜店等6个管理区的大公社（区级公社，简称大公社）后，巡检作为大公社所在地，“七站八所”机构林立，通常在20个以上，有时高达30多个。农村集镇＋基层行政中心的双重职能，促使巡检的商业贸易、餐饮服务、交通运输、文化教育、医疗卫生等非农产业迅速发展起来，成为应城西北部的一个重镇。这样，就为李炎生提供了开展工作、显示才能的广阔舞台，使他在完成上级下达各项任务前提下，建成了新巡检小学，开通了巡检农电线路，兴建了巡检泵站，修整了灌溉渠道等，既使村民的生产、生活条件得到了较大改善，又为巡检的发展打下了较为扎实的基础。这些建筑和设施，有许多至今仍在生产、生活中发挥着重要作用。由于在他的任期内，巡检各项工作都走在前列，成为周边各村的样板，因而上级领导经常来巡检蹲点，到巡检召开现场会，介绍巡检工作的经验。

1981年3月，由于工作能力强、贡献大，再加上年龄较轻、文化较高，李炎生被选拔到巡检公社工作，成为国家干部，后被提升为巡检镇（乡级镇，简称小镇）副镇长，兼任镇企业管理委员会负责人。在李炎生领导下，巡检的商贸、餐饮、服务、交通、运输等行业有了较快发展，市场一片繁荣，在企业管理、多种经营方面也有较多建树。不久，由于工作成绩显著，李炎生进一步上调到应城县生产资料公司，担任县家具厂厂长。当时正值改革开放初期，家具厂生产、销售非常红火，形势一片大好，企业有了较快发展。在巡检村历任党支部书记中，他是唯一被选拔为国家干部并提拔为乡级领导人的。

李炎生既能吃苦，又善安排，任职期间不仅工作抓得好，而且责任田也种得好，真正做到了工作、家庭两不误。据说，他在县家具厂任厂长期间，不仅把企业经营得红红火火，而且个人也赚了不少钱。他去世时有存款10多万，是巡检前几任支部书记中最富有的一位。

李炎生任巡检支部书记期间，是“左倾”错误严重的“文化大革命”中后期，在职期间得罪人较多，整人较厉害。有被整的人扬言，他死后如安

葬在巡检，就要扒他的坟。李炎生也自知在巡检留下了不少“后遗症”，因而自离开巡检后，就极少再回巡检。

李炎生工作异常勤奋，却不善处理家庭关系，与妻子不太和睦，妻子也因意外去世。他们共同育有两子一女，都在应城工作、生活。李炎生喜欢喝酒，2002 年因肝癌去世，享年 62 岁。李炎生死后，落叶归根，安葬在巡检，至今并无人扒他的坟。

（三）陈火苟

陈火苟，男，巡检村陈台湾人，1942 年出生，初小文化程度，1972 年入党。陈火苟身体不太好，眼睛有些近视，为人谨慎，做事小心，忠厚老实，踏实肯干，工作上要求不高，既不争先进，又不甘落后，以保持中间状态为满足，其风格可谓步雷朝松的后尘。1981 年 4 月至 1984 年 2 月和 1987 年 10 月至 1991 年 10 月，陈火苟担任巡检村第三任、第五任党支部书记；1984 年 2 月至 1987 年 10 月，调任巡检街党支部书记。这就是说，在 1981 年 4 月至 1991 年 10 月的 10 年半中，他前后担任村党支部书记 7 年，街党支部书记 3 年半。

1981 年 4 月，陈火苟出任巡检村第三任支部书记。由于身体欠佳，文化较低，有点崇尚无为而治，因而陈火苟在工作上魄力较小，节奏较慢，没有什么大的建树。但是，他较善于协调、用人，特别是“手捧两把泥，善于和稀泥”，因而也没出现什么大问题。每逢遇到急难险重任务，如计划生育、抢收抢种、收提留款、上水利等，他往往安排副书记张望忠到第一线实施，自己则落得清闲自在。

1984 年 2 月，由于巡检村工作没有多大起色，上级安排张望忠任支部书记，陈火苟则下调到规格较低、人员较少、工作压力较小的巡检街道任支部书记。街道的主要任务是，宣传政策、计划生育、调解纠纷、维护治安、打扫卫生，以及收缴部分税费和搞好市场管理。当时，陈火苟一面任街道支部书记，一面耕种自己的责任田。

1987 年 10 月，由于继任支部书记张望忠作风硬朗，村内矛盾急剧增加，干群关系紧张。为了缓和矛盾，上级安排陈火苟与张望忠对调，再次出山回

任巡检村党支部书记，即第五任党支部书记。由于陈火苟办事中庸，善和稀泥，村内矛盾逐步缓和，干群关系逐渐好转。1987 年 10 月至 1991 年 10 月，巡检村的各项工作既比较平淡，又比较平稳。

然而，巡检继 1984 年撤销人民公社体制后，1987 年又撤销了镇的建制，仅成为杨河镇下的一个管理区所在地。由于作为基层政权从属机构的“七站八所”的撤销或搬迁，巡检作为基层行政中心的职能完全消失，作为农村集镇的职能也大为削弱。在这种情况下，巡检工作难有起色，陈火苟也不想长期担任支部书记。因此，他回任时就说过，自己是“过渡书记”，表示一旦有合适人选，他自愿退下来，再次当配角。

1991 年 10 月，陈火苟从支部书记职位退下来后，先后担任过村支部负责党务工作的副书记、村委会会计。据村民反映，陈火苟完全退下来后，生活比较困难，虽然村里每年都给他一些照顾，如减免人口统筹、少交提留 400 余元；安排到巡检中学当门卫，每月收入 50 元等。但由于他身体长期不好，又喜欢喝点酒，因而 57 岁就因肝炎去世了。

（四）张望忠

张望忠，男，1947 年出生，初中文化程度，1960 年代入党。1984 年 3 月至 1987 年 10 月，任巡检村第四任党支部书记。张望忠性情豪爽，作风硬朗，敢闯敢干，勇于担当，而且能说会道，能写会算，无论是工作能力还是工作作风，都与李艮生十分相似。

张望忠工作能力强，在任村党支部副书记时，上级往往越过支部书记陈火苟直接向他布置任务。他担任支部书记后，工作更为强势，遇到摊派提留、计划生育、水利建设等硬任务，他往往自告奋勇，一马当先。他思想比较开放，在任内领导巡检完成了从集体经济向家庭承包责任制的转变。他工作责任心强，为村里的事经常起早贪黑、披星戴月；上水利工地，更不辞辛劳、日夜奋战，直到完成任务为止。他胸怀比较开阔，尽管由于父亲历史问题，担任生产大队大队长多年不能入党，仍照常干劲十足，没有影响工作。更难能可贵的是，他廉洁奉公，任职期间连集体的稻草都不多分一根。

在工作上，张望忠锋芒毕露，作风强硬，不怕得罪人，甚至还有些专横，

再难的工作都不含糊。有的村民不到“学习班”去“学习”，他就派民兵连长把人捆了送去。即使是上级机关所属的“七站八所”，他也不怕。有一次，供销社没有按规定交纳管理费用，他就采取强制措施，派人到供销社搬布，来充当管理费。正因此，他得罪了许多人，致使人际矛盾重重，干群关系紧张，上级不得不安排陈火苟回任村党支部书记。1987 年 10 月，张望忠与陈火苟对调后，任巡检街党支部书记，他的工作积极性及其作风，依然如故。

1992 年，由于巡检基层行政中心及其附属机构的撤销或搬出，巡检街逐渐萧条下来，巡检街及其党支部再无独立存在的意义，于是张望忠在街村合并后就退了下来。此后，张望忠一度担任巡检村建筑工程队负责人，为巡检的新街建设出了不少力。

张望忠有一定经济头脑，善于市场经营。他从村干部职位退下来之后，开始做生意，据说生意做得比较好，在巡检兴建了两套住房。后来，他出售了这两套住房，到应城市中心区花 10 多万元购置了一套 100 多平方米的商品房。

他年满 60 岁之后，应城市按照村干部退休待遇，每年由市财政给予生活补贴 800 元。现在应城市居住，身体硬朗，老伴已过世，膝下一子一女。儿子当过兵，现在武汉做生意；女儿大学毕业，已参加工作，子女都很孝顺。目前，他生活安定、幸福。

（五）肖建祥

肖建祥，男，1959 年 3 月出生，高中文化程度，1986 年 5 月入党。1991 年 10 月，按上级安排接陈火苟任第六任党支部书记。此后，则是按《中国共产党基层组织选举工作暂行条例》（1990 年 6 月 27 日）规定，经选举方式产生的第一位支部书记。肖建祥注重学习，擅长谋划，善于抓机遇、借外力，工作中能吃苦耐劳，敢于负责，不怕得罪人。许多村民认为，他是历任支部书记中水平最高、任职时间最长、工作实绩较显著的一位。

肖建祥非常重视理论学习，早在担任村党支部书记前的 1989 年，就曾参加应城农村干部培训班脱产学习一年；随后，又在中央广播电视农业大学（简称农广校）应城函授班学习，并取得了毕业文凭。他多次参加应城市委

党校学习，2005 年还参加过湖北省委党校农村支部书记培训班学习。由于他平时坚持自学，工作能力不断提升，1997 年曾在应城市政治理论学习知识竞赛中获得过一等奖。

在工作中，肖建祥吃苦耐劳，抢前争先，成绩显著，多次获奖。在收提留摊派、计划生育、上水利工程、抗洪救灾等农村急难工作中，他总是敢于担当，出色完成任务。在新农村建设中，他经常起早贪黑工作在第一线，付出了许多心血和汗水，取得了显著成绩。由于工作出色，他曾多次被评为优秀共产党员、先进工作者，当选为市人大代表、公安执法执纪监督员，农民党员“双带”标兵。他不仅在镇级、县市级获得过许多荣誉，而且曾获得过国家计划生育委员会颁发的“全国优秀计划生育中心户组长”的荣誉称号。

肖建祥还善于抓机遇、借外力来加快巡检新农村建设。在他的努力下，1998 年后经多次电路改造，使生产生活用电得到了基本保证。1999 年，在应城市自来水公司支持下，自筹资金兴建了自来水厂，改善了村民用水条件。2005 年以后，争取成为湖北省“百镇千村”示范工程试点村之一，获得了资助，制定了《巡检村土地利用规划》，在村内修建了 2 公里长的水泥主干道。2006 年，为巡检村争取到农村沼气项目，获得了管灶、建材等物资补贴。2008 年，向应城市“香稻办”申请农田水利建设资金，获得财政批拨 40 万元，改造了泵站，铺设了 3 公里长 2 米宽的机耕路，硬化了灌溉渠道近 3000 米，促进了巡检香稻生产。此外，改扩建了巡检小学，兴建了集贸市场，修建了两个滚水坝等，为村里办了许多实事。

在任职后期，肖建祥也出现了一些失误。其中，最主要的是国家惠农政策的资金，没有全额、及时发放给农户。据肖建祥说，村里许多工作只能“先做后补”（村里先做事、上级后拨款），“一事一议”收费困难，于是他就擅自截留了一部分国家惠农政策下发给农户的资金，作为“先做后补”的垫付款或作为“一事一议”的收费款，因而引起部分村民不满而上访。经应城市杨河镇党委调查，尽管尚未发现肖建祥有贪污行为，但是，截留国家惠农到户资金是完全错误的，因而于 2009 年 5 月 14 日决定免去了他的村支部书记职务。考虑到肖建祥从 1991 年 10 月至 2009 年 4 月担任支部书记长达 18 年，为巡检村做了许多好事、实事，因而安排他担任杨河镇第二敬老院

院长，每月收入300元，业余时间还可挣点辛苦钱，补贴家用。他有一双儿女，现已大学毕业，在广东打工，收入稳定，经常给他一些接济。

撰稿人：苏格清

（六）陈金清

陈金清，男，巡检村陈台湾人，1964年出生，高中文化程度，1997年入党，2009年4月任巡检村第七任党支部书记。在1985～2011年的26年中，陈金清先后担任过村小组长、治保主任、民兵连长、副主任、主任、代理支部书记、支部书记等职务。他历练久，经验多，处事老到，善做群众工作，较好地化解了许多老矛盾。他作风朴实，处事公道，注重实干，廉洁奉公。有一次征农业税，他的一个弟弟要求少交或缓交遭到拒绝，因而心生怨恨，他劝慰说，“这辈子跟我做亲兄弟，就要吃亏”。1998年爆发洪水，他自带铺盖到大堤抗洪，几次抢险都冲锋在前，带头泅水、堵漏子。1999年村里修滚水坝，他带上4个兄弟，一干就是3个多月，挖土、挑土、推车，事事都走在群众前面。他还曾经帮助困难户陈炳元缴纳农业税，帮助先天性残疾人丁进华做农活。2007年村里修建硬化道路，他不仅忙前忙后，而且曾一度垫付工程款约2万元。对于中央的惠农政策，他都认真落实，让村民得到实惠，做到不贪占、不截留。陈金清的实干精神和廉洁作风受到村民好评，2011年11月在巡检村党支部和村委会换届选举中，他再次顺利当选党支部书记和村委会主任。

陈金清不仅在工作上带头实干，而且在发家上带头致富。1995年，他觉察到养猪业非常有前景，于是开始养猪。当时，他借款2万余元，买猪仔48头，建猪舍4间。1996年，又投资5万多元，扩建猪场，添置饲料机。2002年底，养猪规模发展到100多头。从2003年开始，他购买了种猪，实现自繁自养，猪场面积扩大到500平方米。在饲料方面，与巡检养猪协会挂钩，从养猪协会购买浓缩饲料，回家后自己再配豆柏、麸皮或玉米。这样，一年出栏两批肥猪，一批200多头，一年400多头，年利润达30万元。2007年，他改造了猪舍，扩大了规模，养猪场占地600平方米，猪舍400平方米，固

定资产8万元，2人负责管理，年出栏肥猪800多头，产值160多万元，利润40万~50万元。2008~2010年，生猪市场价格有涨有跌，猪场经营状况有赚有赔，但他发展养猪的决心不动摇，给巡检村养猪事业的发展带了一个好头，多次获得上级有关部门的表彰。

陈金清一家4口人，他夫妇俩在家勤扒苦做，以养猪为主，兼顾耕种责任田，一儿一女在外打工，生活较为宽裕。可以说，他是工作、家庭两不误的一个典型。

撰稿人：程万波

（七）鄢忠亮

鄢忠亮，男，原籍汉川麻胡镇焉家嘴，20世纪初其先祖因逃水灾迁至巡检落户，他1949年5月出生，初中文化程度，1962年小学毕业考入应城县第四初级中学，后因经济困难辍学回家种田。1966~1968年，曾先后到国营巡检食品经营所、粮食加工厂当“提米袋”干部（即农民身份，给生产队交部分工资、记工分），不久被生产队要回。1969年学理发，直到1979年10年间，边理发、边种田。当时从事理发劳动，除按同等劳动力记工分外，每月给6元生活补贴，经济状况优于一般社员。由于他理发技艺较高，服务态度较好，常受干部、社员好评。1979年10月，与罗杨村妇女队长罗慧玲结婚，生有两个女儿。

1978年十一届三中全会后，鄢忠亮种田收入增加，理发收入稳定，家庭经济状况蒸蒸日上。1979年，被选为组长兼出纳。他不仅认真工作，带领村民搞好农业生产，开展副业活动，增加村民收入，而且注重学习，经常晚上读书看报，了解中央政策和上级指示精神，以致荒废了理发业务，直至关门歇业。由于鄢忠亮在工作上任劳任怨，处处带头，努力完成各项任务，曾多次被巡检公社或巡检镇评为先进生产者，应城市劳动模范。1992年10月，鄢忠亮加入了中国共产党。同年，当选为巡检村主管财务的副主任和应城市第四届人民代表大会代表。在1992~1997年，鄢忠亮为巡检村办了许多好事、实事。例如，在他的努力下，与周边柏树村、黄畈村联合集资兴建了一栋三层教学楼；争取外援，在巡检新街建成一个能容纳100多个摊位的集贸

市场；在应城市人大座谈会上积极反映宋应公路灰尘对沿线庄稼造成的危害，促使市交通局实施了黑色油路工程。1994 年，上级把民事调解、计划生育等工作交由鄢忠亮负责。从此，他的工作负担更重了，成绩也更为显著，因而连续被评为先进工作者、计划生育工作标兵、优秀党员、先进人大代表等。

1997 年，由于鄢忠亮长期在外忙于工作，承包的责任田和家务劳动全部压在他爱人身上，致使爱人过分操劳，疾病缠身。为了既适当照顾爱人又不致过分影响工作，他主动提出辞去一部分工作。经组织安排，他只担任村支部副书记兼出纳职务，直到 2004 年 4 月。2005 年，由于爱人病情加重，为了不影响工作，经领导同意后，鄢忠亮辞去了全部职务，一心一意照顾爱人、种好责任田，并开始养殖生猪。初期，养殖生猪顺利，年结余上万元；大女儿远嫁贵州，小女儿考上孝感高中，家中喜事连连，心情别提有多高兴。然而，好景不长，到 2007 年，爱人小病不断，又患了一场大病；大富水上游高关水库出现险情，上级要求下游沿河地区转移，致使他的 6 间养猪屋倒塌，损失数万元；小女儿因经济困难被迫辍学，全家生活一下滑落到低谷。好在经巡检村党支部反映，得到杨河镇和应城市民政部门关心，将他纳入最低生活保障范围，每月给予一定生活补贴。

2008 年以后，为了履行共产党员的责任，也为了报答组织关怀，鄢忠亮总是尽可能发挥余热，为村里尽些义务。例如，修村级公路，他做了 10 多个义务工；村里实施安全饮水工程，他劳动了 60 多天；党支部规范党员日常生活记录，他做义务记录员。2008 年 9 月 25 日至 10 月 29 日，巡检村举行第七届村委会换届选举，鄢忠亮被选为村民选举委员会委员，主持选举大会，并任总监票人，负责宣布计票和当选结果。2008 年 11 月村党支部换届选举，他也被党员推选为总监票人。2009 ~ 2012 年，在巡检村作为国家重点课题《中国百村调查》调查点期间，鄢忠亮更发挥情况熟、记性好的特点，为课题组提供了大量资料，并协助课题组在土地测绘、入户调查、专题调查等方面，做了大量工作。可以毫不夸张地说，鄢忠亮是课题组在当地不可或缺的一位重要成员。

撰稿人：何　文

（八）吴红斌

吴红斌，1968年出生，高中文化程度，2006年入党，是巡检村民营企业湖北丰江米业有限公司的老板。

1988年，吴红斌高中毕业后随父学兽医。1990年，做粮食生意，每天到各村收购粮食，然后，到当地粮店出售，赚取其中的差价，实际上是靠卖苦力赚钱。他感到，这样小打小闹，虽能赚点钱，很难把生意做大。后来，他到各地考察市场行情，通过广泛调查研究，最后决定做粮食加工和销售生意，这样不仅可提高利润率，而且可做大做强。

目标确定后，吴红斌就立即着手筹建精米加工厂，先后解决了3大难题：一是，筹措资金。由于他人品好、信誉高，很快借到了3万元，作为启动资金。二是，原料来源。他通过原来经常联系的收粮朋友，获得了源源不断供应粮食的承诺。三是，销售渠道。他千辛万苦到全国各地寻找比较可靠的销售客户，功夫不负有心人，经过一个月努力，终于订了100万公斤糯米的销售合同。1992年，在解决上述3大难题基础上，吴红斌就大胆创办了巡检金穗米厂，到当年年底就赚了8万元，获得了做生意的第一桶金。

尽管开局顺利，吴红斌并没有满足，他一方面扩大生产销售规模，另一方面打造企业品牌，树立“诚信第一”理念，获得良好社会声誉。他的初步成功，使不少村民看到致富的希望，也想开办粮食加工厂，就上门向他请教。吴红斌没有因害怕增加竞争对手而拒绝他们的请求，而是用亲身经验指导他们开办粮食加工厂，还把客户介绍给他们，带领他们走共同致富的道路。由于他的指导和帮助，巡检很快就开办了3家精米加工厂。不久，粮食市场发生变化，出现了卖粮难现象，企业销售不畅，资金周转不灵，部分企业出现亏损。面对困难，吴红斌没有被吓倒，而是冷静思考，认识到小企业“单兵作战”，抗风险能力弱，很难适应千变万化的市场冲击。为了求生存、求发展，他认为必须创新模式，整合资源，扩大规模，发挥优势，才能有出路。于是，在他的带领下，采取“分散加工，统一包装，集中销售”模式，整合资源，共渡难关。在这种模式下，各加工户主要负责搞好粮食生产和包装，吴红斌则发挥联系客户广的优势，集中精力开拓销售市场。经过一番努

力，巡检的粮食加工业终于闯出了一片新天地，参与其中的粮食加工户们都尝到了甜头。

2006年6月，在政府有关部门帮助下，吴红斌带领糯稻生产大户、粮食加工销售户，成立了应城市巡检糯米协会，吴红斌任会长，会员126人。其中，种植户104人，加工销售户19人，技术服务人员3人。通过种植户会员，带动巡检周围19个村的农户，形成了3万亩优质糯稻生产基地，年产粮3000万公斤。通过加工销售户会员，一方面，搞好糯稻加工，加速技术工艺更新，提高大米产出率，提升产品质量；另一方面，搞好统一销售，协会利用巡检村所在的杨河镇已获得水稻无公害产地认定的有利条件，积极申请无公害大米或绿色食品认证和“富水”、“柏香”、“江之行”等注册商标，统一规格，使用5公斤塑料袋，10公斤、20公斤彩色袋包装，从而促进了产品销售，提高了产品信誉。

2007年4月，吴红斌与他人合伙在原巡检金穗米厂基础上，成立了集粮食收购、加工、储存、营销于一体的粮食产业化龙头企业——湖北丰江米业有限公司。2010年初，吴红斌与另3个加工厂老板合伙，进一步投资，扩大企业规模。目前，湖北丰江米业有限责任公司占地面积25亩，建筑面积8000余平方米，注册资本600万元，拥有日产100吨精粮加工设备一套，采用全封闭、低速提升、多机轻碾、着水抛光、电脑色选、电子计量等生产工艺，大米加工水平在国内处于较先进水平，年加工能力2.6万吨，仓库容量达10000吨。公司生产的“江之行”系列优质糯米等，糯性强、有特色，销路很好，每年湖北省内销售1万吨左右，省外销售1.6万吨左右，主要销往四川、陕西、江苏、河南等地。公司始终把会员增产增收放在第一位，引导会员逐步向稳定化、产业化、规模化方向发展，并通过深加工、尽可能增加糯稻生产附加值。在市场营销上，湖北省内采取直销方式，减少流通环节，降低销售成本；湖北省外则建立固定销售网点，发掘诚信客户，稳定销售渠道。这样，通过“农户+企业+市场”模式，逐步做大做强糯稻产业，达到企业增效、糯农增收的双赢目的。①

① 《湖北丰江米业有限公司简介》，http：//2155832. s. toocle. com/company. html。

经过多年努力和拼搏，吴红斌得到了上级肯定和村民拥护。2006年，他光荣地加入了中国共产党，并先后被评为“湖北省新农村建设十大杰出青年”、“十佳农产品经销大户”等光荣称号。

（九）丁贵祥

丁贵祥，男，1964年出生，高中文化程度，是巡检村民营企业湖北九盛种猪有限公司的老板。他是一个善于学习，敢为人先的农民。

20世纪80年代初，丁贵祥在巡检街开糕点铺，加工糕点，收入颇丰，生活蒸蒸日上。在加工糕点期间，他经常思考一个问题，如何将废弃下脚料利用起来？后来，他想到可以用下脚料养猪，于是从1990年起开始养猪。随着养猪数量的增加，他想盖猪舍，扩大养猪规模。但是，不知道如何建猪舍、如何规模化养猪。1993年，他听说应城市有一家国营养猪场，就找机会去养猪场免费帮别人干活，通过干活学习建猪舍、规模化养猪的经验，回来后就建起了自己的养猪场，扩大了养猪规模。

开始几年，由于饲养的都是一些土杂猪，品种不好，吃得多、长势慢、出栏率低、效益差。后来，听人介绍湖北通城仔猪品种好，他便马不停蹄地去求购。但是，来回一次，不仅路途劳顿，而且一车仔猪常常损失好几头。于是，他开始走自繁自养之路，买了4头原种大白猪，每头3200元，尝试自养自繁，但4头只成功了一头。1996年，湖北省畜牧局原种场场长潘晚平为了支持他的养猪事业，送给他一头长白猪。1997年，又买了8头，成功了4头。后来，他看到媒体经常介绍三元猪的优点，就又动了心，决定自己购种猪杂交。在技术方面遇到问题，他就去华农请教专家、教授。第一次不成功，第二次又失败了，赔了一万多元。第三次，他又购回4头纯种大约克，终于成功了2头。学会三元杂交技术后，他就放手大干，第二年增加到80头，一头赚100多元。此后，他针对种猪配种难、产崽少的问题，凭着自己多年养猪经验，在全市率先引进人工授精新技术，获得了成功，使二元、三元杂交猪提高了出生率和成活率，缩短了饲养周期，从而大大提高了养猪业效益。此外，他还为村民们提供猪种、饲料、病情防治等技术服务和商品猪销售服务。

2000年4月，在杨河镇政府领导下，由丁贵祥发起，熊冬清、丁维祥等

10多人响应，在自愿互利基础上成立了集科研、养殖、加工、贸易于一体的巡检养猪协会。在他的带领下，巡检及其周围的谢畈、柏树等村80多农户加入了协会，出资157万元，带动周边500多农户，形成了生猪存栏15000头、年产值1500多万元、户均增收1500多元的养殖小区。协会以"基地+农户"模式，形成了抗御风险能力较强的、"小规模、大群体"的养殖格局。到2008年5月，会员已发展到162户，从业人员500多人。同时，还带动了加工、运输、销售等行业的发展，取得了可观的经济效益和社会效益，多次被上级部门评为"星级农民专业合作社"。到2008年年底，协会拥有"台系"杜洛克公猪、美系长白公猪、英系大约克夏母猪96头，长大母猪1800头，常年存栏商品猪18000头，出售二元母猪800头，三元育肥猪年产值5000万元，获利1200万元。

2011年10月，由会长丁贵祥牵头，与丁大飞、雷伍涛合作，共同出资兴建了一个标准化的仔猪繁育基地——湖北九盛种猪有限公司。为了不污染大富水河，猪场选址在土地较多、地势较高、通风良好，又远离居民区的田店镇姜店村姜店组。猪场总体布局，从有利于立体卫生防疫和生产管理出发，按功能划分为生产区、办公区和生活区。为了搞好猪场防疫，猪场四周全部修筑了围墙，严禁人员和车辆随便出入。公司在选址、设计时还充分考虑了猪场的排污、环保等问题。为了搞好综合利用，在猪场上下方各开挖了一个100亩鱼池，以便把养猪、养鱼和果蔬种植有机结合起来。目前，第一期工程已经完成，占地80亩，投资900多万元，总建筑面积13000多平方米。公司现有母猪650头，公猪13头，繁殖的仔猪，采取集中繁殖、分散育肥的模式经营，一部分转移到公司股东养猪场育肥，一部分提供给协会会员饲养。第二期工程，正在积极筹划、实施之中。

丁贵祥在养猪业作出了重要贡献，先后被评为"十佳养殖大户"、"应城市十大杰出青年"、"农村种养加工经销大户"等光荣称号。

（十）陈松望

陈松望，男，1961年出生，高中文化程度，是巡检村民营企业湖北巡兴

米业有限责任公司的老板。

1989年，陈松望是粮食部门的职工，但长期无事可干。1992年，他投资成立了巡检兴旺米厂，从事粮食加工生产。2003年，在兴旺米厂基础上，成立了集粮食收购、加工、储存、营销于一体的粮食产业化企业——湖北巡兴米业有限公司。2004年，陈松望买断工龄、补偿1.12万元后正式下岗。下岗后，陈松望借钱投入9万元建厂房、购买粮食加工设备，扩大生产规模。开始几年，每年可赚10多万元。2009年，通过银行贷款50万，增添设备，扩大规模，日加工能力由30吨提高到70吨，年利润上升到30万~40万元。目前，厂房占地11亩，建筑面积2200平方米。有80kV变压器两台，清理筛2套，日产70吨设备一套等设备，固定资产220万元，年产值1200万元，年利润20多万元，常年有职工24人，人均年工资15000元。该公司加工珍珠糯米系列，产品远销广东、西安、石家庄等省市。

目前，湖北巡兴米业有限公司已与安陆市中央粮食直属库合作，签订了20年的长期合同，负责替合作方代收代储小麦400万斤、中优糯谷1400万斤，自主经销粮食800万斤。陈松望说，现在规模越做越大，但也越做越难，收购资金经常不足，利润增加幅度一年比一年小。虽然销售渠道建立起来了，但压力和责任也更重了。

（十一）张保兴

张保兴，男，巡检人，1959年出生，1987年到武汉经销皮鞋，后在汉正街办厂生产皮鞋，为人低调、作风朴实，资产过千万元。现已离开企业，在家安享晚年。

（十二）张福兴

张福兴，男，巡检人，1966年出生，1996年到武汉销售、经营皮鞋。1996~2000年，资产达到500万~600万元，在应城和武汉都购买了商品房。2007年，到广东惠州办厂，生产皮鞋。据说，现有资产千万元以上。他热心家乡公益事业，1996年巡检小学落成典礼，他捐资2000元；2006年村

级道路硬化，他捐资3000元。

撰稿人：鲁礼信

（十三）陈四川

陈四川，男，1960年3月21日出生，1979年8月参加工作，湖北大学汉语言文学本科学历。现任杨河镇巡检中学语文一级教师，担任中学语文、音乐、美术等学科的教学工作，工作成绩突出。长期从事毕业班班主任工作，所任教学科学生成绩优异。成为学校语文学科教学骨干。1997年被授予“教育先进工作者”称号。1998年被评为“优秀班主任”。2011年被评为“优秀教师”。他业余爱好广泛，琴棋书画样样皆能，成为当地文艺骨干。1998年，参加教职员工象棋友谊赛获得亚军。他的书法作品在“2011市镇廉政书画作品展”展出受到行家好评。2005年，陈四川毅然携手妻子创办巡检新星幼儿园，使学龄前儿童上学难的问题得到缓解。2010年，又投资百万元新建校舍，购置标准校车、电化教学设备、大型玩具，改造环境等，使幼儿园步入“合格园”行列。为本地学前教育事业作出了突出贡献。

（十四）毛义明

毛义明，男，1962年元月出生，1980年高中毕业。自谋职业，在杨河镇巡检街道从事家电维修业务。1981年6月至1984年6月，在应城县广播电视局工作，兼家用电器维修师。他深感知识欠缺，积极钻研家电维修知识，边工作边就读成都电子学院成人大学。由于他刻苦钻研，持之以恒，掌握了过硬的家电维修技术，不仅成为当地技术权威，而且发表数十篇专业文章，先后获得“实用维修技术”二等奖，孝感市区“长虹杯”、“康佳杯”无线电维修竞赛第一、第二名；被《成都电子报》聘为特约通讯员，被应城县广播电视局聘用为家电维修师，被“应城市无线电管理协会”委任为理事会成员。1989年12月，被应城市电力局评为“用电技师”职称，获得“维修电力变压器”资质。1992年7月，被应城市无线电维修行业评为“家电维修工程师”。1996年8月，被孝感市人事局考评为“电子、机械工程师”，在《中国电子报》发表“巧用小技术，解决大问题”的论文。

2000年6~9月在短港水库抗旱时，担任机电安装、维护总工程师，为解决杨河、田店、城北办事处抗旱用水及城区生活用水作出了贡献。2000年11月至2005年12月，在“农网改造”中，他被应城市供电公司任命为施工队队长，先后整改了95个村、488个村民小组的农用电网。他还运用自己的一技之长，服务家乡，成立了“应城市巡检电器维修中心”，自任经理，兼任应城市广播电视局杨河镇广电中心巡检片区有线电视网络负责人，还受聘担任湖北省电力公司“供电责任险定审员”及孝感市、荆州市供电公司特约维修工程师。他坚持“用户至上，诚信服务”宗旨。检修电器时，高标准、严要求，技术上精益求精；故障判断准确率达到95%以上。2008年3月，他个人投资24万元在巡检地区建立有线电视网络，让当地1500多户居民收看到清晰的电视节目。

撰稿人：彭学军

巡检的历史罪人：周明钦

周明钦（生卒年月不详），男，巡检司人。1938年10月31日应城被日本侵略军占领后，任第五区（巡检）维持会长。1939年秋，其父周藕轩被应城抗日游击队处死后，周明钦被日军任命为应城维持会长。1940年3月，汪精卫成立伪国民政府后，周明钦被送到南京受训半年，1940年10月回应城担任汉奸县长。周明钦当政期间，积极帮助日军搞奴化宣传。他还组织“青年服务队”，鼓吹“日本大帝国至高无上”，凡日军或维持会召集民众大会，“青年服务队”都着装整队参加，作为点缀门面的仪仗队或做会场填空的队伍。

周明钦通过“黄、赌、毒”大肆敛财。日寇侵占应城后，鸦片由日伪政府垄断经营，在县政府院内设有烟土专卖处，以致县政府大院成了烟土交易所，整天烟雾缭绕，上至政府大员，下至烧水做饭的，无人不抽。烟土专卖处由周明钦把持，实际上成了他的私人小金库，他利用手中权力，从中大发横财。1942年，仅在城关一隅之地，一次倾销烟土498两，获利万金。他的老婆周智惠、姘头花大姐也打着他的“旗号”，往来于应城、汉口之间，大

肆贩卖烟土。应城城关内，设有专供汉奸、走狗们玩乐的场所。

当时，赌博场也叫公博场，由驻应城日寇宪兵队属下的密侦队队长张文彬、陈育良出面组办，宪兵队队长古川和深冈认可，公开挂牌，专搞营业性聚赌活动。公博场设在应城城关北正街严家巷一栋老式三间平房里，进门摆一小摊，专售烟、酒、点心，由伪警察局派人守卫，从中抽头。参赌者除个别商家大少爷、老板、公职人员外，绝大多数是宪兵队、保安队、便衣队、谍报队、警备队的人员。“座位皇帝”（掌盒子的人）有短枪保护。来的码子非常大。周明钦输赢的是黄、白、黑（黄金、白银、鸦片）三样东西。

此外，还有妓院。日伪时期，娼妓有两种：一种是明妓，又称官妓，主要依附有权有势的上层人物，日伪县长周明钦等是主要顾客。一种是暗娼。周明钦是狂嫖滥赌的祸首。凡到应城来的女艺人、女演员，只要他看中了的，没有不被他奸污的。有一次，周明钦点一女生唱《四郎探母》，“幺锣”后将女演员强请到他公馆“消夜”，将其奸污。又一次，一青衣演《祭江》，周明钦听悦了耳，戏散后将该女演员带到周公馆，先为他烧鸦片烟，后将其污辱。

周明钦当政期间，由于他喜爱汉剧，1940 年修建了应城第一个较正规的演剧院，命名为“应城大戏院”（今人民剧场）；他还筹资现洋 2 万余元，维修了巡检司上、下两个码头，用条块青石砌成。码头周边建有埠头，以方便停船。这两个码头，至今保存较好。

撰稿人：王慧雄

第三篇

问卷调查报告

巡检村村民家庭问卷调查报告

巡检村是湖北省应城市杨河镇管辖的一个村民委员会，由巡检街的3/4和刘塔、陈台两个自然村组成。2010年1月，我们对该村村民家庭、外出人员、外来人员情况进行了一次问卷调查，现将调查情况报告如下。

一 调查工作简况

（一）户口登记情况

巡检是一个村镇，曾是区、乡（公社）、管理区所在地，户籍状况变化大，流入流出人口多，各方面提供的户数、人口数相差悬殊。例如，应城市规划部门提供的资料是，2005年底为917户，3549人；应城市统计部门提供的资料是，2008年272户，1327人。2008年3月4日，村支部书记肖建祥介绍的情况是，全村有435户，其中，巡检街365户，陈台湾38户，刘塔湾32户；总人口1673人。

为了准确掌握村民的户数和人口数，我们组织了一次实地人口登记。这项工作从2009年7月25日开始到8月26日完成，前后历时33天，大体经历了三个阶段。

第一阶段，进村入户、现场登记。7月25～29日，课题组成员进入巡检村，在村干部配合下，按照村民住宅位置，从南到北、从东到西逐户上门询问村民家庭、外出人员和外来人员基本情况，并当面登记。对于无人在家的

户，则通过询问邻居进行登录。

第二阶段，分类汇总、划分区域。7 月 30 日至 8 月 6 日，整理入户登记资料，按照本村村民、外出人员和外来人员分类汇总。8 月 7 日，第二次到巡检村实地考察，按照村民住宅分布情况，将全村划分为 12 个居住区，并根据住宅方位确定各户顺序。

入户调查

第三阶段，逐户核实、统一编号。8 月 8 ~ 26 日，课题组成员第三次进入巡检村，逐户核对本村村民家庭、外出人员和外来人员登录情况，修改或补充第一次登记资料。然后，再在核实资料的基础上统一编号，并进行初步统计分析。

通过实地登记，巡检村的实际户数、人口情况如下。

1. 有户籍的村民户数和人数：386 户、1447 人，户均 3.75 人。其中，有外出人员的村民 213 户，外出人口 370 人，户均 1.74 人；占村民户数 55.18%，占村民人口 25.57%。

2. 无户籍的外来人员：165 户，约 530 人，户均人口 3.21 人。无户籍外来人员占村民户数的 42.75%，村民人口的 36.63%。

3. 实际居住的户数和人数：551 户（村民 386 户、外来人员 165 户），

1977人（村民1447人、外来人员530人），户均3.59人。其中，巡检街484户，1742人；陈台湾42户，145人；刘塔湾25户，90人。

4. 有户籍、无住宅、无人员户：32户、约110人，占村民户数8.29%；占村民人数7.60%。

上述数据说明，由于人们习惯于根据各自掌握的年报或统计数据介绍情况，因而不仅市政府有关部门提供的村级人口数据往往互不一致，都与现实之间存在着较大差距，而且村支部书记口头介绍的情况，也与实际登记数据存在着一定误差。事实告诉我们，要真正弄清全村实际居住的户数和人口，唯一可靠、有效的方法是进村入户、逐户询问和登记。

（二）入户调查情况

2010年1月18~23日，我们组织了27位调查员进村入户做问卷调查，共完成调查问卷693份。其中，《村民家庭调查问卷》352份，《外出人员调查问卷》213份，《外来人员调查问卷》128份。每天完成入户问卷调查的户数如下。

表1 每天完成入户问卷调查的户数

单位：户

项目	合计	调查日期(年月日)					
		2010年1月18日	2010年1月19日	2010年1月20日	2010年1月21日	2010年1月22日	2010年1月23日
村民家庭调查问卷	352	79	94	47	33	54	45
外出人员调查问卷	213	43	57	22	23	38	30
外来人员调查问卷	128	15	29	18	30	22	14
总计	693	137	180	87	86	114	89

据统计，从开始填答问卷到填答结束的时间（不包括与受访者见面、互相介绍、说明来意的时间和调查结束后与受访者攀谈的时间），完成693份问卷共花费时间31731分钟，平均每份问卷花费时间46分钟。调查花费时间的具体情况如下。

表 2　调查花费时间的具体情况

单位：户，%，分钟

项目		有效回答	总计		<40	41~60	61~80	81~100	101~120	>121
			分钟	平均						
总计	户数	693	31731	46	335	223	91	32	6	6
	比重	100.00			48.34	32.18	13.13	4.62	0.87	0.87
村民家庭问卷	户数	352	20912	59	58	172	83	28	5	6
	比重	100.00			16.48	48.86	23.58	7.95	1.42	1.71
外出人员问卷	户数	213	6568	31	177	27	5	4		
	比重	100.00			83.10	12.68	2.35	1.88		
外来人员问卷	户数	128	4251	33	100	24	3		1	
	比重	100.00			78.13	18.75	2.34		0.78	

这次入户调查选择在元月中、下旬进行的主要原因：一是，2009 年刚刚过去，全年经济活动结果已经出来，人们记忆比较清晰；二是，外出务工经商人员大都返回家乡准备过春节，是一年中村民家庭成员比较齐全的时期。此外，我们在进村入户调查前，一方面，对调查人员进行了必要的培训和试调查；另一方面，对村民做了较充分的宣传工作，村干部也能积极配合和引导，因而调查工作进展比较顺利，95% 以上的调查对象都能做到一次访问就能完成调查任务，但外出人员进行第二、第三次调查的较多，达到 8%。

表 3　调查次数

单位：次，户，%

项目		有效回答	总调查次数		调查次数		
			合计	平均	1	2	3
总计	户数	693	742	1.07	660	17	16
	比重	100.00			95.24	2.45	2.31
村民家庭问卷	户数	352	365	1.04	339	13	0
	比重	100.00			96.31	3.69	0
外出人员问卷	户数	213	244	1.15	196	3	14
	比重	100.00			92.02	1.41	6.57
外来人员问卷	户数	128	133	1.04	125	1	2
	比重	100.00			97.66	0.78	1.56

根据调查人员的主观评价，这次调查的可信程度比较高，其中“完全可信”的占29.58%，“基本可信”的占69.26%，“基本不可信”和“不可信”的占1.15%。其具体情况如下。

表4 调查人员对调查结果的评价

单位：户，%

项目		回答合计	完全可信	基本可信	基本不可信	不可信
总计	户数	693	205	480	3	5
	比重	100.00	29.58	69.26	0.43	0.72
村民家庭问卷	户数	352	110	239	3	
	比重	100.00	31.25	67.90	0.85	
外出人员问卷	户数	213	47	162		4
	比重	100.00	22.07	76.06		1.88
外来人员问卷	户数	128	48	79		1
	比重	100.00	37.50	61.72		0.78

为了保证调查结果的真实性、可靠性，“基本不可信”和“不可信”的8户没有进入录入、统计程序。因此，实际进入录入、统计程序的《村民家庭调查问卷》为349户，《外出人员调查问卷》为209户，《外来人员调查问卷》为127户。

这次进村入户调查，是《村民家庭调查问卷》《外出人员调查问卷》和《外来人员调查问卷》同时交叉进行的。上述有关“调查工作简况”，是上述三份问卷调查的共同简况。在《外出人员问卷调查报告》和《外来人员问卷调查报告》中，将不再叙述有关调查工作的简况。从“（三）回答人简况”开始，以下部分都只是《村民家庭问卷调查报告》的内容。

（三）回答人简况

《村民家庭调查问卷》一共调查了352户，除“基本不可信”3户外，进入录入、统计程序的349户。这349户回答人的简况如下。

表 5　回答人的性别、年龄

单位：人，%，岁

项目	合计	性别		年龄					
		男	女	20～24	25～29	30～34	35～39	40～44	45～49
人数	349	229	120	3	4	12	44	66	58
比重	100.00	65.62	34.38	0.86	1.15	3.44	12.61	18.91	16.62

项目	年龄						
	50～54	55～59	60～64	65～69	70～74	75～79	>80 岁
人数	36	45	32	29	12	6	2
比重	10.32	12.89	9.17	8.31	3.44	1.72	0.57

表 6　回答人的政治面貌

单位：人，%

项目	合计	中共党员	共青团员	民主党派	无党派
人数	349	13	3	1	332
比重	100.00	3.72	0.86	0.29	95.13

表 7　回答人的文化程度

单位：人，%

项目	合计	文盲	小学	初中	高中	中专职高	大专	本科	研究生及以上
人数	349	36	94	155	51	4	4	5	
比重	100.00	10.32	26.93	44.41	14.61	1.15	1.15	1.43	

表 8　回答人的婚姻状况

单位：人，%

项目	合计	未婚	已婚	离婚再婚	离婚未婚	丧偶再婚	丧偶未婚	分居	同居	其他
人数	349	3	311	1	4	2	28			
比重	100.00	0.86	89.11	0.29	1.15	0.57	8.02			

表 9　回答人的在业状况

单位：人，%

项目	合计	在业人员				不在业人员					
		小计	劳动年龄内	超过劳动年龄	未到劳动年龄	小计	在校学生	无业和未充分就业	家务劳动	丧失劳动能力	其他
人数	349	271	242	26	3	78	1	10	28	37	2
比重	100.00	77.65	69.34	7.45	0.86	22.35	0.29	2.87	8.02	10.6	0.57

表 10 在业回答人的行业

单位：人，%

项目	合计	种植业	养殖业	农产品加工	制造业	运输业	邮电业	商贸业
人数	271	80	4	14	33	18		48
比重	100.0	29.52	1.48	5.17	12.18	6.64		17.71
项目	餐馆业	金融保险	教育科学	文化休闲	医疗保健	社区服务	基层自治	其他
人数	19	2	8	1	1	21	1	21
比重	7.01	0.74	2.95	0.37	0.37	7.75	0.37	7.75

表 11 在业回答人的职业

单位：人，%

项目	合计	农林牧渔业	普通工人	技术工人	营业服务员	个体业者	小商小贩
人数	271	86	31	21	6	72	23
比重	100.0	31.73	11.44	7.75	2.21	26.57	8.49
项目	办事人员	专业人员	管理人员	民企老板	单位负责人	军警人员	其他
人数	2	4		3	3		20
比重	0.74	1.48		1.11	1.11		7.38

上述表 5～表 11 的数据说明，回答人的特点是：（1）从性别看，男性 229 人，占 65.62%。（2）从年龄看，35～59 岁为 249 人，占 71.35%。（3）从政治面貌看，无党派 332 人，占 95.13%。（4）从文化程度看，初中以下 285 人，占 81.66%。（5）从婚姻状况看，已婚 311 人，占 89.11%。（6）从在业状况看，在业 271 人，占 77.65%。（7）从行业看，271 位在业人员中第二、第三产业 187 人，占 69%。（8）从职业看，271 位在业人员中个体户、小商贩、营业员、服务员 101 人，农林牧副渔业者 86 人，普通工人和技术工人 52 人，合计 239 人，占 88.19%。这就是说，这次问卷调查所反映的情况，不能代表全部村民，它所回答的情况，主要偏向于男性，偏向于中年人，偏向于无党派人员，偏向于初中文化程度以下的人，偏向于已婚者，偏向于在业者，偏向于非农产业者，偏向于贸农工等普通劳动者。

二　人口和家庭结构

据统计，2009年底，有效回答349户，总人口1353人，户均3.88人。他们的人口和家庭结构情况如下。

（一）与户主的关系和性别

表12　与户主的关系和性别

单位：人，%

项目	合计	与户主关系									性别	
		户主	配偶	父母或岳父母	祖父母或外祖父母	公婆	子女	媳婿	孙辈	兄弟姐妹	男	女
人数	1353	349	320	79	2	4	463	63	63	10	697	656
比重	100.0	25.79	23.65	5.84	0.15	0.30	34.22	4.66	4.66	0.74	51.52	48.48

表12的数据说明：（1）从与户主关系看，349户全部由一、二等亲组成。其中，一等亲（包括血亲的父母、子女和姻亲的配偶、公婆、岳父母、媳、婿）1278人，占94.46%；二等亲（包括血亲的祖父母、外祖父母、兄弟姐妹、孙子女、外孙子女）75人，占5.54%。（2）从性别看，男697人，占51.5%；女656人，占48.5%。性比例（以女性为100，男性对女性的比例）106.25，比2005年全国人口性比例106.30[①]低0.05。

（二）年龄

据表13的数据计算，1353人的平均年龄为37.73岁。其中，0~14岁少年人口139人，占10.27%；15~59岁劳动力年龄人口1028人，占75.98%；60岁以上老年人口186人，占13.75%（其中，65岁以上人口100人，占7.39%）。2005年，全国人口平均年龄约34.02岁。其中，0~14

① 中华人民共和国国家统计局：《2005年全国1%人口抽样调查主要数据公报》，2006年3月16日，http://www.stats.gov.cn/tjgb/rkpcgb/qgrkpcgb/t20060316_ 402310923.htm。

表 13　年龄

单位：人，%

项目	合计	0～4	5～9	10～14	15～19	20～24	25～29	30～34
人数	1353	39	43	57	120	182	84	71
比重	100.0	2.88	3.18	4.21	8.87	13.45	6.21	5.25
项目	35～39	40～44	45～49	50～54	55～59	60～69	70～79	>80 岁
人数	126	151	126	73	95	135	43	8
比重	9.31	11.16	9.31	5.40	7.02	9.98	3.18	0.59

岁人口占 20.27%；15～59 岁人口占 68.70%；60 岁以上人口占 11.03%（其中，65 岁以上人口占 7.69%）。[①] 与 2005 年全国人口年龄结构相比较，巡检村少年人口比重低 10 个百分点，劳动力年龄人口比重高 7.28 个百分点，老年人口比重高 2.72 个百分点，劳动力负担系数（即劳动力年龄人口与少年人口、老年人口之比）为 1∶0.32。总体看，劳动力负担系数较低，人口年龄结构正处于“人口红利”的丰厚期。

（三）政治面貌

表 14　14 周岁以上人口的政治面貌

单位：人，%

项目	14 周岁以上人口合计	中共党员	共青团员	民主党派	无党派
人数	1226	37	122	3	1064
比重	100.0	3.02	9.95	0.24	86.79

表 15　14 周岁以上人口的当干部情况

单位：人，%

项目	14 周岁以上人口合计	从未当村组干部	曾任过村组干部	目前是村组干部	其他
人数	1226	1129	52	6	39
比重	100.0	92.09	4.24	0.49	3.18

① 中华人民共和国国家统计局：《2005 年全国 1% 人口抽样调查主要数据公报》，2006 年 3 月 16 日，http://www.stats.gov.cn/tjgb/rkpcgb/qgrkpcgb/t20060316_402310923.htm。

2009 年底，全国农牧渔民中共党员 2402 万人,[①] 占农村人口 71288 万人[②]的 3.37%；共青团员约 8000 万人（2007 年底为 7543.9 万人[③]），约占总人口 133474 万人的 6%；民主党派成员近 70 万人,[④] 约占总人口的 0.05%。按巡检村总人口 1353 人计算，中共党员 37 人，占 2.73%；共青团员 122 人，占 9.02%；民主党派成员 3 人，占 0.22%。这说明，巡检村中共党员比例低于全国农村平均水平，共青团员、民主党派成员比例则高于全国平均水平。

在 14 周岁以上的 1226 人中，曾担任过村组干部和目前是村组干部的共 58 人，占 4.73%。这就是说，95% 以上村民从未承担过村组任何管理工作。对于作为村民自治组织的村民委员会和村民小组来说，参与管理的村民如此之少，这不能不说是一大缺陷。

（四）文化程度

表 16　6 周岁以上人口的文化程度

单位：人，%

项目	6 周岁以上人口合计	文盲	小学	初中	高中	中专职高	大专	本科	研究生及以上
人数	1302	119	272	608	173	46	36	47	1
比重	100.0	9.14	20.89	46.70	13.29	3.53	2.76	3.61	0.08

据表 16 的数据计算，6 周岁以上 1302 人平均受教育 8.45 年，比 2000 年全国 6 周岁以上人口平均受教育 7.62 年[⑤]多 0.83 年。其中，接受过高等教育的 84 人，占 6.45%，这不能不说是一大进步。但是，文盲仍占 9.14%，小学文化程度占 20.89%，两项合计达 30.03%。这说明，提高村民文化程度仍然是一项繁重任务。

① http://www.sina.com.cn　2010 年 6 月 29 日 6：17《深圳特区报》。

② 《2009 年国民经济和社会发展统计公报》，中央政府门户网站　www.gov.cn　2010 年 2 月 25 日。

③ 中央政府门户网站　www.gov.cn　2008 年 6 月 9 日。

④ http://hi.baidu.com/lcs8601/blog/item/9430cf13c63d6e015baf5328.html.

⑤ 邱国华等：《关于人口平均受教育年限与平均预期受教育年限的思考》，《辽宁教育研究》2005 年第 3 期。

（五）婚姻状况

表 17　15 周岁以上人口的婚姻状况

单位：人，%

项目	15 周岁以上人口合计	未婚	已婚	离婚再婚	离婚未婚	丧偶再婚	丧偶未婚	分居	同居	其他
人数	1213	321	801	4	9	5	63			10
比重	100.0	26.46	66.03	0.33	0.74	0.41	5.19			0.83

表 17 的数据说明，在 15 周岁以上人口中：（1）已婚率较高。已婚有配偶 810 人，占 66.78%。（2）离婚率较低。离婚 13 人。占 1.07%，但离婚后再婚率较高，占离婚总数的 30.77%。（3）丧偶率较高。丧偶 68 人，占 5.61%，但丧偶后再婚率较低，占丧偶总数的 7.35%。（4）没有分居、同居现象。（5）“其他”是指婚姻状况不明者。总体看，婚姻状况比较稳定、保守。

（六）在业状况

表 18　不在业人员状况

单位：人，%

项目	合计	学龄前儿童	在校学生	无业和未充分就业	家务劳动	丧失劳动能　力	其他
人数	496	56	207	65	79	84	5
比重	100.00	11.29	41.73	13.10	15.93	16.94	1.01

表 19　在业人员状况

单位：人，%

项目	合计	劳动力年龄内正常工作	超劳动力年龄工作	未到劳动力年龄工作	其他
人数	857	770	76	5	6
比重	100.00	89.85	8.87	0.58	0.70

表18、表19的数据说明：（1）不在业人口比例较高。不在业人口496人，占全村1353人的36.66%；在劳动力年龄人口1028人中，在业人员857人，不在业171人，不在业人员占劳动力年龄人口的16.63%，这个比例是相当高的。（2）不在业人口中，在校学生207人，占41.73%。这是一个好现象，它说明16岁以上在校学生较多。问题是，无业和未充分就业以及家务劳动者合计达144人，占不在业人口的29.03%，他们中相当一部分实际上是农村失业人口，应引起高度重视。（3）在业人口中，超劳动力年龄人口76人，占劳动力年龄人口8.87%，在人口寿命延长、医疗卫生条件改善情况下，这是正常现象。未到劳动力年龄人口5人，虽仅占0.58%，但说明家境贫困无法接受教育或不重视教育的现象仍然存在，应逐步解决。

（七）出生地、户籍地和居住地

表20　人口出生地

单位：人，%

项目	合计	本址	本村	本乡镇	本县级市	本地级市	本省市区	外省市区	其他
人数	1353	415	551	206	114	13	17	12	25
比重	100.00	30.67	40.72	15.23	8.43	0.96	1.26	0.89	1.85

表21　户口所在地

单位：人，%

项目	合计	本址	本村	本乡镇	本县级市	本地级市	本省市区	外省市区	其他
人数	1353	634	607	45	18	3	17	4	25
比重	100.00	46.86	44.86	3.33	1.33	0.22	1.26	0.30	1.85

表22　目前居住地

单位：人，%

项目	合计	本址	本村	本乡镇	本县级市	本地级市	本省市区	外省市区	其他
人数	1353	857	339	10	17	3	38	64	25
比重	100.00	63.34	25.06	0.74	1.26	0.22	2.81	4.73	1.85

表20～表22的数据说明：除回答“其他”的25人外，在有效回答的1328人中：（1）“出生地”在本址、本村的966人，占72.74%；非本址、本村的362人，占27.26%。这说明，巡检村户籍村民中外来人员较多。（2）“户口所在地”在本址、本村的1241人，占93.45%；非本址、本村的87人，占6.55%。这说明，在巡检村户籍村民中，户籍在外的人员较少。（3）“目前居住地”在本址、本村的1196人，占90.06%；非本址、本村的132人，占9.94%，其中有64人居住在外省市区，主要是外出务工经商者。（4）在1353名村民中，目前居住地在“本址”的857人，占63.34%，出生在“本址”的415人，占30.67%，这就是说，有32.67%的村民出生后搬迁过住址，其中绝大多数是在本村新址上建了新房。

（八）家庭规模

表23　家庭总人口

单位：人，%

项目	合计	1	2	3	4	5	6	7	8	9
户数	349	7	40	84	119	69	23	2	4	1
比重	100.0	2.01	11.46	24.07	34.10	19.77	6.59	0.57	1.15	0.29

表24　男人

单位：人，%

项目	合计	0	1	2	3	4	≧5
户数	349	5	92	167	71	12	2
比重	100.00	1.43	26.36	47.85	20.34	3.44	0.57

表25　女人

单位：人，%

项目	合计	0	1	2	3	4	5	≧6
户数	349	10	129	130	59	17	2	2
比重	100.00	2.87	36.96	37.25	16.91	4.87	0.57	0.57

表 26　在业人口

单位：人，%

项目	合计	0	1	2	3	4	5	6	7
户数	349	16	51	130	82	54	13	2	1
比重	100.0	4.58	14.61	37.25	23.50	15.47	3.72	0.57	0.29

表23～表26 的数据说明：（1）家庭人口规模较大。2009 年 349 户，1353 人，户均 3.88 人，比 2005 年全国 1% 人口抽样调查农村家庭平均 3.27 人[①]多 0.61 人，即 18.65%。（2）“家庭总人口”，4 人的最多，占 34.1%。（3）“男人”，2 人的最多，占 47.85%。（4）“女人”，2 人的最多，占 37.25%。（5）“在业人口”，2 人的最多，占 37.25%。

（九）家庭结构

表 27　家庭结构

单位：人，%

项目	合计	夫妇家庭	核心家庭 A	核心家庭 B	主干家庭	联合家庭	单亲家庭	空巢家庭	隔代家庭	单身家庭	其他家庭
户数	349	10	158	30	88	13	14	27	4	3	2
比重	100.0	2.87	45.27	8.60	25.21	3.72	4.01	7.74	1.15	0.86	0.57

表 28　家庭代数和夫妻对数

单位：人，%

项目	合计	家庭代数				夫妻对数			
		1	2	3	≧4	无	1	2	≧3
户数	349	43	207	95	4	20	258	66	5
比重	100.0	12.32	59.31	27.22	1.15	5.73	73.93	18.91	1.43

① 中华人民共和国国家统计局：《2005 年全国 1% 人口抽样调查主要数据公报》，2006 年 3 月 16 日，http：//www.stats.gov.cn/tjgb/rkpcgb/qgrkpcgb/t20060316_402310923.htm。

表27、表28的数据说明：(1) 从“家庭结构”看，首先是核心家庭，188户，占53.87%。其中，核心家庭A（指由父母及其未婚子女组成的家庭）158户，占45.27%；核心家庭B（即由父母及未婚子女组成，但父、母或父母与未婚子女常年不在一起生活的家庭）30户，占8.6%。其次，传统的主干家庭、联合家庭101户，占28.93%。再次，较新型的夫妇家庭、单亲家庭、空巢家庭、隔代家庭、单身家庭58户，占16.62%。(2) 从家庭代数看，与核心家庭、主干家庭居多相一致，2代、3代家庭302户，占86.53%。新型的1代家庭开始时兴，已达43户，占12.32%；传统的4代家庭还有4户，占1.15%。(3) 从夫妻对数看，与核心家庭、主干家庭居多相一致，1对、2对夫妻家庭324户，占92.84%。3对及其以上夫妻家庭还有5户，占1.43%。此外，无夫妻家庭20户，占5.73%，值得特别关注。

三　在业人员

2009年底，有效回答349户中，有在业人员857人，户均2.46人。他们在业的具体情况如下。

（一）工作地点

表29　工作地点

单位：人，%

项目	合计	本村	本乡镇	本县市	本地市	本省市区	外省市区	其他
人数	857	476	25	38	8	50	253	7
比重	100.00	55.54	2.92	4.43	0.93	5.83	29.52	0.82

表29的数据说明：首先，本村最多，占55.54%；其次，外省市区，占29.52%；再次，本村外、本县市内，占7.35%；最后，本县市外、本省内，占6.76%。据了解，选近，主要图熟悉、图方便；选远，主要图收入、图发展；不近不远，则主要图关系、图兼顾。

（二）行业

表 30　行业

单位：人，%

项目	合计	种植业	养殖业	农产品加工	制造业	运输业	邮电业	商贸业
人数	857	180	11	36	209	46	4	128
比重	100.00	21.00	1.28	4.20	24.39	5.37	0.47	14.94
项目	餐饮业	金融保险	教育科学	文化休闲	医疗保健	社区服务	基层自治	其他
人数	59	4	16	4	8	92	6	54
比重	6.88	0.47	1.87	0.47	0.93	10.74	0.70	6.30

表 30 的数据说明：制造业、农产品加工业最多，占 28.59%；种植业、养殖业第二，占 22.28%；商贸业、餐饮业第三，占 21.82%；社区服务业第四，占 10.74%；运输业、邮电业第五，占 5.84%。此外，文教卫生、金融保险、基层自治和其他，合计占 10.74%。在业人员从事行业的突出特点是非农产业的主体地位和行业结构的多元化。

（三）职业和工作天数

表 31　职业

单位：人，%

项目	合计	农林牧渔业	普通工人	技术工人	营业服务员	个体业者	小商小贩
人数	857	197	174	97	78	166	42
比重	100.00	22.99	20.30	11.32	9.10	19.37	4.90
项目	办事人员	专业人员	管理人员	民企老板	单位负责人	军警人员	其他
人数	4	23	17	6	3	3	47
比重	0.47	2.68	1.98	0.70	0.35	0.35	5.48

表 31 的数据说明：（1）普通工人、技术工人，占 31.62%。（2）个体业者、小商小贩，占 24.27%。（3）农林牧副渔劳动者，占 22.99%。（4）营业员、服务员，占 9.1%。（5）专业人员、管理人员、办事人员、

军警人员，占5.48%。(6) 民企老板、单位负责人，占1.05%。在业人员个人职业的突出特点是：职业结构的多元化，蓝领的绝对优势，白领和金领的出现。

表 32　工作天数

单位：天，人，%

项目	合计	<60	61 ~ 120	121 ~ 180	181 ~ 240	241 ~ 300	>301
人数	857	73	89	90	106	268	231
比重	100.00	8.52	10.39	10.50	12.37	31.27	26.95

根据国务院发布的《全国年节及纪念日放假办法》（国务院令第270号）规定，我国全体公民放假的节日，全年11天；再加上每年52周、每周两天休息，合计115天。全年工作日，应该是250天。

表32的数据说明：一方面，每年工作240天以下的有358人，占41.78%，其中工作120天以下的有162人，占18.91%，其中相当多的人是事实上的隐形失业者；另一方面，每年工作250天以上的约450人，超过52%，其中工作300天以上的231人，占26.95%，从而严重侵害了这部分劳动者应该享有的休息权、受教育权、从事文化或社会活动的权利。

（四）个人兼业和工作天数

表 33　兼业行业

单位：人，%

项目	合计	种植业	养殖业	农产品加工	制造业	运输业	邮电业	商贸业
人数	116	60	4	3	21	8		10
比重	100.00	51.72	3.45	2.59	18.10	6.90		8.62

项目	餐饮业	金融保险	教育科学	文化休闲	医疗保健	社区服务	基层自治	其他
人数	1					4	1	4
比重	0.86					3.45	0.86	3.45

表34　工作天数

单位：天，人，%

项目	合计	<60	61~120	121~180	181~240	241~300	>301
人数	116	69	36	4	4	3	
比重	100.00	59.48	31.03	3.45	3.45	2.59	

表33、表34的数据说明：（1）从兼业活动数量看，857名在业人员中从事兼业活动的116人，占13.54%，这个比例是相当低的。（2）从兼业行业看，种植业、养殖业占55.17%，制造业、农产品加工业占20.69%，商贸业、餐饮业占9.48%，运输业占6.9%，社区服务业占3.45%。非常明显，兼业活动的特点是，行业的多样性和第一产业占优势。（3）从兼业活动天数看，60天以下的占59.48%，61~120天的占31.03%，两者合计达90.51%。但有6.04%的人超过了180天，大有反“兼”为“主”之势。

四　承包土地

据调查，在有效回答349户、1353人中，2009年实际经营承包土地的154户，635人，户均4.12人（比全村平均3.88人多0.24人）。他们实际经营土地总面积796.1亩，户均5.17亩，人均1.25亩，大都属于小规模经营。154户经营承包土地的具体情况如下。

（一）承包土地面积

表35　承包土地面积

单位：户，人，亩，%

项目	承包土地总面积	承包耕地面积	其中：流入耕地	承包水面面积
户数	154	151	31	3
人数	635	621	123	14
亩数	796.1	782.9	181.3	13.2
比重	100.00	98.34	23.16	1.66
户均	5.17	5.19	5.85	4.40
人均	1.25	1.26	1.47	0.94

表 36 户均承包土地面积

单位：亩，户，%

项目	合计	<1	1～2.9	3～5.9	6～10.9	11～20	>20
户数	154	1	45	70	27	7	4
比重	100.0	0.65	29.22	45.45	17.53	4.55	2.60

表 35、表 36 的数据说明：（1）承包土地种类单一。其中，耕地占绝对优势，达 98.34%，水面仅占 1.66%。（2）承包土地规模较小。154 户承包土地面积，户均 5.19 亩。其中，不足 3 亩的 46 户，占 29.87%；3～10.9 亩的 97 户，占 62.98%，11 亩以上的 11 户，占 7.15%。（3）承包土地类型不同，规模略有差异。其中，承包耕地的 151 户，户均 5.19 亩；承包水面的 3 户，户均 4.4 亩。

（二）流入耕地面积

表 37 流入耕地面积

单位：亩，户，%

项目	合计	<1	1～2.9	3～5.9	6～10.9	11～20	>20
户数	31	1	9	12	4	4	1
比重	100.0	3.23	29.03	38.71	12.90	12.90	3.23

表 35 和表 37 的数据说明：（1）流入耕地规模不大。承包耕地 796.1 亩，其中流入耕地 181.3 亩，占 22.77%。（2）流入耕地户经营规模较大。流入耕地 31 户户均 5.85 亩，比户均承包总面积 5.17 亩多 0.68 亩。其中，经营流入耕地 11 亩以上的 5 户，占 16.13%，比户均承包土地总面积 11 亩以上的占 7.15%，高出 8.98 个百分点。

（三）承包水面面积

表 35 和表 38 的数据说明：（1）承包水面户数很少，在承包土地的 154 户中仅占 1.95%。（2）经营规模更小，不足 3 亩的 2 户，6 亩以上的仅 1 户。

表 38　承包水面面积

单位：亩，户，%

项目	合计	<1	1~2.9	3~5.9	6~10.9	11~20	>20
户数	3		2		1		
比重	100.0		66.67		33.33		

五　收入、支出和家庭财产

（一）收入及其结构

在有效回答 349 户、1353 人中，对家庭收入情况做有效回答的 344 户、1331 人。他们有关收入问题的回答情况如下。

表 39　收入水平和结构

单位：元，%

项　目	全家全年总收入	家庭经营收入合计	#农业收入	非农产业收入	工资性收入	财产性收入
合计金额	38610708	31957761	3002960	28954801	4834370	1048907
比　重	100.00	82.77	7.78	74.99	12.52	2.72
户　均	112240	92900	8729	84171	14053	3049
人　均	29008	24010	2256	21754	3632	788

项目	转移性收入	#社保收入	社会救助收入	亲友馈赠收入	全家全年纯收入 *
合计金额	769670	141840	10400	617430	11747277
比　重	1.99	0.37	0.03	1.60	30.42
户　均	2237	412	30	1795	34149
人　均	578	106	8	464	8826

* “全家全年纯收入” = “全家全年总收入” - “全家全年经营性支出”26863431 元——见表 41。

表 39 的数据说明：（1）从总收入水平看，户均 112240 元，人均 29008 元；从纯收入水平看，户均 34149 元，人均 8826 元。2009 年，全国“农村居民人均纯收入 5153 元”[①]。巡检村人均纯收入是全国农村居民人均纯收入

① 《2009 年国民经济和社会发展统计公报》，中央政府门户网站　www.gov.cn　2010 年 2 月 25 日。

的1.71倍。(2)从收入结构看，家庭经营收入占82.77%，工资性收入占12.52%，财产性收入占2.72%，转移性收入占1.99%。在家庭经营性收入中，非农产业收入占74.99%，农业收入占7.78%。这种收入结构与巡检村在业人员职业结构——非农产业在业人员占77.01%，其中个体业者、小商小贩占24.27%，民企老板、单位负责人占1.05%——是一致的。

另外，据344户回答，欠金融机构贷款1405500元，欠非金融机构债务1404680元，合计2810180元，户均8069元，人均2111元。至于巡检村村民拥有的债权，由于一般无法得到真实回答，我们没有调查。但是，根据巡检村村民收入水平较高这一事实，估计其债权数额可能大大超过其债务数额。

表40　人均纯收入分组

单位：万元，户，%

项目	合计	<0.2	0.2～0.4	0.4～0.6	0.6～0.8	0.8～1.0	1.0～1.2	1.2～1.6	1.6～2.0	2.0～3.0	>3.0
户数	344	36	63	70	65	37	25	23	9	9	7
比重	100.00	10.46	18.31	20.35	18.90	10.76	7.27	6.69	2.62	2.62	2.03

表40的数据说明：在344户中，人均收入2000元以下的36户，占10.46%；2000～4000元的63户，占18.31%；4000～10000元的172户，占50%；10000～20000元的57户，占16.58%；20000元以上的16户，占4.65%。

另据统计，巡检村20%年人均纯收入最高的69户，人均收入23651元；20%年人均纯收入最低的69户，人均收入仅2011元，前者是后者的11.76倍。人均收入最高69户与最低69户收入结构上存在着显著差异。最高69户的收入结构：首先是非农产业收入，占83.18%；其次是农业收入，占6.95%；再次是工资性收入，占5.35%；第四是财产性收入，占3.50%，最后是转移性收入，占1.02%。最低69户的收入结构：首先是非农业收入，占60.33%；其次是农业收入，占18.46%；再次是工资性收入，占12.96%；第四是转移性收入，占8.03%，最后是财产性收入仅占0.22%。

两者相比较，前者，非农产业收入、财产性收入比例大；后者农业收入、工资性收入、转移性收入比重高。显然，前者与后者收入结构的差异，决定着两者收入水平的悬殊。

按2009年农村贫困标准1196元测算，全国农村贫困人口3597万人，占农村人口71288万人的5.05%。① 巡检村村民人均纯收入低于1196元的有8户、33人，占1331人的2.48%，比全国平均水平低3.57个百分点。

（二）支出及其结构

在调查中，对家庭支出情况做有效回答的349户、1353人。他们有关支出问题的回答情况如下。

表41 支出水平和结构

单位：元，%

项目	全家全年总支出	全家全年经营性支出	种植业经营支出	养殖业经营支出	第二产业经营支出	第三产业经营支出
合计金额	36493585	26863431	386822	1615620	15734539	8207660
比重	100.00	73.61	1.06	4.43	43.12	22.49
户均	106086	78091	1124	4697	45740	23859
人均	27418	20183	291	1214	11822	6167

项目	外出打工支出	购固定资产支出	公益事业等支出	租金等财产性支出	馈赠等转移性支出	生活消费支出合计	食品支出
合计金额	918790	751690	31328	101500	769820	7975816	2726203
比重	2.52	2.06	0.09	0.28	2.11	21.86	7.47
户均	2671	2185	91	295	2238	23186	7925
人均	690	565	24	76	578	5992	2048

项目	衣着支出	居住支出	设备及服务支出	医疗保健支出	交通通信支出	文教娱乐服务支出	其他商品服务支出
合计金额	555075	1542818	564181	951476	428078	1174685	33300
比重	1.52	4.23	1.55	2.61	1.17	3.22	0.09
户均	1614	4485	1640	2766	1244	3415	97
人均	417	1159	424	715	322	882	25

① 《2009年国民经济和社会发展统计公报》，中央政府门户网站 www.gov.cn 2010年2月25日。

表 41 的数据说明：

（1）从支出金额看，户均支出 106086 元，人均支出 27418 元，分别占户均收入 112240 元、人均收入 29008 元的 94.52%。

（2）从支出结构看，家庭经营性支出占 73.61%，生活消费支出占 21.86%，转移性支出占 2.11%，固定资产支出占 2.06%，财产性支出占 0.28%，公益性支出占 0.09%。经营性支出将近占 3/4，是户均支出高达 106086 元的主要原因。

（3）从经营性支出结构看，种植业经营性支出占 1.06%，养殖业经营支出占 4.43%，第二产业经营支出占 43.12%，第三产业经营支出占 22.49%，外出打工支出占 2.52%。在经营性支出总额中，第二、第三产业支出占 92.55%，第一产业支出仅占 7.45%。

（4）从生活消费支出结构看，食品支出占 7.47%，居住支出占 4.23%，文化娱乐服务支出占 3.22%，医疗保健支出占 2.61%，设备及服务支出占 1.55%，衣着支出占 1.52%，交通通信支出占 1.17%，其他商品服务支出占 0.09%。与传统的食、衣、住、行消费结构相比较，这一消费结构已有了新的特点，特别是文化娱乐、医疗保健支出所占比重已有较大提高。

（5）从恩格尔系数看，食品消费支出占生活消费支出的比重为 34.18%。全国农村居民家庭食品消费支出占消费总支出比重为 41.0%，城镇为 36.5%，[①] 巡检村村民的恩格尔系数均低于此水平。它是巡检村年人均纯收入高于全国农村平均水平 1.71 倍的必然反映。

表 42 人均支出分组

单位：万元，户，%

项目	合计	<0.2	0.2 ~ 0.4	0.4 ~ 0.6	0.6 ~ 0.8	0.8 ~ 1.0	1.0 ~ 1.2	1.2 ~ 1.6	1.6 ~ 2.0	2.0 ~ 3.0	>3.0
户数	344	25	49	59	64	29	22	29	17	17	33
比重	100.00	7.26	14.25	17.15	18.61	8.43	6.40	8.43	4.94	4.94	9.59

① 《2009 年国民经济和社会发展统计公报》，中央政府门户网站 www.gov.cn 2010 年 2 月 25 日。

表42的数据说明：在有效回答的344户中，人均支出2000元以下的25户，占7.26%；2000～6000元的108户，占31.40%；6000～12000元的115户，占33.44%；12000～30000元的63户，占18.31%；30000元以上的33户，占9.59%。

另据统计，巡检村20%年人均纯收入最高的69户，人均支出达103673元；20%年人均纯收入最低的69户，人均支出仅6923元，前者是后者的14.98倍。这个差距，大于11.8倍的收入差距，其主要原因是前者的经营性支出大大高于后者。

年人均纯收入最高的69户支出结构是：在支出总额中，经营性支出比例高，占85.19%；消费性支出比例低，仅占11.92%。此外，购置固定资产支出占1.25%，转移性支出占1.24%，财政性支出占0.37%，公益性支出占0.04%。在经营性支出总额中，第二产业支出比例高，占57.28%；第三产业支出比例居中，占21.52%；第一产业支出比例低，仅占5.35%（特别是种植业仅占0.27%）；打工支出比例更低，占1.04%。在消费性支出中，居住支出第一，占3.23%；食品支出第二，占2.78%；文化娱乐服务支出第三，占1.68%；医疗保健支出第四，占1.37%；设备及服务支出第五，占1.26%；衣着支出第六，占0.84%；交通通信第七，占0.72%；其他商品服务支出第八，占0.05%。

年人均纯收入最低的69户支出结构是：在支出总额中，消费性支出比例高，占56.22%；经营性支出比例低，占37.98%。此外，购置固定资产支出占2.84%，转移性支出占2.64%，公益性支出占0.32%，财产性支出占0.01%。在经营性支出中，第三产业支出比例高，占23.54%；第一产业支出比例居中，占8.43%；第二产业支出比例低，占3.11%；打工支出比例更低，仅占2.9%。在消费性支出中，食品支出第一，占20.89%；居住支出第二，占18.83%；医疗保健支出第三，占5.32%；文化娱乐服务支出第四，占5.24%；衣着支出第五，占2.39%；交通通信支出第六，占1.99%；设备及服务支出第七，占1.51%；其他商品服务支出第八，占0.06%。

上述支出结构的对比显示出：年人均收入最高69户支出结构的主要特点是，在支出总额中，经营性支出比例高；在经营性支出总额中，第二产业支出比例高；在消费性支出总额中，居住支出居第一位。年人均收入最低69户支

出结构的主要特点是，在支出总额中，消费性支出比例高；在经营性支出总额中，第三产业支出比例高；在消费性支出总额中，食品支出居第一位。正是支出结构的这种差异，决定着收入水平及其结构的不同。值得指出的是，年人均收入最高69户财政性支出比例较高、转移性支出比例较低，是他们善于理财的反映；而购置固定资产支出，特别是公益性支出比例较低，则是他们“不够智慧、不够高尚”的表现。反之，年人均收入最低69户消费性支出、食品支出、医疗保健支出比例较高，打工支出、财产性支出比例较低，可能是无奈之举；而购置固定资产支出、公益性支出比例较高，则是他们“智慧”和“高尚”的表现，但是，转移性支出比例过高则是他们屈从于落后习俗的具体表现。

（三）住宅和宅基地

在本次问卷调查中，对于住宅和宅基地问题做出有效回答的有345户、1338人。他们的回答情况如下。

1. 住宅类型、结构和产权

表43　住宅类型

单位：户，%

项目	合计	排列平房	独院平房	排列楼房	独院楼房	公寓楼房	其他
户数	345	87	29	110	108	9	2
比重	100.0	25.22	8.41	31.88	31.30	2.61	0.58

表44　住宅结构

单位：户，%

项目	合计	竹木草	土坯砖木	砖石瓦木	水泥预制	水泥框架	其他
户数	345	1	46	50	229	19	0
比重	100.0	0.29	13.33	14.49	66.38	5.51	0

表45　住宅产权

单位：户，%

项目	合计	全部自有	部分自有	他人所有	集体所有	国家所有	其他
户数	345	313	4	5	13	9	1
比重	100.0	90.72	1.16	1.45	3.77	2.61	0.29

表 43～表 45 的数据说明：（1）从住宅类型看，排列楼房和独门独院楼房居多，占 63.18%；排列平房和独门独院平房次之，占 33.63%；公寓楼仅占 2.61%。（2）从住宅结构看，水泥预制件结构居多，占 66.38%；砖石瓦木结构次之，占 14.49%。水泥框架结构已经出现，占 5.51%；土坯砖木结构和竹木草结构仍然存在，占 13.62%。（3）从住宅产权看，全部自有居多，占 90.72%；部分自有，占 1.16%；集体和国家所有仍占 6.38%。

2. 建筑面积、庭院面积和占地面积

表 46　建筑面积

单位：平方米，户，%，人

项　目	合计	<100	101～150	151～200	201～250	251～300	>301
户　数	345	181	108	43	10	1	2
比　重	100.0	52.46	31.30	12.46	2.90	0.29	0.58
人　数	1338	661	434	190	41	5	7
建筑面积	39297	14124	14126	7572	2365	260	850
户均面积	113.90	78.03	130.80	176.09	236.50	260.00	425.00
人均面积	29.37	21.37	32.55	39.85	57.68	52.00	121.43

表 47　庭院面积

单位：平方米，户，%，人

项　目	合计	<100	101～150	151～200	201～250	251～300	>301
户　数	232	219	7	4			2
比　重	100.0	94.40	3.02	1.72			0.86
人　数	932	888	29	11			4
庭院面积	10238	8012	860	716			650
户均面积	44.13	36.58	122.86	179.00			325.00
人均面积	10.98	9.02	29.66	65.09			162.50

表 48　占地面积

单位：平方米，户，%，人

项　目	合计	<100	101～150	151～200	201～250	251～300	>301
户　数	345	232	78	22	9	1	3
比　重	100.0	67.25	22.61	6.38	2.61	0.29	0.87
人　数	1338	886	319	85	37	3	8
面　积	33359	16205	9743	3876	2030	290	1215
户均面积	96.69	69.85	124.91	176.18	225.56	290.00	405.00
人均面积	24.93	18.29	30.54	45.60	54.86	96.67	151.88

表46～表48数据说明：（1）从建筑面积看，人均29.37平方米，比2008年全国农村人均住房面积32.42平方米，少3.05平方米。① 其中，户均100平方米以下的占52.46%，100～200平方米的占43.76%，200平方米以上的占3.77%。（2）从庭院面积看，有庭院的232户，占总户数的67.25%；户均44.13平方米。其中，庭院面积100平方米以下的占94.4%，100～200平方米的占4.74%，200平方米以上的占0.86%。（3）从占地总面积看，人均24.93平方米。其中，户均100平方米以下的占67.25%，100～200平方米的占28.99%，200平方米以上的占3.77%。

3. 住宅设施和装修

表49 主要水源

单位：户，%

项目	合计	公用自来水	独用自来水	独用井水	河水	公用井水	塘堰库水
户数	345	228	53	27	22	14	1
比重	100.00	66.09	15.36	7.83	6.38	4.06	0.29

表50 生活用电、主要燃料

单位：户，%

项目	合计	生活用电				主要燃料				
		无	无保障	有保障	其他	柴草	煤炭	煤气	沼气	其他
户数	345	10	136	198	1	43	64	233	4	1
比重	100.00	2.90	39.42	57.39	0.29	12.46	18.55	67.54	1.16	0.29

表51 厨房、卫生间

单位：户，%

项目	合计	厨房				卫生间				
		无	有厨房	双厨房	其他	无	有厕所	有浴室	厕所浴室	其他
户数	345	37	299	8	1	78	153	12	101	1
比重	100.00	10.72	86.67	2.32	0.29	22.61	44.35	3.48	29.28	0.29

① 《中国统计年鉴2009》9－36 农村居民家庭住房情况 http：//www.stats.gov.cn/tjsj/ndsj/2009/indexch.htm。

表 52　内外装修

单位：户，%

项目	合计	无装修	内装修	外装修	内外装修	其他
户数	345	216	44	12	72	1
比重	100.00	62.61	12.75	3.48	20.87	0.29

表 49～表 52 数据说明：（1）从主要水源看，公用自来水占 66.09%，独用自来水占 15.36%，没有自来水占 18.56%。（2）从生活用电看，有保障的占 57.39%，没有保障的占 39.42%，没有电的占 2.9%。（3）从主要燃料看，煤气占 67.54%，煤炭占 18.55%，柴草占 12.46%，沼气占 1.16%。（4）从厨房看，有厨房占 86.67%，双厨房占 2.32%，无厨房占 10.72%。（5）从卫生间看，有厕所或浴室占 47.83%，有厕所有浴室占 29.28%，没有厕所浴室占 22.61%。（6）从内外装修看，有内外装修的占 20.87%，仅有内装修或外装修的占 16.23%，没有装修的占 62.61%。总体看，多数住宅已有基本设施，但是，仍有一部分住宅设施很不完善，装修水平普遍较为低下，缺电少水现象尚未完全消除。

4. 住宅的费用和现值

据统计，对建房、购房费做有效回答的 216 户，总金额 7137500 元，户均 33044 元；对住宅现值做有效回答的 326 户，总金额 18193818 元，户均 55809 元，详见表 53 和表 54。

表 53　建房、购房费分组

单位：万元，户，%

项目	合计	<0.1	0.1～0.5	0.5～1.0	1.0～2.0	2.0～4.0	4.0～6.0	6.0～8.0	8.0～10.0	>10.0
户数	216	3	34	25	35	52	34	24	5	4
比重	100.00	1.39	15.74	11.57	16.20	24.07	15.74	11.11	2.31	1.85

表 54　住宅现值分组

单位：万元，户，%

项目	合计	<0.2	0.2～1.0	1.0～3.0	3.0～5.0	5.0～10.0	10.0～15.0	15.0～20.0	20.0～40.0	>40.0
户数	326	31	47	44	49	124	24	2	4	1
比重	100.00	9.51	14.42	13.50	15.03	38.04	7.36	0.61	1.23	0.31

表53、表54的数据说明：（1）从建房、购房费用看，户均33044元。其中，1万元以下占28.7%，1万～4万元占40.27%，4万～8万元占26.85%，8万元以上占4.16%。（2）从住宅现值看，户均55809元。其中，1万元以下占23.93%，1万～5万元占28.53%，5万～10万元占38.04%，10万～20万元占7.97%，20万元以上占1.54%。应该指出，上述数据都是回答人自己的估计值。从总体看，大都存在着估值偏低倾向，特别是低端组的估计值偏低倾向更为突出。

（四）耐用消费品和书刊

1. 耐用消费品及其现值

在调查中，对耐用消费品及其现值做出有效回答的342户，共有2625件，户均7.68件；耐用消费品现值3456040元，户均10105元。他们的回答情况如下。

表55 拥有耐用消费品

单位：台（部、辆），台（部、辆）/百户

项目	煤气灶	抽油烟机	电冰箱	洗衣机	空调机	录放机	电视机	照相机	固定电话	移动电话
数量 台/百户	314 91.81	123 35.96	222 64.91	135 39.47	109 31.87	63 18.42	385 112.57	31 9.06	110 32.16	626 183.04

项目	热水器	电脑	摩托车	三轮	轿车	面包车	组合家具	组合音响	合计
数量 台/百户	55 16.08	54 15.79	113 33.04	57 16.67	11 3.22	4 1.17	154 45.03	59 17.25	2625 767.54

表55的数据说明：（1）多数耐用消费品拥有量，高于全国农村平均水平。2008年全国农村居民家庭平均每百户耐用消费品拥有量是：抽油烟机8.51台、电冰箱30.19台、洗衣机49.11台、电视机109.1台、空调机9.82台、固定电话67.01部、移动电话96.13部、电脑5.36台、摩托车52.45辆、照相机4.43台。[①] 巡检村居民拥有的耐用消费品，除洗衣机、固定电

① 《中国统计年鉴2009》9－30 农村居民家庭平均每百户年底耐用消费品拥有量。http://www.stats.gov.cn/tjsj/ndsj/2009/indexch.htm。

话、摩托车低于全国平均水平外，其他均高于全国平均水平。（2）发展型耐用消费品，已成为耐用消费品主体。如果把煤气灶、抽油烟机、电冰箱、洗衣机、热水器看做生活型耐用消费品，把电视机、空调机、固定电话、移动电话、电脑、摩托车、三轮车、面包车看做发展型耐用消费品，照相机、录放机、轿车、组合家具、组合音响看做享受型耐用消费品，那么这三类耐用消费品分别有849、1458、318件，其比例是1:1.72:0.37。这就是说，发展型耐用消费品已成为主体。

表56 拥有耐用消费品现值

单位：万元，户，%

项目	合计	<0.2	0.2~0.5	0.5~1	1~2	2~5	5~10	10~20	>20
户数	342	86	91	85	56	17	1	5	1
比重	100.00	25.15	26.61	24.85	16.38	4.97	0.29	1.46	0.29

表56数据说明：耐用消费品现值2000元以下的占25.15%，2000~5000元的占26.61%，5000~10000元的占24.85%，10000~50000元的占21.35%，50000元以上的占2.04%，两头之间的差距是相当大的。

2. 家庭藏书

在349户有效回答中，家庭有藏书的70户，共藏书8162册。他们的回答情况如下。

表57 家庭藏书

单位：册，户，%

项目	合计	0	1~20	21~50	51~100	101~200	201~300	301~500	>500
户数	345	275	29	16	8	8	2	4	3
比重	100.00	79.71	8.41	4.64	2.32	2.32	0.58	1.16	0.87

表57的数据说明：（1）在349户中，无藏书的275户，占79.71%。（2）在有家庭藏书的70户中，50册以下的45户，占64.29%，50~200册的16户，占22.86%，200册以上的仅9户，占12.86%。从总体看，家庭藏书户少，藏书量小，是较为普遍的现象。

3. 报纸杂志

在 345 户有效回答中，家庭订阅报纸杂志的有 23 户，共订阅报纸杂志 34 份。他们的回答情况如下。

表 58　报纸杂志

单位：份，户，%

项目	合计	0	1	2	3
户数	345	322	15	5	3
比重	100.00	93.33	4.35	1.45	0.87

表 58 数的据说明：（1）在 345 户有效回答中，没有订阅报纸杂志的 322 户，占 93.33%。（2）订阅报纸杂志的 23 户，共订阅报纸杂志 34 种，户均 1.48 种。

从开放式回答看，这 23 户订阅的 34 种报纸杂志大体可分为 4 类：一是时事新闻类，7 种 15 份，如《湖北日报》《孝感日报》《楚天都市报》《武汉晚报》《孝感晚报》等；二是科技保健类，7 种 8 份，如《湖北科技报》《健康之友》《农村新报》《楚天金报》等；三是青年少儿类，6 种 6 份，如《青年之家》《儿童文学》《中学历史》《高中学习报》等；四是文艺休闲类，4 种 5 份，如《笑话大王》《书法》《绘画》等。

（五）生产资料

在 349 户问卷调查中，对生产资料做出有效回答的 122 户，共有生产资料 398 个单位，户均 3.26 个单位；现值 7936240 元，户均 65051 元。他们的回答情况如下。

表 59　生产资料

单位：处，辆，台，件，元，%

项目	有效回答合计	生产性房屋	机动车辆	设备
户数	122	53	74	47
数量	398	54（建筑面积：12070 平方米）	74	270
金额	7936240	5168300	1337800	1430140
比重	100.00	65.12	16.86	18.02

表 59 的数据说明：（1）在 349 户问卷调查中，无回答 227 户，占 65.04%。据了解，其中绝大多数户都没有上述 3 类生产资料。（2）在上述 3 类生产资料的现值中，生产性房屋占 65.12%；机械设备占 18.02%，机动车辆占 16.86%。这说明，巡检村民的经营性活动，有一定数量机械设备，部分生产实现了机械化；有一定数量机动车辆，运输业已有一定程度发展，但生产资料的主体，仍然是生产性房屋。

（六）家庭财产

在 349 户问卷调查中，对家庭财产做出有效回答的 346 户、1340 人，他们的家庭财产合计 30942270 元，户均 89429 元，人均 23091 元。他们的回答情况如下。

表 60　家庭财产

单位：元，%

项目	有效回答合计	住宅现值	生产资料现值	耐用消费品现值	股票、股份、债券、存款、投资等其他财产现值
金额	30942270	18193818	7936240	3456040	1356172
比重	100.0	58.80	25.65	11.17	4.38
户均	89429	52583	22937	9989	3920
人均	23091	13577	5923	2579	1012

表 60 的数据说明：（1）在财产总额中，住宅和耐用消费品等生活资料是主要财产，占 69.97%；生产资料比重较小。（2）在生活资料中，住宅是主要财产，占 58.80%。（3）股票、股份、债券、存款、投资等其他财产仅占 4.38%。在有效回答的 346 户中，有这类财产的 42 户，占 12.14%，户均 32290 元。

另据统计，巡检村年人均纯收入最高的 62 户，户均财产 192542 元，人均财产 50158 元；年人均纯收入最低的 69 户，户均财产 44258 元，人均财产 11836 元，前者是后者的 4.35 倍和 4.24 倍。他们的财产结构存在着显著差异：最高 62 户的财产结构：首先是生产资料，占 44.94%；其次是住宅，占 39.85%；再次是耐用消费品，占 11.18%；最后是股票、股份、债券、

存款、投资等其他财产，占4.03%。最低69户的财产结构：首先是住宅，占79.64%；其次是生产资料，占10.23%；再次是耐用消费品，占7.45%；最后是股票、股份、债券、存款、投资等其他财产，占2.69%。最高62户与最低69户不同类型财产的户均差距是：生产资料是19.11倍，股票、股份、债券、存款、投资等其他财产为6.54倍，耐用消费品是6.53倍，住宅2.18倍。显然，他们之间拥有财产的差异，主要取决于占有生产资料的多少。

表61　拥有家庭财产现值分组

单位：万元，户，%

项目	合计	<0.1	0.1～0.5	0.5～1.0	1.0～3.0	3.0～5.0	5.0～10.0	10.0～20.0	20.0～50.0	50.0～100.0	>100.0
户数	346	10	30	17	47	47	110	58	21	3	3
比重	100.00	2.89	8.67	4.91	13.58	13.58	31.79	16.76	6.07	0.87	0.87

表61的数据说明：1000元以下的占2.89%，1000～10000元的占13.58%，10000～50000元的占27.16%，50000～100000元的占31.79%，100000～200000元的占16.76%，200000元以上的占7.81%。财产最多的户与最少的户之间，相差数百倍。

六　社会流动

在349户问卷调查中，回答人或在业回答人的社会流动是非常显著的。

（一）代际流动

据调查，回答人或在业回答人与其父辈之间的代际流动，主要表现在以下几个方面。

1. 文化程度

据计算，平均接受学校教育的年数，349位回答人为7.89年，他们的父辈为3.38年，前者比后者多接受学校教育4.51年，其具体情况如下。

表 62 文化程度

单位：人，%

项目		合计	文盲	小学	初中	高中	中专、职高	大专	本科
回答人父辈	人数	349	185	111	41	10	1	1	
	比重	100.0	53.00	31.80	11.75	2.87	0.29	0.29	
回答人	人数	349	36	94	155	51	4	4	5
	比重	100.0	10.32	26.93	44.41	14.61	1.15	1.15	1.43

表 62 的数据说明：回答人的父辈文盲占 53%，小学、初中占 43.55%，高中以上占 3.45%；回答人的文盲占 10.32%，小学、初中占 71.34%，高中以上占 18.34%。简言之，回答人父辈的文化程度以文盲为主，回答人则以初中为主。

2. 行业

据调查，在业回答人与其父辈的行业已发生了很大变化，其具体情况如下。

表 63 行业

单位：人，%

项目		合计	种植业	养殖业	农产品加工	制造业	运输业	邮电业
回答人父辈	人数	349	280	1	8	10	4	1
	比重	100.0	80.23	0.29	2.29	2.87	1.15	0.29
在业回答人	人数	271	80	4	14	33	18	
	比重	100.0	29.52	1.48	5.17	12.18	6.64	

项目		商贸业	餐馆业	金融保险	教育科学	文化休闲	医疗保健	社区服务	基层自治	其他
回答人父辈	人数	17	6	2	3		3	2	4	8
	比重	4.87	1.72	0.57	0.86		0.86	0.57	1.15	2.29
在业回答人	人数	48	19	2	8	1	1	21	1	21
	比重	17.71	7.01	0.74	2.95	0.37	0.37	7.75	0.37	7.75

表 63 数据说明：（1）回答人父辈，从事第一产业的占 80.52%，从事第二产业的占 5.16%，从事第三产业的占 14.33%；在业回答人则分别占

31%、17.4%和51.6%。显然，回答人父辈以农业为主，在业回答人则以非农产业为主。（2）从第一产业来说，回答人父辈主要从事种植业，占80.23%，从事养殖业的仅占0.29%；在业回答人从事养殖业的占1.48%，其比例是前者的5.1倍。（3）从第二产业来说，回答人父辈从事制造业的占2.87%、从事农产品加工业的占2.29%；在业回答人则分别占12.18%和5.17%，其比例分别增加了9.31个百分点和2.88个百分点。（4）从第三产业来说，回答人父辈从事商贸、餐馆、运输业和社区服务的占8.31%；在业回答人从事商贸、餐馆、运输业和社区服务的占39.11%，其比例是前者的4.71倍。

3. 职业

据统计，在业回答人与回答人父辈的职业也发生了很大变化，其具体情况如下。

表 64　职业

单位：人，%

项目		合计	农林牧渔业	普通工人	技术工人	营业服务员	个体业者
回答人父辈	人数	349	281	14	3	2	14
	比重	100.0	80.52	4.01	0.86	0.57	4.01
在业回答人	人数	271	86	31	21	6	72
	比重	100.0	31.73	11.44	7.75	2.21	26.57

项目		小商小贩	办事人员	专业人员	管理人员	民企老板	单位负责人	军警人员	其他
回答人父辈	人数	10	1	7	11			1	5
	比重	2.87	0.29	2.01	3.15			0.29	1.43
在业回答人	人数	23	2	4		3	3		20
	比重	8.49	0.74	1.48		1.11	1.11		7.38

表64的数据说明：回答人父辈中，农林牧副渔业劳动者占80.52%，普通工人和技术工人占4.87%，个体业者、小商小贩、营业员服务员占7.45%，办事人员、专业人员、管理人员、军警人员占5.74%；在业回答人则分别占31.73%、19.19%、37.27%、2.22%，另新增民企老板和单位负责人，占2.22%。这就是说，在业回答人与回答人父辈相比较：（1）农林

牧副渔业劳动者比重下降48.79个百分点，即下降了60.59%。(2) 普通工人和技术工人比重提高了14.32个百分点，即提高了2.94倍。(3) 个体业者、小商小贩、营业服务员比重上升了29.82个百分点，即增长了4倍。(4) 民企老板、单位负责人从无到有，其比重已占2.22%。这些变化，都是正常的，是经济发展的必然结果。(5) 办事人员、专业人员、管理人员、军警人员等“白领”比重下降了3.52个百分点，即下降了58.56%。出现这一情况原因较为复杂，应该引起重视。

(二) 代内流动

据345份有效问卷统计，回答人的代内流动非常显著。

1. 参加工作年龄

345位回答人参加工作时的年龄情况如下。

表65 年龄

单位：人，%，岁

项目	合计	<16	16~17	18	19	20	21	22	23	>24
人数	345	146	65	63	7	28	7	6	4	19
比重	100.0	42.32	18.84	18.26	2.03	8.12	2.03	1.74	1.16	5.51

据表65的数据计算，345位回答人参加工作的平均年龄为17.2岁。其中，值得注意的有两个问题：一是未到劳动力年龄（16周岁）参加工作的146人，占42.32%。这个比例是相当高的。未成年人过早参加生产劳动，不利于身心健康，缺乏必要文化科学知识，只能从事简单体力劳动，其社会层次必然低下。二是23岁以后参加工作的23人，占6.67%。这部分人参加工作过迟，其中既有家境优裕、不愿屈就的“啃老族”，又有眼高手低、求职无门的“待业者”，他们的社会层次也必将下降。

2. 从事行业

345位回答人开始工作和受访时所从事行业的变化情况如下。

表 66 行业

单位：人，%

项目		合计	种植业	养殖业	农产品加工	制造业	运输业	邮电业
开始工作	人数	346	226	1	14	33	8	2
	比重	100.00	65.32	0.29	4.05	9.54	2.31	0.58
现在工作	人数	267	78	6	14	29	14	
	比重	100.00	29.21	2.25	5.24	10.86	5.24	

项目		商贸业	餐馆业	金融保险	教育科学	文化休闲	医疗保健	社区服务	基层自治	其他
开始工作	人数	7	15		10	1	2	13		14
	比重	2.02	4.33		2.89	0.29	0.58	3.76		4.05
现在工作	人数	50	14	1	7		1	23	4	26
	比重	18.73	5.24	0.37	2.62		0.37	8.62	1.50	9.74

表 66 的数据说明：（1）开始工作的行业结构是，第一产业占 65.61%，第二产业占 13.59%，第三产业占 20.81%；现在工作的行业结构则是 31.46%、16.1% 和 52.43%。显然，开始工作是以农业为主，现在工作则是以非农产业为主。（2）从第一产业来说，开始工作主要从事种植业，占 65.32%，从事养殖业的仅 0.29%；现在工作养殖业占 2.25%，其比例是前者的 7.76 倍。（3）从第二产业来说，与开始工作相比较，现在工作从事农产品加工业比重提高了 1.19 个百分点，制造业比重提高了 1.32 个百分点。（4）从第三产业来说，开始工作从事餐馆、社区服务、教育科学和运输等行业的占 13.29%，从事商贸业的仅占 2.02%；现在工作从事餐馆、社区服务、教育科学和运输等行业的占 21.72%，从事商贸业更升至 18.73%，分别是前者的 1.63 倍和 9.27 倍。这说明，在业人员在行业间的流向：主要是从第一产业向第二、第三产业流动；在第一产业中，主要是从种植业向养殖业流动；在第二产业中，主要是从农产品加工业向制造业流动；在第三产业中，主要是从服务性行业向商贸性行业流动。

3. 个人职业

345 位回答人开始工作和现在工作所从事职业的变化情况如下。

表 67　职业

单位：人，%

项目		合计	农林牧渔业	普通工人	技术工人	营业服务员	个体业者
开始工作	人数	346	223	30	25	10	17
	比重	100.00	64.45	8.67	7.23	2.89	4.91
现在工作	人数	267	79	27	15	4	69
	比重	100.00	29.59	10.11	5.62	1.50	25.84

项目		小商小贩	办事人员	专业人员	管理人员	民企老板	单位负责人	军警人员	其他
开始工作	人数	11	5	10	1	2		3	9
	比重	3.18	1.45	2.89	0.29	0.58		0.87	2.60
现在工作	人数	28	1	5	6	4	3		26
	比重	10.49	0.37	1.87	2.25	1.50	1.12	0.00	9.74

表67的数据说明：开始工作的职业结构是，农林牧副渔业劳动者占64.45%，普通工人和技术工人占15.9%，个体业者、小商小贩占8.09%，办事人员、专业人员、管理人员、军警人员占5.5%，民企老板、单位负责人占0.58%；现在工作的职业结构则分别占29.59%、15.73%、36.33%、4.49%和2.62%。这就是说，与开始工作的职业相比较，现在工作的职业变化是：(1) 农林牧副渔业劳动者比重下降34.86个百分点，即下降了54.09%。(2) 普通工人和技术工人比重下降了0.17个百分点，即下降了1.07%。(3) 个体业者、小商小贩比重上升了28.24个百分点，即增长了2.49倍。(4) 办事人员、专业人员、管理人员等“白领”比重下降了1.01个百分点，即下降了22.49%。(5) 民企老板、单位负责人比重提高了2.04个百分点，即提高了2.52倍。上述变化说明，社会流动的主流是向上流动，但也存在着向下流动的现象。例如，普通工人和技术工人比重的下降，特别是办事人员、专业人员、管理人员、军警人员等“白领”比重的大幅下降，是值得深入探讨的社会问题。

七　对婚姻、家庭、生育的看法

1. 对婚姻的看法

据322～346份有效问卷统计，回答人对下述婚姻问题的看法如下。

表 68　您选择配偶的主要标准

单位：人，%

项目	合计	经济条件	长相身体	职业地位	思想品德	家庭背景	情投意合	其他
人数	343	35	36	5	73	13	155	26
比重	100.0	10.20	10.50	1.46	21.28	3.79	45.19	7.58

表 69　您与对方认识的途径

单位：人，%

项目	合计	自己认识	父母、亲属介绍	他人介绍	媒人介绍	婚介所介绍	其他
人数	346	49	81	100	112		4
比重	100.0	14.16	23.41	28.90	32.37		1.16

表 70　您家与配偶家的距离

单位：公里，人，%

项目	合计	<1	1~2	3~5	6~10	11~20	21~50	51~100	>101
人数	322		134	102	45	24	5	3	9
比重	100.0		41.61	31.68	13.98	7.45	1.55	0.93	2.80

表 71　您与配偶结婚的方式

单位：人，%

项目	合计	同拜天地	婚宴庆典	旅行结婚	集体婚礼	联欢舞会	宗教仪式	其他
人数	346	83	242	4	3	1	1	12
比重	100.0	23.99	69.94	1.16	0.87	0.29	0.29	3.47

表 72　您婚后生活的主要感受

单位：人，%

项目	合计	非常幸福	幸福	比较幸福	一般	不太幸福	不幸福	很不幸福	说不清楚
人数	346	43	111	97	79	6	3	1	6
比重	100.0	12.43	32.08	28.03	22.83	1.73	0.87	0.29	1.73

表 73　您认为缺乏爱情的婚姻应该离婚吗？

单位：人，%

项目	合计	应该离婚	可以离婚	具体情况具体分析	社会责任重于爱情	不应离	说不清
人数	346	46	52	79	45	95	29
比重	100.0	13.29	15.03	22.83	13.01	27.46	8.38

表 74　您对"男到女家"持何种态度?

单位：人，%

项目	合计	应该提倡	应该允许	顺其自然	不应提倡	感觉不好	无所谓
人数	344	59	60	140	12	27	46
比重	100.0	17.15	17.44	40.70	3.49	7.85	13.37

表 68 ~ 表 74 的数据说明：

(1) 从择偶的主要标准看，居第一、二、三位的是情投意合、思想品德、长相身体，分别占 45.19%、21.28% 和 10.50%，经济条件、家庭背景、职业地位等居后。这说明，重个人、轻家庭；重人品、轻经济社会条件，是择偶的主要倾向。

(2) 从与对方认识的途径看，居第一、二、三位的是媒人介绍、他人介绍、父母和亲属介绍，分别占 32.37%、28.90% 和 23.41%，自己认识的仅占 14.16%。这说明，在婚嫁大事上，个人择偶的权利和条件仍然非常有限，因而不得不主要依靠他人介绍。

(3) 从与配偶家的距离看，居第一、二、三位的是 1 ~ 2 公里、3 ~ 5 公里、6 ~ 10 公里，分别占 41.61%、31.68% 和 13.98%，11 公里以上合计占 12.73%，总趋势是距离越远比例越低。据计算，平均距离为 8.76 公里，即大都没有超出本乡镇范围。

(4) 从与配偶结婚的方式看，第一、二位是传统的婚宴庆典、同拜天地，两者合计占 93.93%，居于绝对优势。旅行结婚、集体婚礼、联欢舞会等新型结婚方式仅占 2.32%，宗教仪式结婚方式也已开始出现。

(5) 从婚后生活的主要感受看，居第一、二、四位的是幸福、比较幸福、非常幸福，分别占 32.08%、28.03%、12.43%，合计 72.54%。一般的占 22.83%，不太幸福、不幸福、很不幸福合计占 2.89%。总体来看，感到幸福的居多，但是，没有感到幸福的超过了 1/4，这是一个值得高度重视和深入研究的社会问题。

(6) 对于"缺乏爱情的婚姻应该离婚吗?"这个问题，认为"不应离"和"社会责任重于爱情"的占 40.47%，认为"可以离婚"、"应该离婚"

的占28.32%，认为“具体情况具体分析”的占22.83%。虽然，不主张离婚的比重最大，但不排斥离婚的却超过了一半以上，这不能不说是对传统婚姻观念的一大突破。

（7）从对“男到女家”的态度看，居第一、二、三位的是顺其自然、应该允许、应该提倡，分别占40.7%、17.44%和17.15%，无所谓占13.37%，感觉不好和不应提倡的合计只占11.34%。这说明，绝大多数村民都不反对男到女家。这也是传统婚姻观念的一大转变。

2. 对家庭的看法

据327~335份有效问卷统计，回答人对下述家庭问题的看法如下。

表75　您村家庭关系中最常见的问题

单位：人，%

项目	合计	夫妻不和	代际矛盾	父子纠纷	婆媳冲突	兄弟不和	姑嫂纠纷	其他
人数	327	121	32	8	62	5	4	95
比重	100.0	37.00	9.79	2.45	18.96	1.53	1.22	29.05

表76　您村夫妻关系中最常见的问题

单位：人，%

项目	合计	第三者插足	当家理财	待人接物	职业活动	思想品德	生活琐事	其他
人数	331	31	167	15	5	9	67	37
比重	100.0	9.37	50.45	4.53	1.51	2.72	20.24	11.18

表77　您村父子关系中最突出的矛盾

单位：人，%

项目	合计	当家理财	待人接物	传宗接代	思想品德	职业活动	生活作风	其他
人数	327	180	33	23	21	7	3	60
比重	100.0	55.05	10.09	7.03	6.42	2.14	0.92	18.35

表78　您村婆媳关系中最常见的问题

单位：人，%

项目	合计	当家理财	对待子孙	传宗接代	生活作风	姑嫂关系	待人接物	其他
人数	330	145	76	11	6	5	37	50
比重	100.0	43.94	23.03	3.33	1.82	1.52	11.21	15.15

表 79　您村兄弟关系中最常见的矛盾

单位：人，%

项目	合计	当家理财	孝敬父母	生活作风	待人接物	思想品德	职业活动	其他
人数	330	129	122	4	16	5	3	51
比重	100.0	39.09	36.97	1.21	4.85	1.52	0.91	15.45

表 80　您村引起家庭矛盾的主要原因

单位：人，%

项目	合计	当家理财	传宗接代	待人接物	生活作风	职业活动	思想品德	其他
人数	329	215	11	17	10	7	14	55
比重	100.0	65.35	3.34	5.17	3.04	2.13	4.26	16.72

表 81　您村多数家庭的当家人是谁?

单位：人，%

项目	合计	父亲	母亲	儿子	媳妇	父母	子媳	其他
人数	335	151	22	33	82	3	1	43
比重	100.0	45.07	6.57	9.85	24.48	0.90	0.30	12.84

表75～表81的数据说明：

（1）从您村家庭关系中最常见的问题看，居第一、二、三位的是夫妻不和、婆媳冲突、代际矛盾，分别占37.0%、18.96%和9.79%；父子、兄弟、姑嫂纠纷合计只占5.2%，这主要是核心家庭、夫妇家庭、单亲家庭、隔代家庭、单身家庭、空巢家庭占70.5%，基本上不存在父子、兄弟、姑嫂关系，因而这几类矛盾所占比例很低。

（2）从您村夫妻关系中最常见的问题看，居第一、二、三位的是当家理财、生活琐事、第三者插足，分别占50.45%、20.24%和9.37%。看来，当家理财矛盾是夫妻失和的主要原因，为生活琐事争吵是影响夫妻关系的第二位原因。这两类矛盾，只要妥善处理，都不难化解。第三者插足的比例虽位居第三，却值得高度重视，因为这类矛盾几乎是无法调和的。

（3）从您村父子关系中最突出的矛盾看，居第一、二、三位的是当家理财、待人接物、传宗接代，分别占55.05%、10.09%和7.03%。此外，思想品德占6.42%、职业活动2.14%。这说明，在父子关系中，当家理财问题仍然居第一位，但待人接物、传宗接代、思想品德、职业活动等传统道德问题已占有相当大的比重。

(4) 从您村婆媳关系中最常见的问题看，居第一、二、三位的是当家理财、对待子孙、待人接物，分别占43.94%、23.03%和11.21%。此外，传宗接代问题占3.33%、生活作风问题占1.82%。这说明，在婆媳关系中，尽管当家理财问题居第一位，但对待子孙、待人接物、传宗接代、生活作风等人际关系问题已居于重要地位。

(5) 从您村兄弟关系中最常见的矛盾看，居第一、二、三位的是当家理财、孝敬父母、待人接物，分别占39.09%、36.97%和4.85%。显然，当家理财问题仍然居第一位，但孝敬父母问题已占36.97%，仅比当家理财问题少2.12个百分点。它说明，在农村兄弟关系中，孝敬父母等传统道德观念仍然相当浓厚。

(6) 从您村引起家庭矛盾的主要原因看，居第一、二、三位的是当家理财、待人接物、思想品德，分别占65.35%、5.17%、4.26%。此外，传宗接代占3.34%、生活作风占3.04%。这说明，巡检村的经济尚不发达，多数村民尚处于贫困或相对贫困状态，因而当家等经济问题就必然成为引起家庭矛盾的最主要原因。

(7) 从您村多数家庭的当家人看，居第一、二、三、四位的是父亲、媳妇、儿子、母亲，分别占45.07%、24.48%、9.85%和6.57%。这说明，在当家人中，父母占有一定优势，合计为52.64%，媳妇、儿子居于劣势，只占34.63%；男性占多数，合计为55.52%，女性居少数，仅占31.65%。但是，与父辈男性占45.07%、女性占6.57%相比较，子辈女性占24.48%、男性占9.85%，特别是媳妇比婆婆多17.91个百分点，即多1.73倍，这不能不说是不同代际男女家庭地位的一大变化。

3. 对生育的看法

据342~343份有效问卷统计，回答人对下述生育问题的看法如下。

表 82　您村多数村民生孩子的主要目的

单位：人，%

项目	合计	传宗接代	养儿防老	子女多,拳头硬、势力大	天伦之乐	多子多福	其他
人数	342	134	105	9	82	9	3
比重	100.0	39.18	30.70	2.63	23.98	2.63	0.88

表 83　您村多数村民喜欢男孩，还是喜欢女孩？

单位：人，%

项目	合计	喜欢男孩	喜欢女孩	男孩女孩都喜欢	男孩女孩都不喜欢	无所谓
人数	344	115	20	187	3	19
比重	100.0	33.43	5.81	54.36	0.87	5.52

表 84　您村多数村民对计划生育工作是否满意？

单位：人，%

项目	合计	非常满意	满意	比较满意	一般	不太满意	不满意	很不满意
人数	343	37	178	77	44	5	2	
比重	100.0	10.79	51.90	22.45	12.83	1.46	0.58	

表 85　您村多数村民主张如何处理超生问题？

单位：人，%

项目	合计	应该重罚	应该批评教育	无所谓	可以理解	不必干预	其他
人数	343	161	84	50	21	14	13
比重	100.0	46.94	24.49	14.58	6.12	4.08	3.79

表 86　如果政策允许，您认为生几个孩子为好？

单位：人，%

项目	合计	还是一个好	二个最合适	三个不算多	顺其自然,不必干预	其他
人数	343	56	246	10	29	2
比重	100.0	16.33	71.72	2.92	8.45	0.58

表 87　您同意独生子女生第二胎吗？

单位：人，%

项目	合计	完全同意	应该如此	无所谓	不同意	坚决不同意	其他
人数	342	183	84	42	18	7	8
比重	100.0	53.51	24.56	12.28	5.26	2.05	2.34

表82～表87的数据说明：

（1）对于“您村多数村民生孩子的主要目的”这个问题，回答中居第一、二、三位的是传宗接代、养儿防老、天伦之乐，分别占39.18%、30.7%、23.98%。此外，多子多福和子女多，拳头硬、势力大各占2.63%。这说明，为家族传宗接代的传统观念占据首位，但养儿防老、天伦之乐等功利目的同样居多数。

（2）对于“您村多数村民喜欢男孩，还是喜欢女孩”这个问题，回答中居第一、二、三位的是男孩女孩都喜欢、喜欢男孩、喜欢女孩，分别占54.36%、33.43%、5.81%。此外，无所谓的占5.52%，男孩女孩都不喜欢的占0.87%。这说明，重男轻女观念已大大淡化，甚至还有5.81%的人只喜欢女孩。但是，只喜欢男孩的仍高达33.43%。

（3）对于“您村多数村民对计划生育工作是否满意”这个问题，回答中居第一、二、三位的是满意和非常满意、比较满意、一般，分别占62.69%、22.45%、12.83%。这说明，巡检村的计划生育工作是做得比较好的，不太满意和不满意的合计只占2.04%。

（4）对于“您村多数村民主张如何处理超生问题?”这个问题，回答中居第一、二、三位的是应该重罚、应该批评教育、无所谓，分别占46.94%、24.49%、14.58%。这说明，多数人不同意超生。但是，在如何处理超生问题的方法上，主张重罚的人多于不主张重罚的人。此外，还有10.2%的人认为可以理解或不必干预，实际上是不主张处理。

（5）对于“如果政策允许，您认为生几个孩子为好”这个问题，回答中居第一、二、三位的是两个最合适、还是一个好、顺其自然和不必干预，分别占71.72%、16.33%、8.45%。这说明，绝大多数人主张生两个孩子。但是，仍有16.33%的人支持独子政策，只有2.92%的人认为3个不算多，实际上是主张多多益善。

（6）对于“您同意独生子女生第二胎吗?”这个问题，回答中居第一、第二、第三位的是完全同意、应该如此、无所谓，分别占53.51%、24.56%、12.28%。这与绝大多数人主张生两个孩子是一致的。但是，不同意和坚决不同意的占7.31%，他们是独生子女政策的坚定支持者。

八 村务活动

1. 您参加村务活动的情况

据对349份有效问卷的统计，回答人参加村务活动的情况如下。

表 88 您村村委会是哪年选举产生的？

单位：人，%

项目	合计	不知道	2000年前	2006年	2007年	2008年	2009年
人数	349	268	1	1	1	29	49
比重	100.0	76.79	0.29	0.29	0.29	8.31	14.04

表 89 选举村干部情况

单位：次，人，%

项目	合计	参加选举投票否		选举村干部次数					
		未参加	参加	0	1	2	3	4	5
人数	349	248	101	248	67	22	8	3	1
比重	100.0	71.06	28.94	71.06	19.20	6.30	2.29	0.86	0.29

表 90 投票决定村级事务次数

单位：次，人，%

项目	合计	0	1	2	3	4	5	>6
人数	349	287	39	13	5	1	1	3
比重	100.0	82.23	11.17	3.72	1.43	0.29	0.29	0.86

表 91 参加村民会议次数

单位：次，人，%

项目	合计	0	1	2	3	4	5	6~10	>11
人数	349	301	28	9	5	1	1	1	3
比重	100.0	86.25	8.02	2.58	1.43	0.29	0.29	0.29	0.86

表 92 参加村民学习次数

单位：次，人，%

项目	合计	0	1~5	6~10	>11
人数	349	337	7	1	4
比重	100.0	96.56	2.01	0.29	1.15

表 93　参加村务工作天数

单位：天，人，%

项目	合计	0	1~10	11~60	61~120	>121
人数	349	342	1	1	2	3
比重	100.0	97.99	0.29	0.29	0.57	0.86

表 88~表 93 的数据说明：（1）对于“您村村委会是哪年选举产生的?”这个问题，回答不知道的占 76.79%，回答 2008 年和 2009 年的占 22.35%，回答其他年份占 0.87%。（2）对于“参加选举投票否”这个问题，回答未参加的占 71.06%，参加的占 28.94%，其中参加 1~2 次的占 25.5%。在未参加的 248 人中，表示“不知道”或“不知道时间”的 106 人；表示“不想去”、“觉得是形式”的 28 人。（3）对于“投票决定村级事务次数”这个问题，回答 0 次的占 82.23%，1~2 次的占 14.89%，3 次及其以上的占 2.87%。（4）对于“参加村民会议次数”这个问题，回答 0 次的占 86.25%，1~2 次的占 10.6%，3 次及其以上的占 3.16%。（5）对于“参加村民学习次数”这个问题，回答 0 次的占 96.56%，1~5 次的占 2.01%，6 次及其以上的占 1.44%。（6）对于“参加村务工作天数”这个问题，回答 0 天的占 97.99%，1~60 天的占 0.58%，61~120 天的占 0.57%，121 天以上的占 0.86%。

这就是说，70% 以上的村民不知道或没参加过村委会选举，80% 以上的村民没有参加过村民会议、没有投票决定过村级事务，90% 以上的村民没有参加过村民学习、没有参加过村务工作。显然，巡检村的民主选举、民主决策、民主管理、民主监督，都徒有虚名。但是，相对而言，民主选举好于民主决策，民主决策好于民主管理和民主监督。

2. 2009 年全年，您参与村内文化活动的情况

表 94　看电影次数

单位：次，人，%

项目	合计	0	1~5	6~10	11~20	21~30	>31
人数	349	335	14				
比重	100.0	95.99	4.01				

表 95　参加球类活动次数

单位：次，人，%

项目	合计	0	1~5	6~10	11~20	21~30	31~60	>61
人数	349	347	1	1				
比重	100.0	99.43	0.29	0.29				

表 96　参加棋类活动次数

单位：次，人，%

项目	合计	0	1~5	6~10	11~20	21~60	>61
人数	349	336	2	4		4	3
比重	100.0	96.28	0.57	1.15		1.15	0.86

表 97　参加图书阅览次数

单位：次，人，%

项目	合计	0	1~5	6~10	11~20	21~60	61~120	121~240	>241
人数	349	335	2		2	1	2	4	3
比重	100.0	95.99	0.57		0.57	0.29	0.57	1.15	0.86

表 98　参加文体比赛次数

单位：次，人，%

项目	合计	0	1~5	6~10	11~20	21~60	>61
人数	349	348		1			
比重	100.0	99.71		0.29			

表94~表98的主要数据是：（1）对于“看电影次数”这个问题，回答0次的占95.99%。（2）对于“参加球类活动次数”这个问题，回答0次的占99.43%。（3）对于“参加棋类活动次数”这个问题，回答0次的占96.28%。（4）对于“参加图书阅览次数”这个问题，回答0次的占95.99%。（5）对于“参加文体比赛次数”这个问题，回答0次的占99.71%。显然，巡检村村内的文化活动是极其贫乏的。

3. 2009年全年，您参与村内社会公益活动的情况

表99　义务劳动天数

单位：天，人，%

项目	合计	0	1~5	6~10	11~20	21~30	>31
人数	349	336	8	3		2	
比重	100.0	96.28	2.29	0.86		0.57	

表100　义务献血次数

单位：次，人，%

项目	合计	0	1	2	3
人数	349	348		1	
比重	100.0	99.71		0.29	

表101　义务宣传次数

单位：次，人，%

项目	合计	0	1~5	6~10	11~30	>31
人数	349	344			3	2
比重	100.0	98.57			0.86	0.57

表102　敬老爱幼活动次数

单位：次，人，%

项目	合计	0	1	2	3	4	>5
人数	349	345	1				3
比重	100.0	98.85	0.29				0.86

表103　各类捐献的金额

单位：元，人，%

项目	合计	0	1~10	11~50	51~100	101~200	201~300	>301
人数	349	339	1	3	3	2		1
比重	100.0	97.13	0.29	0.86	0.86	0.57		0.29

表99~表103的主要数据是：（1）对于“义务劳动天数”这个问题，回答0次的占96.28%。（2）对于“义务献血次数”这个问题，回答0次的

占99.71%。(3)对于“义务宣传次数”这个问题，回答0次的占98.57%。(4)对于“敬老爱幼活动次数”这个问题，回答0次的占98.85%。(5)对于“各类捐献的金额”这个问题，回答0次的占97.13%。捐献10人次，捐献金额合计1040元，平均每人次104元。这说明，巡检村参与村内社会公益活动的人是极其有限的。

九　看法和建议

1. 对巡检村党支部、村委会的看法和建议

对巡检村党支部、村委会表示看法和建议的有效回答共331项，大体可分为4类。

第一类，满意或比较满意。106项，占32.02%。他们的回答主要是：办事公道；政策落实到位；办实事、好事；关心困难群众；工作认真负责、深入细致；工作能力强；尽到了村干部应尽的责任，等等。

第二类，一般、尚可。72项，占21.75%。他们的回答主要是：现在书记换了，是在做实事；总的还可以，还能接近群众；只能起上传下达作用；工作方法尚好；目前看还可以，以后仍需观望，等等。

第三类，不满意或很不满意。52项，占15.71%。他们的回答主要是：党支部、村委会没有战斗力，软弱；不作为、乱作为；先为己，后为人；当官的总是自己捞好处；办事不公，只照顾亲戚、关系户；工作方法简单，等等。

第四类，不知道、不了解。101项，占30.51%。他们的回答主要是：他当他的官，我做我的事，不清楚他们的事；没打过交道、没有接触；接触不多、不清楚、不熟悉；不了解、不好说、说不清楚，等等。

对党支部、村委会提出的建议，大体包括以下几个方面。

一是，发展地方经济。希望村支部贯彻中央指示，带领村民致富，发展地方经济；要多宣传怎样赚钱；希望搞好税收减免工作；搞好土地流转；消除土地浪费现象，等等。

二是，关心村民生活。多关心民生，多为村民办实事；搞好社会保障、合作医疗工作；建房补贴要到位；要搞好扶贫工作；关心低保户；搞好国家

补贴发放工作，等等。

三是，加强村务管理。党支部要加强党员管理；村委会要搞好村务管理；要加大民事调解、化解纠纷工作力度；加强市场管理、运输管理、网吧管理，等等。

四是，发扬基层民主。党支部、村委会要按时改选；要让村民有机会参加选举；村务活动要吸收村民参加；国家补贴的办法和数量要让村民知道，等等。

五是，改进工作方法。党支部、村委会干部要多联系群众；村务活动要公开，特别是各种经济事务要公开；要改进工作方法，工作方式不能过于简单，等等。

六是，搞好基础设施建设。要搞好桥梁、道路、沟渠维修，改善交通、水利设施；加强旧房、弃房管理；搞好文体设施建设；搞好街道、门前整理，等等。

2. 对巡检村外出打工的看法和建议

对巡检村外出打工表示看法和建议的有效回答共334项，大体可分为4类。

第一类，是大好事。150项，占44.91%。他们的回答主要是：本地人多地少，剩余劳力外出打工有利充分就业；孩子不愿种田，就应外出打工赚钱；年轻人应吃苦耐劳，求上进；可开阔视野、见世面；可增加收入、改善生活；有利于搞活经济；是社会趋势。

第二类，无可奈何。43项，占12.87%。他们的回答主要是：没办法，要养家，只有外出打工才能生存；不打工，就没有活钱；家里穷，村里无事可做；唯一出路；无其他途径生活，只能外出打工；没办法，家里附近找不到事做。

第三类，问题多多。19项，占5.69%。他们的回答主要是：外出打工很辛苦；一盘散沙，势单力薄，常受人欺侮；职业、收入、生活不稳定；人身安全、健康无保障；留守问题严重，老人、孩子无法照料；不如在家创业。

第四类，说不清楚。122项，占36.53%。他们的回答主要是：有利有

弊，说不清楚；没有看法；无所谓；不知道；说不好。

对搞好外出打工工作的主要建议是：国家政策多支持；多提供就业渠道和信息；完善社会保障制度，解决农民工的后顾之忧；强化法律保障，落实工资政策；抓好安全生产，希望平安打工；组织多关心农民工生活；希望对外出务工人员进行技能培训，多学技术，提高业务及专业技能；最好鼓励在家乡兴办企业，把人招回来建设家乡。

3. 对巡检村外来人员的看法和建议

对巡检村外来人员表示看法和建议的有效回答共286项，大体可分为3类。

第一类，表示欢迎。167项，占58.39%。他们的回答主要是：外来人员一般都老实做事、比较勤劳；人正直，热情周到，较务实，招人喜欢；大家能和睦共处；能促进经济社会发展；流动人口多，人多热闹，市场兴旺；说明本村有吸引力。

第二类，不大支持。13项，占4.55%。他们的回答主要是：不同意；不支持；不团结；互相歧视；有些人素质不高；不好说；不想说；有的人不遵纪守法经营。

第三类，说不清楚。106项，占37.06%。他们的回答主要是：不清楚；不了解；无所谓；无看法；无建议；没什么，有没有都一样。

对搞好外来人员工作的主要建议是：希望加强对他们的管理；搞好技能培训工作。

4. 对巡检村社会治安的看法和建议

对巡检村社会治安表示看法和建议的有效回答共313项，大体可分为4类：第一类，表示满意或比较满意。196项，占62.62%。第二类，一般、还可以。75项，占23.96%。第三类，不满意。22项，占7.03%。第四类，搞不清、无看法。20项，占6.39%。

对搞好社会治安的主要建议是：搞好市场管理、交通管理和环境管理，不准在公路上设菜场，不准在桥上乱建房乱堆杂物，着重解决街道脏、乱、差问题；加强对地头蛇、无业人员的管理；治理小偷小摸；维护社会稳定。

5. 对巡检村计划生育工作的看法和建议

对巡检村计划生育工作表示看法和建议的有效回答共314项，大体可分为4类：第一类，表示好或比较好。190项，占60.51%。第二类，一般。53项，占16.88%。第三类，不乐观、不满意。6项，占1.91%。第四类，说不清、无看法65项，占20.7%。

对计划生育工作的主要建议是：应该放松一点，允许生二胎，甚至生三胎；收费要合理；政策应透明；执行政策要公平，不能拉关系、走后门。

6. 对巡检村合作医疗的看法和建议

对巡检村合作医疗表示看法和建议的有效回答共324项，大体可分为4类：第一类，表示满意或比较满意。149项，占45.99%。第二类，一般。64项，占19.75%。第三类，不满意、没有用。76项，占23.46%。第四类，不参加、无看法。35项，占10.8%。

对村合作医疗的主要建议是：解决看病难、看病贵问题；看病应有选择权利；在外看病，报账要方便；提高保障水平；报销面大一些，不能只管大病，不管小病；多帮助困难户、老年人；应加强药品、药费管理；没有参加合作医疗的收费低，参加合作医疗的收费高，这是极不合理的现象，必须纠正；医院乱收费、高收费，治病费用一年比一年高，合作医疗不能只是为医院搞了一场，应该加强管理。

7. 对巡检卫生院的看法和建议

对巡检卫生院表示看法和建议的有效回答共329项，大体可分为4类：第一类，表示满意或比较满意。76项，占23.1%。第二类，水平一般、不太好。49项，占14.89%。第三类，水平低、设备少、服务差、收费高。145项，占44.07%。第四类，常年在外，没参加、不清楚。59项，占17.93%。

对巡检卫生院的主要建议是：要不断改善服务；医务人员要坚守岗位；要正确对待病人；要规范收费、降低收费，还不如村里，村卫生室价格低一半；提高医生素质、改进服务质量；提高技术水平，减少医疗事故；增加医疗设备，改善医疗条件；上级医院要定期到乡卫生院检查、坐诊；扶助私人、个体诊所发展。

8. 对巡检中、小学的看法和建议

对巡检村中、小学表示看法和建议的有效回答共331项，大体可分为4类：第一类，表示满意或比较满意。85项，占25.68%。第二类，还可以。74项，占22.36%。第三类，教学质量差、不负责任。83项，占25.08%。第四类，没人读书，不清楚。89项，占26.89%。

对巡检中、小学的主要建议是：加强教师队伍建设；强化基础教育；提高教学质量，提高升学率；加强制度管理；要纠正杂费太多，乱收费、高收费现象；不能强制要求小学学生在校吃早、中餐；不能强制学生订牛奶；改善学校早餐卫生状况；提高中学伙食质量，改善中学生生活条件，增加营养；纠正小学老师要求照顾自家小卖部生意的错误做法；加强学校周边环境治理和交通安全管理，保证学生有良好学习环境。

十 打算和期望

1. 土地流转

对土地流转表示看法的有效回答共163项，分为3类。

第一类，不打算流转。61项，占37.42%。他们的回答主要是：生活离不开、是家庭收入来源之一；种地可保证口粮；种点地，今后回家有退路，有依托，心里踏实；自己年轻，身体好，可多做一点，增加收入；流转麻烦，没有计划。

第二类，已打算流转。18项，占11.04%。他们的回答主要是：没有劳动力种地；外出打工，没时间种地；自己做生意，种不过来；年老体弱、没力气种地；种地不赚钱，不如转让给别人种；只要达到要求，就可流转给别人。

第三类，无土地流转。84项，占51.53%。他们的回答主要是：从来无土地；没有承包田地；承包的土地早已流转了。

2. 房屋问题

对住宅外房屋的有效回答25项，分为2类：一是，已经使用，13项，占52%。其中，自己或家人居住的7项，占53.85%；做经营性库房或养猪的5项，占38.46%；出租给别人使用的1项，占7.69%。二是，没有使用，

12 项，占 48%。其中，空着、坏了、倒了，7 项，占 58.33%；年久失修、无能力装修，4 项，占 33.33%；正在重建、开发商还没有交房 1 项，占 8.33%。没有使用的 12 项，今后的打算是：计划出租给别人，4 项，占 33.33%；留着以后建新房，3 项，占 25.0%；放着以后再说，3 项，占 25.0%；克服困难，借钱维修 1 项，占 8.33%；；打算给老人居住，1 项，占 8.33%。

3. 宅基地问题

对住宅外宅基地的有效回答 17 项，分为 2 类：一是，已经使用，4 项，占 23.53%。其中，开商店，2 项，占 50%；养猪用，2 项，占 50%。二是，没有使用，13 项，占 76.47%。其中，空着，12 项，占 92.31%；别人借用，1 项，占 7.69%。没有使用的 13 项，今后的打算是：做房子，2 项，占 15.38%；出售，1 项，占 7.69%；暂无打算，放着再说，10 项，占 76.92%。

4. 对自己未来的安排或打算

对自己未来的安排或打算有效回答 314 项，分为 5 类。

第一类，维持现状，就过现在的生活。71 项，占 22.61%。他们的回答主要是：维持现状，就过现在的生活；难干新的行业；到外地不适应；做好现在的事情；安居乐业；种田，打散工，多赚钱；把自己工作搞好；好好工作，其他没想过。

第二类，发家致富，希望日子越过越好。91 项，占 28.98%。他们的回答主要是：想办厂；搞养殖业；想开个店；喂猪、经商、当老板；搞好运输工作、多赚钱；好好工作，日子越过越好；多找事做，多挣钱，发家致富；希望有生之年有套好房子。

第三类，继续打工，今后到城市生活。24 项，占 7.64%。他们的回答主要是：继续打工；想到城市生活；改变生活环境、想办法增加收入；今后跟着子女过；自己出去打工挣钱；希望向好的方向转化；搞得更好，能好点更好。

第四类，抚幼养老，享受天伦之乐。47 项，占 14.97%。他们的回答主要是：供孩子读书，帮孩子立业；赚点钱为孩子成家、买房；赚钱养老，享受天伦之乐；自力更生，自己养活自己；干到不能干；为子女服好务，作点贡献，帮助照顾孩子；不拖累孩子们。

第五类，得过且过、混一天算一天。81 项，占 25.8%。他们的回答主要是：过一天算一天、走一步看一步；只求平安度过余生；顺其自然；有事做事，没事就玩；很迷茫，没目标，没打算；身体不行，靠女儿帮助；年纪大了，能有什么打算；希望政府多给予照顾。

5. 对孩子的期望和要求

对孩子期望或要求的有效回答共 304 项，大体可分为 3 类。

第一类，希望孩子一生平安，早日成家立业。104 项，占 34.21%。他们的回答主要是：希望孩子不再贪玩，好好做事，顺利成长；勤劳工作，经济上自给自足；守法敬业，好好做人、做事；找个好媳妇结婚，早日成家立业，早点有孩子；家庭和睦，生活顺利，幸福美满；儿子、媳妇在外保重身体，注意安全，平安生活；孝敬父母，常回家看望老人。

第二类，希望孩子多多赚钱，生活一代比一代强。101 项，占 33.22%。他们的回答主要是：希望孩子好好读书，考不上好高中，就外出打工，找个好工作；学一门技术，有一技之长；健康成长，做一个自食其力、有能力赚钱的人；希望孩子比自己强，能多赚钱，多发财；希望他们生活过得好，一代比一代强；希望他们认真工作，成为中等收入者。

第三类，希望孩子努力成才，为国家、社会作贡献。99 项，占 32.57%。他们的回答主要是：希望孩子争气，能考上重点高中、考上大学；正直做人，忠诚做事；有成就、有出息；健康成长，有所作为；有机会继续深造，成为国家有用人才；当兵的就留在部队，考上军校，当军官；希望他们事业有成，回报社会、贡献国家。

数据录入：郑江帆、王　莉、胡　慧、张　冉
数据审核：郑江帆、王　莉、柳祥珍
数据统计：王　莉
报告撰写：水延凯

巡检村外出人员问卷调查报告

2010年1月，我们对该村213名外出人员进行了一次问卷调查。其中，有4份问卷回答“不可信”，没有进入录入、统计程序。本调查报告，是对209份“可信”和“基本可信”问卷进行统计分析的结果。

这次调查，是与《村民家庭调查问卷》和《外来人员调查问卷》同时交叉进行的，有关“调查工作简况”已在《巡检村村民家庭问卷调查报告》中做了说明，这里不再重复。

下面，仅就《外出人员调查问卷》的情况，报告如下。

第一部分 外出人员基本情况

根据209人的有效回答，外出人员的基本情况如下。

一 外出务工经商的时间和年龄

表1 开始外出务工经商的年度

单位：人，%

项目	有效回答	1984年前	1985～1989年	1990～1992年	1993～1995年	1996～1999年	2000～2004年	2005～2008年	2009年
人数	209	2	6	10	6	33	73	61	18
比重	100.00	0.96	2.87	4.78	2.87	15.79	34.93	29.19	8.61

巡检邮政营业处

表 2　开始外出务工经商的年龄

单位：岁，人，%

项目	有效回答	<16	16～18	19～20	21～22	23～24	25～29	30～34	35～39	>40
人数	209	8	48	26	22	22	26	23	21	13
比重	100.00	3.83	22.97	12.44	10.53	10.53	12.44	11.00	10.05	6.22

表 3　到 2009 年已外出年数

单位：年，人，%

项目	有效回答	<1	1～2	3～5	6～10	11～15	16～20	21～25	>26
人数	209	18	33	46	65	28	11	7	1
比重	100.00	8.61	15.79	22.01	31.10	13.40	5.26	3.35	0.48

表 1～表 3 的数据说明：

（1）开始外出务工经商的年度，1990 年以前的 8 人，占 3.83%；1990～1999 年的 49 人，占 23.44%；2000 年以后的 152 人，占 72.73%。这说明，相比较而言，2001 年中国加入 WTO 以后，外出务工经商的人员最多。

（2）开始外出务工经商的年龄，16 岁以下的 8 人，占 3.83%；16～20

岁的74人，占35.41%；21~29岁的70人，占33.50%；30~39岁的44人，占21.05%；40年以上的13人，占6.22%。据此计算，开始外出务工经商的平均年龄为25.7岁。与《巡检村村民家庭问卷调查报告》参加工作平均年龄“17.2岁”相比较，前者比后者平均大8.5岁。这说明，多数人是在独立生活能力较强、劳动能力较成熟的年龄才开始外出务工经商的。

（3）到2009年已外出年数，不足1年的18人，占8.61%；1~2年的33人，占15.79%；3~5年的46人，占22.01%；6~10年的65人，占31.1%；10~20年的39人，占18.66%；20年以上的8人，占3.83%。据此计算，平均外出务工经商7.4年。从总体看，现有外出务工经商人员已有了较为丰富的在外务工经商的经验。

二 外出务工经商的途径和培训

表4 外出务工经商的途径

单位：人，%

项目	有效回答	自找	父兄	亲友	中介	政府	网上	其他
人数	209	125	6	68	3		3	4
比重	100.00	59.81	2.87	32.54	1.44		1.44	1.91

表5 外出务工经商的培训

单位：人，%

项目	有效回答	没有	学校	中介	政府	拜师	其他
人数	209	164	14	3	5	14	9
比重	100.00	78.47	6.70	1.44	2.39	6.70	4.31

以上2表的数据说明：

（1）从外出务工经商的途径看，自找门路的125人，占59.81%；亲友、父兄介绍的74人，占35.41%；通过中介和上网的各3人，各占1.44%；其他（为多种途径促成）4人，占1.91%。这就是说，外出务工经商主要靠自己闯天下，其次是靠亲友、父兄帮忙，中介组织的作用微乎其微，政府完全没有发挥作用。可喜的是，网上寻觅已开始发挥实效。

(2) 从外出务工经商的培训看，没有参加过培训的 164 人，占 78.47%；通过学校培训和拜师学艺的各项 14 人，分别占 6.7%；政府培训的 5 人，占 2.39%；中介组织培训的 3 人，占 1.44%；其他 9 人，占 4.31%。这说明，在培训方面，政府和中介组织发挥的作用微乎其微；相对而言，学校培训和拜师学艺还起了较大作用。

总之，九成以上的人靠自找门路或亲友帮忙，近八成的人没有经过任何培训。这说明，巡检村外出务工经商基本上处于自发状态，政府和基层组织没有发挥应有作用。

三 开始工作和 2009 年工作的情况

流动性强，是外出务工经商的一大特点。巡检村外出务工经商人员，从开始到 2009 年的工作地点、所在行业和个人职业都发生了很大变化，其具体情况如下。

表 6 外出务工经商的地点

单位：人，%

项目		有效回答	本村	本乡镇	本县级市	本地级市	本省市区	外省市区	其他
开始工作	人数	209	49	10	17	4	21	107	1
	比重	100.00	23.44	4.78	8.13	1.91	10.05	51.20	0.48
现在工作	人数	209	4		7	4	32	159	3
	比重	100.00	1.91		3.35	1.91	15.31	76.08	1.44

表 6 的数据说明：从开始外出务工经商到 2009 年，工作地点的变化情况是，在本村的由 49 人减至 4 人，其比重由 23.44% 降至 1.91%，下降了 21.53 个百分点；在本村外、本地级市范围内的由 31 人减至 11 人，其比重由 14.82% 降至 5.26%，下降了 9.56 个百分点；在本地级市范围外、本省内的由 21 人增至 32 人，其比重由 10.05% 升至 15.31%，上升了 5.26 个百分点；在外省市区的由 107 人增至 159 人，其比重由 51.2% 增至 76.08%，上升了 24.88 个百分点。显然，工作地点的变化趋势是由近到远，而且越近降幅越大，越远增幅越大。

表 7 外出务工经商的行业

单位：人，%

项目		有效回答	种植业	养殖业	农产品加工	制造业	运输业	邮电业	商贸业
开始	人数	209	39		2	85	6	1	17
工作	比重	100.00	18.66		0.96	40.67	2.87	0.48	8.13
现在	人数	209	1		5	123	5	1	16
工作	比重	100.00	0.48		2.39	58.85	2.39	0.48	7.66

项目		餐馆业	金融保险	教育科学	文化休闲	医疗保健	社区服务	基层自治	其他
开始	人数	11		1	1	4	29		13
工作	比重	5.26	0.48	0.48	1.91	13.88		6.22	
现在	人数	8	1	1	3	4	29		12
工作	比重	3.83	0.48	0.48	1.44	1.91	13.88		5.74

说明：“其他”多是行业不稳定者。

表 7 的数据说明：从开始外出务工经商到 2009 年，所在行业的变化情况是：第一产业的种植业由 39 人减至 1 人，其比重由 18.66% 降至 0.48%，下降了 18.18 个百分点；第二产业的农产品加工和制造业由 87 人增至 128 人，其比重由 41.63% 升至 61.24%，即上升了 19.61 个百分点；第三产业的有关行业由 70 人减至 68 人，其比重由 33.49% 降至 32.54%，即下降了 0.95 个百分点。从总体看，外出务工经商人员所在行业的变化趋势是，从第一产业和第三产业向第二产业集中，其中第一产业的降幅最大。

表 8 外出务工经商的职业

单位：人，%

项目		有效回答	农林牧渔业	普通工人	技术工人	营业服务员	个体业者	小商小贩
开始	人数	209	39	72	41	27	5	5
工作	比重	100.00	18.66	34.45	19.62	12.92	2.39	2.39
现在	人数	209	1	81	56	34	6	3
工作	比重	100.00	0.48	38.76	26.79	16.27	2.87	1.44

项目		办事人员	专业人员	管理人员	民企老板	单位负责人	军警人员	其他
开始	人数	1	9	3			2	5
工作	比重	0.48	4.31	1.44			0.96	2.39
现在	人数	1	11	9				7
工作	比重	0.48	5.26	4.31			0.0	3.35

说明：“其他”多是职业不稳定者。

表 8 的数据说明：从开始外出务工经商到 2009 年，个人职业的变化情况是，农林牧渔业劳动者由 39 人减至 1 人，其比重由 18.66% 降至 0.48%，下降了 18.18 个百分点；普通工人和技术工人由 113 人增至 137 人，其比重由 54.07% 升至 65.55%，即上升了 11.48 个百分点；营业员服务员、个体业者、小商小贩由 37 人增至 43 人，其比重由 17.7% 升至 20.58%，即上升了 2.88 个百分点；办事人员、专业人员、管理人员和军警人员由 15 人增至 21 人，其比重由 7.19% 升至 10.05%，即上升了 2.86 个百分点。这就是说，除农林牧渔业劳动者大幅下降外，其他职业群体基本上均呈上升趋势，其中普通工人、技术工人等蓝领增幅最大，专业人员、管理人员等白领也有一定增幅。

四　2009 年外出家庭成员基本情况

据统计，2009 年外出务工经商的 209 户，共有家庭成员 366 人，他们的简要情况如下。

表 9　与户主关系和性别

单位：人，%

项目	合计	与户主关系							性别	
		户主	配偶	父母或岳父母	子女	媳婿	孙辈	兄弟姐妹	男	女
人数	366	105	77	21	132	25	2	4	212	154
比重	100.00	28.69	21.04	5.74	36.07	6.83	0.55	1.09	57.92	42.08

表 10　年龄

单位：岁，人，%

项目	合计	<19	20~24	25~29	30~39	40~49	50~59	60~69	>69
人数	366	29	63	43	86	104	28	11	2
比重	100.00	7.92	17.21	11.75	23.50	28.42	7.65	3.01	0.55

表 11　文化程度

单位：人，%

项目	6 周岁以上人口	文盲	小学	初中	高中	中专职高	大专	本科以上
人数	366	12	62	226	38	14	10	4
比重	100.00	3.28	16.94	61.75	10.38	3.83	2.73	1.09

表 12　婚姻状况

单位：人，%

项目	15 周岁以上人口	未婚	已婚	离婚再婚	离婚未婚	丧偶再婚	丧偶未婚	分居同居
人数	366	107	250	2	3	1	3	
比重	100.00	29.23	68.31	0.55	0.82	0.27	0.82	

表 13　政治面貌

单位：人，%

项目	14 周岁以上人口	中共党员	共青团员	民主党派	无党派
人数	366	7	27		332
比重	100.00	1.91	7.38		90.71

表 9 ~ 表 13 的数据说明：

（1）从家庭规模看，209 户共有外出家庭成员 366 人，户均 1.75 人，比全村户均 3.88 人，[①] 少 2.13 人。这说明，外出的家庭成员，大都少而精。

（2）从与户主关系看，209 户全部由一、二等亲组成。其中，一等亲（包括血亲的父母、子女和姻亲的配偶、公婆、岳父母、媳、婿）360 人，占 98.36%；二等亲（包括孙辈和兄弟姐妹）6 人，占 1.64%。显然，一起外出的绝大多数都是最亲的人。

（3）从性别看，男 212 人，占 57.92%；女 154 人，占 42.08%。性比例（男性/女性）137.66，比全村性比例 106.25 高 31.41。看来，外出务工经商主要是男性的事业。

（4）从年龄看，366 人的平均年龄为 35.88 岁，比全村 1353 人平均年龄 37.73 岁小 1.85 岁。其中，30 岁以下的年轻人 135 人，占 36.89%。

（5）从文化程度看，366 人平均受教育 8.84 年，比全村 6 周岁以上 1302 人平均受教育 8.45 年多 0.39 年。但是，受过高中以上教育的仅 66 人，占 18.03%；比全村受过高中以上教育的占 23.27% 低 5.24 个百分点。这就是说，绝大多数外出人员都是初中、小学文化程度。

① 参见本书《巡检村村民家庭问卷调查报告》，下同。

（6）从婚姻状况看，已婚和有配偶的253人，占69.13%；未婚和无配偶的113人，占30.87%。

（7）从政治面貌看，中共党员7人，占1.91%；共青团员27人，占7.38%；无党派332人，占90.71%。巡检村总人口1353人，其中有中共党员37人，占2.73%；共青团员122人，占9.02%。这就是说，外出人员中中共党员和共青团员的比例均低于全村平均水平。

第二部分　收入、支出情况

一　外出第一年收入情况

表14　第一年的收入

单位：元，%

项目	合计（209人）	工资	补助	奖金	其他
数量	1793153	1741011	17950	18592	15600
比重	100.00	97.09	1.00	1.04	0.87
人均	8580	8330	86	89	75

表15　收入分组

单位：元，人，%

项目	合计	<1000	1000~2000	2000~5000	5000~10000	10000~20000	20000~30000	30000~50000	>50000
数量	209	14	13	54	74	48	4		2
比重	100.00	6.70	6.22	25.84	35.41	22.97	1.91		0.96

表14和表15的数据说明：

（1）从收入水平看，人均8580元。据计算，209人平均外出务工经商7.4年，即外出务工经商的第一年应为2001~2002年之间。据这两年国民经济和社会发展统计公报数据，2001年，农村居民人均纯收入2366元；2002年，农村居民人均纯收入2476元。外出务工经商的第一年的收入，是前者

的3.63倍、后者的3.47倍，因而具有较强吸引力。

（2）从收入结构看，工资占97.09%，补助、奖金等合计仅占2.91%。这就是说，除工资外，几乎没有什么其他收入。

（3）从收入分组看，5000～10000元组人数最多，占35.41%；2000～5000元组人数次之，占25.84%；10000～20000元组人数第三，占22.97%；不足2000元的占12.92%；20000元以上的占2.87%。总体看，收入分组向低收入组倾斜，超50000元的是经商户。

二 2009年收入情况

表16 2009年的收入

单位：元，%

项目	合计(209人)	工资	补助	奖金	养老	医疗	劳保	其他
数量	4263450	4052900	43550	31780	360	22660		112200
比重	100.00	95.06	1.02	0.75	0.01	0.53		2.63
人均	20399	19392	208	152	2	108		537

表17 收入分组

单位：元，人，%

项目	合计	<1000	1000～2000	2000～5000	5000～10000	10000～20000	20000～30000	30000～50000	>50000
数量	209	1	4	6	34	99	38	19	8
比重	100.00	0.48	1.91	2.87	16.27	47.37	18.18	9.09	3.83

表16和表17的数据说明：

（1）从收入水平看，人均20399元，是外出务工经商第一年的2.38倍，是2009年全国“农村居民人均纯收入5153元”① 的3.96倍，因而具有更强的吸引力。

另据统计，2009年20%人均收入最高的42户，人均收入35793元；

① 《2009年国民经济和社会发展统计公报》，中央政府门户网站 www.gov.cn 2010年2月25日。

20% 人均收入最低的 42 户，人均收入仅 14787 元，前者是后者的 2.42 倍。

（2）从收入结构看，工资占 95.06%，补助、奖金、社会保障等合计占 4.94%。这说明，工资外收入的数量及其比重有所增加，但总体看仍然非常有限。

（3）从收入分组看，10000 ~ 20000 元组人数最多，占 47.37%；20000 ~ 30000 元组人数次之，占 18.18%；5000 ~ 10000 元组人数第三，占 16.27%；不足 5000 元的占 5.26%；30000 元以上的占 12.92%。总体看，收入分组向高收入组倾斜，50000 元以上户增至 3.83%。

三　其他家庭成员收入情况

表 18　2009 年的收入

单位：元，%

项目	合计(86 户)	工资	补助	奖金	养老	医疗	劳保	其他
数量	1818330	1651100	3000	2000	—	1230	—	161000
比重	100.00	90.80	0.16	0.11	—	0.07	—	8.85
户均	21143	19199	35	23	—	14	—	1872

表 19　收入分组

单位：元，人，%

项目	合计	<1000	1000 ~ 2000	2000 ~ 5000	5000 ~ 10000	10000 ~ 20000	20000 ~ 30000	30000 ~ 50000	>50000
数量	86	—	—	10	13	30	21	8	4
比重	100.00	—	—	11.63	15.12	34.88	24.42	9.30	4.65

表 18 和表 19 的数据说明：

（1）从收入水平看，人均 21143 元，比外出务工经商者的人均 20399 元，还多 744 元。这是因为，外出务工经商者的其他家庭成员多从事小本经营活动，因而他们的收入往往比外出务工经商者本人还多一点。

（2）从收入结构看，工资占 90.80%，补助、奖金、社会保障等合计占 0.34%，其他（主要是小本经营收入）占 8.85%。这说明，其他家庭成员工资外的补助、奖金、社会保障收入极少，只因其他收入所占比重较大，才使得工资所占比重较低。

（3）从收入分组看，10000～20000元组人数最多，占34.88%；20000～30000元组人数次之，占24.42%；5000～10000元组人数第三，占15.12%；不足5000元的占11.63%；30000元以上的占13.95%。总体看，收入分组向高收入组倾斜，50000元以上户增至4.65%。

四 2009年的支出情况

表20 2009年的支出

单位：元，%

项目	合计	生活	衣着	房租	水电	交通	通信	医疗	其他
数量	2334589	974000	259860	400770	48290	186544	154885	113900	196340
比重	100.00	41.72	11.13	17.17	2.07	7.99	6.63	4.88	8.41
户均	11170	4660	1243	1918	231	893	741	545	939

表21 支出分组

单位：元，人，%

项目	合计	<1000	1000～2000	2000～5000	5000～10000	10000～20000	20000～30000	30000～50000	>50000
数量	209	15	14	39	57	55	18	7	4
比重	100.00	7.18	6.70	18.66	27.27	26.32	8.61	3.35	1.91

表20和表21的数据说明：

（1）从支出水平看，人均11170元，占人均收入20399元的54.76%。这就意味着，外出务工经商人员平均每人全年只能带9229元回家。

（2）从支出结构看，首先，是生活消费支出，占41.72%；其次，是房租、水电支出，占19.24%；第三，是交通、通信支出，占14.62%；第四，是衣着支出，占11.13%；第五，是医疗支出，占4.88%。其他支出，主要是“赶情送礼”、孩子读书和文化消费等，占8.41%。这说明，外出务工经商人员生活非常简朴，除最必需支出外，决不乱花钱。就生活消费而言，总

额为974000元，户均4660元，人均2661元，按在外时间平均10个月计算，每人每月生活费仅266元，即每天不足9元。

（3）从支出分组看，5000～10000元组人数最多，占27.27%；10000～20000元组人数次之，占26.32%；2000～5000元组人数第三，占18.66%；不足2000元的占13.88%；20000元以上的占13.87%。总体看，收入分组高低平衡，50000元以上的户仅占1.91%。

五 2009年结余情况

表22 收入大于支出

单位：元，人，%

项目	合计	<1000	1000～2000	2000～5000	5000～10000	10000～20000	20000～30000	30000～50000	>50000
数量	202	8	3	20	37	69	31	28	6
比重	100.00	3.96	1.49	9.90	18.32	34.16	15.35	13.86	2.97

表23 支出大于收入

单位：元，人，%

项目	合计	<1000	1000～2000	2000～5000	5000～10000	10000～20000	20000～30000	30000～50000	>50000
数量	7	2	1	2	2				
比重	100.00	28.57	14.29	28.57	28.57				

表22和表23的数据说明：

（1）在209户中，收入大于支出的202户，占96.65%；支出大于收入的7户，占3.35%。这就是说，外出务工经商不可能百分之百赚钱，它是存在一定风险的。

（2）在收入大于支出的202户中，10000～20000元组人数最多，占34.16%；5000～10000元组人数第二，占18.32%；20000～30000元组人数第三，占15.35%；30000～50000元组人数第四，占13.86%；不足5000元的占15.35%；50000元以上的占2.97%。据了解，收入高低主要取决于外

出务工经商的地域、行业和职业，一般地说，沿海地区、大城市特大城市、经济发达地区收入较高，反之则收入较低；商业、贸易、交通、运输等行业收入较高，制造、基建、环保、服务等行业收入较低；专业技术、中层管理以及技术工人等职业收入较高，一般体力劳动，以及营业员、服务员则收入较低。

（3）在支出大于收入的 7 户中，不足 2000 元的 3 户，占 42.86%；2000～10000 元的 4 户，占 57.14%。支出大于收入的主要原因有三：一是，职业不稳定，经常处于失业状态；二是，出现工伤或事故，不能正常参加劳动；三是，老板出状况，不能正常发放工资。当然，这与外出务工经商者个人缺乏应变能力也有密切联系。

第三部分　劳动、生活情况

一　2009 年劳动情况

表 24　劳动合同

单位：人，%

项目	合计	无	口头	文字	其他
数量	209	53	72	76	8
比重	100.00	25.36	34.45	36.36	3.83

表 25　履行合同

单位：人，%

项目	合计	能	部分	不能	其他
数量	156	90	44	15	7
比重	100.00	57.69	28.21	9.62	4.49

表 26　每天工作小时

单位：小时，人，%

项目	合计	8 以下	8～10	10～12	12 以上	其他
数量	209	36	71	71	27	4
比重	100.00	17.22	33.97	33.97	12.92	1.91

表 27　劳动强度

单位：人，%

项目	合计	不大	一般	较大	很大	其他
数量	209	26	81	85	16	1
比重	100.00	12.44	38.76	40.67	7.66	0.48

表 28　防护用品

单位：人，%

项目	合计	帽子	口罩	手套	鞋	服装	其他
数量	195	41	11	7	33	31	72
比重	100.00	21.03	5.64	3.59	16.92	15.90	36.92

表 29　劳保措施

单位：人，%

项目	合计	饮料	药品	消毒	体检	休假	其他
数量	194	41	11	7	32	31	72
比重	100.00	21.13	5.67	3.61	16.49	15.98	37.11

表 30　工资发放

单位：人，%

项目	合计	及时、足额	大部分	很少	不能	其他
数量	209	169	26	4	1	9
比重	100.00	80.86	12.44	1.91	0.48	4.31

表 24～表 30 的数据说明：

（1）从劳动合同看，无合同的 53 人，占 25.36%；有合同的 156 人，占 74.64%，其中有文字合同的仅占 36.36%。这说明，签订劳动合同这一维护劳动者权益的第一关就没有过好，它必然为维护劳动者权益留下了巨大隐患。

（2）从履行合同看，在有合同的 156 人中，能履行的 90 人，占 57.96%；部分履行的 44 人，占 28.21%，两者合计 134 人，占 86.17%。这就是说，有 22 人的劳动合同不能履行或不能完全履行。如果再加上无合同的 53 人，那么就有 75 人即占 209 名外出务工经商者 35.89% 的劳动者，得

不到合同保障。

（3）从每天工作时间看，8 小时及其以下的仅 36 人，占 17.22%；8 小时以上的 169 人，占 80.86%，其中 10 小时以上的 98 人，占 46.89%，即差不多一半外出务工经商者经常处于超长时间的劳动之中，这不能不说是一个严重问题。

（4）从劳动强度看，居于第一位的是“较大”、“很大” 101 人，占 48.33%；第二位“一般” 81 人，占 38.76%；“不大”仅占 12.44%。

（5）从防护用品看，在单项防护用品中，帽子居第一位，占 21.03%；鞋居第二位，占 16.92%；服装居第三位，占 15.90%。这就是说，仅有 1/5 的人领取过最普通的防护用品——帽子，其他防护用品则少得可怜。

（6）从劳保措施看，在单项劳保措施中，饮料居第一位，占 21.13%；体检居第二位，占 16.49%；休假居第三位，占 15.98%。这说明，只有 1/5 左右的人获得过最一般的劳保措施——饮料，其他劳保措施少之又少。

（7）从工资发放看，能及时、足额发放的 169 人，占 80.86%；另外 40 人，连劳动报酬都无法保证全额领取。尤其是，有 5 人甚至不能或很少领取劳动报酬，这是极其严重的社会问题，应该引起高度重视。

二　2009 年维权情况

表 31　与老板发生矛盾时怎么办

单位：人，%

项目	合计	忍	发牢骚	提意见	磨洋工	力争	找工会	打官司	辞职	其他
数量	206	106	15	18	1	2	2	4	43	15
比重	100.00	51.46	7.28	8.74	0.49	0.97	0.97	1.94	20.87	7.28

表 32　法律援助机构

单位：人，%

项目	合计	曾得到援助	知道一些	不了解	不清楚	没听说	其他
数量	209	29	46	48	67	15	4
比重	100.00	13.88	22.01	22.97	32.06	7.18	1.91

表 33　维权经历

单位：人，%

项目	合计	没有	靠自己	工友帮忙	工会帮助	法援机构	其他
数量	209	183	10	7	2	2	5
比重	100.00	87.56	4.78	3.35	0.96	0.96	2.39

表 31 ~ 表 33 的数据说明：

（1）对于“与老板发生矛盾时怎么办”这个问题，在有效回答的 206 人中，第一位是“忍”，106 人，占 51.46%；第二位的是“辞职”，43 人，占 20.87%；第三位是“提意见”，18 人，占 8.74%。敢于“打官司”的，4 人，占 1.94%；“找工会”的，2 人，占 0.97%。这一组数据起码说明三个问题：一是，在“与老板发生矛盾时”，农民工处于绝对劣势地位。“忍”字当头和“辞职”就是具体表现。二是，农民工中已有一部分人开始学会采用多种形式反抗，例如，打官司、辞职、提意见、磨洋工等。三是，现有工会，根本不能维护农民工权益，因而在“与老板发生矛盾时”，99% 以上的农民工都不会去找它。

（2）对于“法律援助机构”这个问题，在有效回答的 209 人中，“曾得到援助”的 29 人，占 13.88%；“知道一些”的 46 人，占 22.01%，两者合计 75 人，占 35.89%。此外，近 2/3 的人完全不知道这方面的情况。这说明，在农民工中普及法律知识任重道远。

（3）对于“维权经历”这个问题，在有效回答的 209 人中，“没有”的 183 人，占 87.56%；“靠自己”的 10 人，占 4.78%；“工友帮忙”的 7 人，占 3.35%；“工会帮助”的 2 人，占 0.96%；“法援机构”的 2 人，占 0.96%；工会和法援机构均处于末位。它说明，有组织地实施法律援助，尚处于初始阶段。

三　2009 年生活情况

表 34　居住情况

单位：人，%

项目	合计	免费	交费	合伙租房	单独租房	其他
数量	209	102	18	25	61	3
比重	100.00	48.80	8.61	11.96	29.19	1.44

表 35　建筑面积

单位：平方米，人，%

项目	合计	<4	4～8	8～12	12～20	>20
数量	209	31	45	34	53	46
比重	100.00	14.83	21.53	16.27	25.36	22.01

表 36　每月租金

单位：元，人，%

项目	合计	<10	11～20	21～50	51～100	>100
数量	107	1	2	10	14	80
比重	100.00	0.93	1.87	9.35	13.08	74.77

表 37　餐饮情况

单位：人，%

项目	合计	免费	供中餐	自己购买	合伙做饭	自己做饭	其他
数量	209	59	13	42	12	73	10
比重	100.00	28.23	6.22	20.10	5.74	34.93	4.78

表 38　卫浴情况

单位：人，%

项目	合计	免费洗浴	自费洗浴	合伙洗浴	单独洗浴	其他
数量	209	69	24	16	72	28
比重	100.00	33.01	11.48	7.66	34.45	13.40

表 39　医疗情况

单位：人，%

项目	合计	老板设施自费治疗	国有机构自费治疗	社区机构自费治疗	个体诊所自费治疗	医保组织部分自费	其他
数量	209	12	22	69	57	25	24
比重	100.00	5.74	10.53	33.01	27.27	11.96	11.48

表 40　娱乐情况

单位：人，%

项目	合计	老板设施免费消费	老板设施自费消费	社区设施自费消费	工友设施自费消费	自己设施自费消费	其他
数量	209	14	3	58	13	46	75
比重	100.00	6.70	1.44	27.75	6.22	22.01	35.89

表34～表40的数据说明：

（1）从居住情况看，免费提供住房102人，占48.8%；租房居住107人，占51.2%。

（2）从建筑面积看，人均12.92平方米，其中：8平方米及其以下的76人，占36.36%；8～20平方米的87人，占41.63%；20平方米及其以上的46人，占22.01%。

（3）从每月租金看，租房居住的107人，人均约150元，其中：50元及其以下的13人，占12.15%；50～100元的14人，占13.08%；100元及其以上的80人，占74.77%。这与表20的数据相近（房租支出户均1918元，按在外时间10个月计算，平均每月192元，是仅次于生活消费的第二大支出项目）。

（4）从餐饮情况看，免费59人，占28.23%；供中餐13人，占6.22%；自己购买或自己做饭137人，占65.55%。

（5）从卫浴情况看，免费69人，占33.01%；另2/3得靠自己解决。

（6）从医疗情况看，医保组织部分自费的25人，占11.96%；其他都得自费治疗。这说明，在农民工中实行医疗保障制度改革，不仅任重道远，而且迫在眉睫。

（7）从娱乐情况看，老板设施免费消费14人，占6.7%；另90%以上都得靠自己消费。

四　2009年孩子上学情况

在接受调查的209户中，只有5户有孩子在务工经商地上学，其具体情况如下。

表41　学校类型

单位：人，%

项目	合计	老板设施免费上学	老板设施自费上学	社区设施自费上学	工友设施自费上学	其他
数量	5			4		1
比重	100.00			80.00		20.00

表 42　每年学费

单位：元，人，%

项目	合计	<200	200~500	500~1000	1000~2000	>2000
数量	5		1		2	2
比重	100.00		20.00		40.00	40.00

表 43　每年杂费

单位：元，人，%

项目	合计	<200	200~500	500~1000	1000~2000	>2000
数量	5			2	1	2
比重	100.00			40.00	20.00	40.00

表 41～表 43 的数据说明：（1）从学校类型看，社区 4 人，占 80%；另 1 人说不清，只能列为其他。（2）从学费看，平均每人每学年约 1400 元，其中 2000 元及其以上的 2 人，占 40%。（3）从杂费看，平均每人每学年约 1800 元，其中 2000 元及其以上的 2 人，占 40%。杂费超过学费，这是非常值得注意的问题。

第四部分　看法和建议

1. *“您认为农村劳动力外出务工经商有哪些好处?”*

对于这个问题的有效回答共 175 项，大体可分为 4 类：（1）增加收入，改善生活。109 项，占 62.29%。他们的回答主要是：可改善家庭经济状况；不用投资，不需要资金场地，可解决就业问题；家里没田种，可找到谋生机会；过得比较舒服；有钱供孩子上学；对孩子发展有利。（2）既赚到钱，又增长才干。44 项，占 25.14%。他们的回答主要是：既赚到钱，又学到谋生技能，增长了才干；减少父母负担，锻炼自己独立生活能力；可学习先进的人或事，工资比本地高；可以开阔眼界，见世面、长见识，何乐而不为呢？（3）搞活经济，促进建设。20 项，占 11.43%。他们的回答主要是：可搞活

当地经济，促进当地建设发展；对提高家庭收入、促进当地发展都有好处。（4）不知道、说不清楚。2 项，占 1.14%。

2. *“您认为农村劳动力外出务工经商还存在哪些问题?”*

对于这个问题的有效回答共 146 项，大体可分为 6 类：（1）打工条件比较差。42 项，占 28.77%。他们的回答主要是：工作时间过长；加班没有加班费；居住条件差；劳动强度大；工资太低，待遇差，福利少；工资不能按时发放；八小时以外的事没有人管。（2）职业培训不充分。24 项，占 16.44%。他们的回答主要是：文化知识、劳动技能都跟不上形势；没有技术专长，在外谋生艰难；没有手艺、没有技术、没有专长，只能干苦力活。（3）政府关心很不够。19 项，占 13.01%。他们的回答主要是：出台好政策不够；希望政府组织农民工到大城市就业；农民工一盘散沙，没有组织，政府放任自流；政府应多设专业、可靠、免费的中介机构；担心受骗，不安全；交通费用高，信息不灵，生意难做，应降低交通票价。（4）社会保障不健全。16 项，占 10.96%。他们的回答主要是：劳动没有保障；劳动条件差，安全没有保障；社会保障制度不健全，合法权益不能得到充分保障；老板不遵守劳动法；劳动法执行不力；合法权益受到侵犯时，很难维权。（5）留守问题相当多。6 项，占 4.11%。他们的回答主要是：无法照顾老人；孩子无人管；长年在外，家庭没人照顾；留守问题不少。（6）说不清楚。39 项，占 26.71%。他们的回答主要是：问题很多，说不清楚；不知道怎么说。

3. *“为了搞好农村劳动力外出务工经商，您对政府有哪些建议?”*

对于这个问题的有效回答共 154 项，大体可分为 5 类：（1）搞好服务和维权。40 项，占 25.97%。他们的回答主要是：多提供劳务信息；提高最低工资标准；保障能按时、足额领到工资；提供医疗保障；加大维权力度；加强维权教育、提高农民工素质；设立维权办事机构。（2）加强培训和宣传。38 项，占 24.68%。他们的回答主要是：多组织技能培训、就业培训，使受训人员有一技之长；加大对年轻劳动力培训，提高打工者素质；搞好订单式培训；应重视发现人才、培养人才。（3）完善立法和监督。32 项，占 20.78%。他们的回答主要是：完善有关农民工的法律和政策；政策好，还要落实到位；加强对企业的监督与检查；加强对小厂管理；应严格执行劳动合同法；减轻农民工的劳动强度；搞好社会治安；火车票对打工者应优惠一些，打击票贩子。（4）发展本地经济。9 项，占 5.84%。他们的回答主要是：应该放宽政策，让做生意的人放心；最好能在本地办厂、发展经济；在本地务工经商，既能发展经济，又能照顾家庭，解决老人、孩子的照料问题；小孩在外读书费用太高。（5）说不清楚。35 项，占 22.73%。他们的回答主要是：说不清楚；不知道怎么说。

开调查会

数据录入：郑江帆、王　莉、胡　慧、张　冉

数据审核：郑江帆、王　莉、柳祥珍

数据统计：王　莉

报告撰写：水延凯

巡检村外来人员问卷调查报告

2010年1月，我们对巡检村128名外来人员进行了一次问卷调查。其中，有1份问卷回答“不可信”，没有进入录入、统计程序。本调查报告，是对127份“可信”和“基本可信”问卷进行统计分析的结果。

这次调查，是与《巡检村村民家庭调查问卷》和《巡检村外出人员调查问卷》同时交叉进行的，有关“调查工作简况”已在《巡检村村民家庭问卷调查报告》中做了说明，这里不再重复。

下面，仅就《巡检村外来人员调查问卷》的情况，报告如下。

第一部分　个人、家庭的基本情况

根据127人的有效回答，外来人员个人和家庭的基本情况如下。

一　何时来巡检村

表1　哪年来巡检村

单位：人，%

项目	合计	1979年前	1980～1984年	1985～1989年	1990～1992年	1993～1995年	1996～1999年	2000～2004年	2005～2008年	2009年
人数	127	10	5	15	6	10	21	33	26	1
比重	100.00	7.87	3.94	11.81	4.72	7.87	16.54	25.98	20.47	0.79

巡检候车站

表 2　当时的年龄

单位：岁，人，%

项目	合计	<16	16～18	19～20	21～22	23～24	25～29	30～34	35～39	>40
人数	127	5	2	5	7	6	21	21	17	43
比重	100.00	3.94	1.57	3.94	5.51	4.72	16.54	16.54	13.39	33.86

表 3　来巡检年数

单位：年，人，%

项目	合计	<1	1～2	3～5	6～10	11～15	16～20	21～25	26～30	>30
人数	127		13	23	31	23	9	14	5	9
比重	100.00		10.24	18.11	24.41	18.11	7.09	11.02	3.94	7.09

表 1～表 3 的数据说明：（1）从来巡检时间看，1980 年前 10 人，占 7.87%；1980～1989 年 20 人，占 15.75%；1990～1999 年 37 人，占 29.13%；2000 年以后 60 人，占 47.24%。这说明，加入 WTO 大大加速了中国人口的社会流动，它既是外出人员最多的时期，也是外来人员最多的时期。（2）从来巡检年龄看，16 岁以下的 5 人，占 3.94%；16～20 岁的 7 人，占 5.51%；21～29 岁的 34 人，占 26.77%；30～39 岁的 38 人，占 29.92%；40 岁以上的 43 人，占 33.86%。据此计算，127 人来巡检村时的

平均年龄为33.87岁，即比外出人员平均年龄25.7岁大8.17岁。这说明，巡检村的外来人员比外出人员独立生活能力更强、劳动能力更成熟。(3) 从来巡检年数看，5年及其以下的36人，占28.35%；6~10年的31人，占24.41%；11~20年的32人，占25.2%；21~30年的19人，占14.96%；30年以上的9人，占7.09%。据此计算，127人来巡检村平均13.09年，已与巡检村及其村民结下了深厚友谊。

二 通过什么途径来

表4 来巡检的途径

单位：人，%

项目	合计	自己寻找	随父兄来	亲友介绍	单位招聘	组织分配	其他
人数	127	31	13	40	9	23	11
比重	100.00	24.41	10.24	31.50	7.09	18.11	8.66

表4的数据说明：第一位是亲友介绍，40人，占31.5%；第二位是自己寻找，31人，占24.41%；第三位是组织分配（如卫生院医务人员、中小学教师等），23人，占18.11%；第四位随父兄而来，13人，占10.24%；第五位单位招聘9人，占7.09%。这就是说，绝大多数是通过市场+关系而来的，由政府有组织分配而来的不足1/5。

三 主要目的

表5 来巡检的主要目的

单位：人，%

项目	合计	打工	读书	从事专业活动	经商	种地	投亲靠友	其他
人数	127	13	7	33	32	2	16	24
比重	100.00	10.24	5.51	25.98	25.20	1.57	12.60	18.90

说明："其他"是指有多项目的或说不清者。

表5的数据说明：按单项主要目的计算，从事专业活动的人员最多（主要由分配和招聘而来的人员组成），33人，占25.98%；经商者次之，32

人，占 25.20%；第三是投亲靠友，16 人，占 12.60%；第四是打工，13 人，占 10.24%。

四　2009 年在巡检家庭成员的基本情况

127 位外来人员在巡检有家庭成员 396 人，他们的基本情况如下。

表 6　与户主关系和性别

单位：人，%

项目	合计	与户主关系							性别	
		户主	配偶	父母或岳父母	子女	媳婿	孙辈	兄弟姐妹	男	女
人数	396	124	110	25	122	5	7	3	208	188
比重	100.00	31.3	27.8	6.3	30.8	1.3	1.8	0.8	52.5	47.5

表 7　年龄

单位：岁，人，%

项目	合计	0 ~ 4	5 ~ 9	10 ~ 14	15 ~ 19	20 ~ 24	25 ~ 29	30 ~ 34
人数	396	9	16	17	37	35	18	32
比重	100.00	2.27	4.04	4.29	9.34	8.84	4.55	8.08
项目	35 ~ 39	40 ~ 44	45 ~ 49	50 ~ 54	55 ~ 59	60 ~ 69	70 ~ 79	> 80
人数	35	48	36	27	15	46	24	1
比重	8.84	12.12	9.09	6.82	3.79	11.62	6.06	0.25

表 8　文化程度

单位：人，%

项目	6 周岁以上人口合计	文盲	小学	初中	高中	中专职高	大专	本科
人数	383	41	99	143	35	17	26	22
比重	100.00	10.70	25.85	37.34	9.14	4.44	6.79	5.74

表 9　婚姻状况

单位：人，%

项目	15 周岁以上人口合计	未婚	已婚	离婚再婚	离婚未婚	丧偶再婚	丧偶未婚	分居	同居	其他
人数	354	77	260	2	2	3	9	1		
比重	100.00	21.75	73.45	0.56	0.56	0.85	2.54	0.28		

表 10　政治面貌

单位：人，%

项目	14 周岁以上人口合计	中共党员	共青团员	无党派
人数	360	16	43	301
比重	100.00	4.44	11.94	83.61

表 6～表 10 的数据说明：

（1）从家庭规模看，127 户共有家庭成员 396 人，户均 3.12 人，比全村村民户均 3.88 人，少 0.76 人。这说明，外来的家庭成员一般比较精干。

（2）从与户主关系看，127 户全部由一、二等亲组成。其中，一等亲（包括血亲的父母、子女和姻亲的配偶、公婆、岳父母、媳、婿）386 人，占 97.47%；二等亲（包括孙辈和兄弟姐妹）10 人，占 2.53%。这说明，一起外来的绝大多数都是最亲的人。

（3）从性别看，男 208 人，占 52.50%；女 188 人，占 47.50%。性比例（男性/女性）110.64，比全村性比例 106.25 高 4.39。

（4）从年龄看，396 人的平均年龄 38.83 岁，比全村 1353 人平均年龄 37.73 岁大 1.1 岁；比外出人员平均 35.88 岁大 2.95 岁。其中，35～59 岁的中年人 161 人，占 40.66%。

（5）从文化程度看，6 周岁以上的 383 人平均受教育 8.41 年，比全村 6 周岁以上人员平均受教育 8.45 年少 0.04 年，比外出人员平均受教育 8.84 岁少 0.43 年。但是，他们中受过高等教育的 48 人，占 12.53%；比全村受过高等教育的 6.45% 高 6.08 个百分点，比外出人员受过高等教育的 3.82% 高 8.71 个百分点。这就是说，虽然外来人员平均受教育年数低于全村和外出人员的平均水平，但受过高等教育人员的比重却大大高于全村和外出人员的水平。

（6）从婚姻状况看，在 15 周岁以上的 354 人中，已婚和有配偶的 266 人（包括离婚再婚 2 人、丧偶再婚 3 人、分居 1 人），占 75.14%；未婚和无配偶的 88 人，占 24.86%。

（7）从政治面貌看，中共党员 16 人，占 4.44%；共青团员 43 人，占 11.94%；无党派 301 人，占 83.61%。巡检村村民中，中共党员占 2.73%，

共青团员占9.02%；外出人员中，中共党员占1.91%，共青团员占7.38%。这就是说，外来人员中中共党员和共青团员的比例，均高于全村平均水平，更高于外出人员的平均水平。

第二部分　工作、生活与人际关系

据127名外来人员的有效回答，他们的工作、生活与人际关系情况如下。

一　哪一年开始工作？

表11　哪一年开始工作

单位：人，%

项目	合计	1979年前	1980～1984年	1985～1989年	1990～1992年	1993～1995年	1996～1999年	2000～2004年	2005～2008年	2009年
人数	127	59	19	19	8	8	9	4	1	
比重	100.00	46.46	14.96	14.96	6.30	6.30	7.09	3.15	0.79	

表11的数据说明：1979年前59人，占46.46%；1980～1989年38人人，占29.92%；1990～1999年25人，占19.69%；2000年后5人，占3.94%。这说明，他们开始工作的年度，一般较早。因为，他们的平均年龄较大，2009年已达46.96岁（127人来巡检村时的平均年龄33.87岁，到2009年来巡检村平均已达13.09年）。

二　开始工作和现在工作情况

表12　工作地点

单位：人，%

项目		合计	本址	本村	本乡镇	本县级市	本地级市	本省市区	省市区外
开始工作	人数	127		32	55	27	1	2	10
	比重	100.00		25.20	43.31	21.26	0.79	1.57	7.87
现在工作	人数	114		80	11	5	2	16	
	比重	100.00		70.18	9.65	4.39	1.75	14.04	

表 13　所在行业

单位：人，%

项目		合计	种植业	养殖业	农产品加工	制造业	运输业	邮电业	商贸业
开始工作	人数	127	51	2	2	18	1		7
	比重	100.00	40.16	1.57	1.57	14.17	0.79		5.51
现在工作	人数	114	9	3	3	21	5		17
	比重	100.00	7.89	2.63	2.63	18.42	4.39		14.91
项目		餐馆业	金融保险	教育科学	文化休闲	医疗保健	社区服务	基层自治	其他
开始工作	人数	1		24		7	6	2	6
	比重	0.79		18.90		5.51	4.72	1.57	4.72
现在工作	人数	5	1	24	2	8	8		8
	比重	4.39	0.88	21.05	1.75	7.02	7.02		7.02

说明："其他"多是行业不稳定者。

表 14　个人职业

单位：人，%

项目		合计	农林牧渔业	普通工人	技术工人	营业服务员	个体业者	小商小贩
开始工作	人数	126	52	15	9	1	3	3
	比重	100.00	41.27	11.90	7.14	0.79	2.38	2.38
现在工作	人数	114	11	14	12	1	19	9
	比重	100.00	9.65	12.28	10.53	0.88	16.67	7.89
项目		办事人员	专业人员	管理人员	民企老板	单位负责人	军警人员	其他
开始工作	人数	4	25	4			3	7
	比重	3.17	19.84	3.17			2.38	5.56
现在工作	人数	1	30	2	2			13
	比重	0.88	26.32	1.75	1.75			11.40

说明："其他"多是职业不稳定者。

表 12～表 14 的数据说明：

（1）从工作地点看，开始工作，本村 32 人，占 25.20%；本村外、本县级市内 82 人，占 64.57%；本县级市外 13 人，占 10.24%。现在工作，本村 80 人，占 70.18%；本村外、本县级市内 16 人，占 14.04%；本县级市外 18 人，占 15.79%。显然，工作地点的变化趋势是：本村外、本县级市内下降了 50.53 个百分点，本村上升了 44.98 个百分点，本县级市以

外、特别是外省市区上升了5.55个百分点。在地域流动上，主要流向了巡检村。

（2）从所在行业看，开始工作，第一产业（种植业、养殖业）53人，占41.73%；第二产业（农产品加工和制造业）20人，占15.75%；第三产业54人，占42.52%。现在工作，第一产业12人，占10.53%；第二产业24人，占21.05%；第三产业78人，占68.42%。这说明，所在行业的变化趋势是：第一产业下降了31.2个百分点，第二产业上升了5.3个百分点，第三产业上升了25.9个百分点。在行业流动上，主要流向了第三产业。

（3）从个人职业看，开始工作，农林牧渔业劳动者52人，占41.27%；普通工人和技术工人24人，占19.05%；营业员、服务员、个体业者、小商小贩7人，占5.56%；办事人员、专业人员、管理人员和军警36人，占28.57%。现在工作，农林牧渔业劳动者11人，占9.65%；普通工人和技术工人26人，占22.81%；营业员、服务员、个体业者、小商小贩29人，占25.44%；办事人员、专业人员、管理人员和军警33人，占28.95%；民企老板2人，占1.75%。这说明，个人职业的变化趋势是：农林牧渔业劳动者比重下降了31.62个百分点；营业员、服务员、个体业者、小商小贩比重上升了19.88个百分点；普通工人和技术工人比重上升了3.76个百分点；办事人员、专业人员、管理人员和军警比重上升了0.38个百分点；民企老板则从无到有，上升1.75个百分点。在社会阶层流动上，呈现出显著上升趋势。

三　劳动、带薪休假和时间

表15　每周劳动天数

单位：天，人，%

项目	合计	3及以下	4	5	6	7
数量	127	22	5	49	12	39
比重	100.00	17.32	3.94	38.58	9.45	30.71

表 16　每天工作小时

单位：小时，人，%

项目	合计	8 以下	8 ~ 10	10 ~ 12	12 以上	其他
数量	127	78	27	17	5	
比重	100.00	61.42	21.26	13.39	3.94	

表 17　每天业余时间

单位：人，%

项目	合计	基本没有	半小时	1 小时	1.5 小时	2 小时	说不清楚
数量	127	15	5	8	1	35	63
户均	100.00	11.81	3.94	6.30	0.79	27.56	49.61

表 18　带薪休假天数

单位：天，人，%

项目	合计	0	1 ~ 10	11 ~ 20	21 ~ 30	31 ~ 60	61 以上
数量	127	97	4	3	1	6	16
比重	100.00	76.38	3.15	2.36	0.79	4.72	12.60

表 15 ~ 表 18 的数据说明：（1）从每周劳动天数看，据计算，127 人平均每周劳动 5.24 天。其中，五天以上 51 人，占 40.16%；五天 49 人，占 38.58%；五天以下 27 人，占 21.26%。总体看，超过了法定天数。（2）从每天工作小时看，据计算，127 人平均每天工作 8.24 小时。其中，8 小时以上 49 人，占 38.58%；8 小时以下 78 人，占 61.42%。总体看，略略超过了法定时数。（3）从每天业余时间看，据计算，明确回答的 64 人，平均每天 1.28 小时；说不清楚的 63 人，大都没有明确业余活动时间。总体看，缺少业余活动时间是比较普遍的现象。（4）从带薪休假天数看，实际享受带薪休假 30 人，合计休假 1560 天，人均 52 天，基本合理。但是，完全没有享受带薪休假的达 97 人，占 76.38%，是不符合规定的。

另外，对于“您在业余时间主要从事哪些活动”这个问题，有 90 人回答了 111 项活动。其中，看电视 32 项，占 28.83%；打牌 23 项，占 20.72%；做家务、带孩子 13 项，占 11.71%；锻炼、下棋、音乐、跳舞 13

项，占 11.71%；读书、看报 11 项，占 9.91%；种菜园、养猪、做活 7 项，占 6.31%；上网 1 项，占 0.9%；睡觉、聊天等 11 项，占 9.91%。显然，电视和打牌（主要是麻将），是外来人员业余活动的主要内容。

四　是否想改变工作？主要原因是什么？

表 19　是否想改变工作及其原因

单位：人，%

项目	合计	是否想改变工作？		想改变的主要原因是什么？（42 人）					
		是	否	合计	收入	条件	地位	见识	其他
数量	120	42	78	42	38	1	1	1	1
比重	100.00	35.00	65.00	100.00	90.48	2.38	2.38	2.38	2.38

表 20　不想改变工作的主要原因是什么？

单位：人，%

项目	合计	缺乏资金	对本单位满意	缺乏技术	缺乏社会关系	家庭拖累	能发挥作用	缺乏知识	难找好工作	其他
数量	78	17	12	9	3	3	11	2	11	10
比重	100.00	21.79	15.38	11.54	3.85	3.85	14.10	2.56	14.10	12.82

以上 2 表的数据说明：（1）在有效回答的 120 人中，想改变工作的 42 人，占 35%；不想改变工作的 78 人，占 65%。（2）在想改变工作的 42 人中，有 38 人主要是因为收入不能满足要求而想改变工作，占总人数的 90.48%；其他原因 4 人，占仅 9.52%。（3）不想改变工作的 78 人，可分为三类：第一类，对本单位满意、能发挥作用的，合计 23 人，占 29.49%；第二类，缺乏资金、缺乏技术、缺乏社会关系、缺乏技术、难找好工作的，合计 42 人，占 53.85%；第三类，家庭拖累和其他，合计 13 人，占 16.67%。

这就是说，从表面看，不想改变工作的 78 人，占总人数 120 人的 65%；从实质看，真正不想改变工作的只是（3）中的第一类人，即 23 人，仅占总人数 120 人的 19.17%；其他人，则大都限于条件不能改变工作，一旦条件成熟，就有可能要求改变目前的工作。

五　满意度

表 21　对劳动、工作条件满意度

单位：人，%

项目	合计	很满意	较满意	一般	不满意	很不满意	说不清楚
数量	127	18	30	43	23	1	12
比重	100.00	14.17	23.62	33.86	18.11	0.79	9.45

表 22　对劳动、工作收入满意度

单位：人，%

项目	合计	很满意	较满意	一般	不满意	很不满意	说不清楚
数量	127	7	30	47	29	4	10
比重	100.00	5.51	23.62	37.01	22.83	3.15	7.87

表 23　对住房、生活条件的满意度

单位：人，%

项目	合计	很满意	较满意	一般	不满意	很不满意	说不清楚
数量	127	8	32	46	30	2	9
比重	100.00	6.30	25.20	36.22	23.62	1.57	7.09

表 24　对与干部关系的满意度

单位：人，%

项目	合计	很满意	较满意	一般	不满意	很不满意	说不清楚
数量	127	9	45	36	10	2	25
比重	100.00	7.09	35.43	28.35	7.87	1.57	19.69

表 25　对与同事关系的满意度

单位：人，%

项目	合计	很满意	较满意	一般	不满意	很不满意	说不清楚
数量	127	18	52	32	1	1	23
比重	100.00	14.17	40.94	25.20	0.79	0.79	18.11

表 26　对与村民关系的满意度

单位：人，%

项目	合计	很满意	较满意	一般	不满意	很不满意	说不清楚
数量	127	18	61	34	2	2	10
比重	100.00	14.17	48.03	26.77	1.57	1.57	7.87

表 21 ~ 表 26 的数据说明：

（1）对劳动、工作条件，表示很满意和较满意的 48 人，占 37.79%；表示一般的 43 人，占 33.86%；表示不满意和很不满意的 24 人，占 18.90%；说不清的 12 人，占 9.45%。

（2）对劳动、工作收入，表示很满意和较满意的 37 人，占 29.13%；表示一般的 47 人，占 37.01%；表示不满意和很不满意的 33 人，占 25.98%；说不清的 10 人，占 7.87%。

（3）对住房、生活条件，表示很满意和较满意的 40 人，占 31.50%；表示一般的 46 人，占 36.22%；表示不满意和很不满意的 32 人，占 25.20%；说不清的 9 人，占 7.09%。

（4）对与干部关系，表示很满意和较满意的 54 人，占 42.52%；表示一般的 36 人，占 28.35%；表示不满意和很不满意的 12 人，占 9.45%；说不清的 25 人，占 19.69%。

（5）对与同事关系，表示很满意和较满意的 70 人，占 55.12%；表示一般的 32 人，占 25.20%；表示不满意和很不满意的 2 人，占 1.57%；说不清的 23 人，占 18.11%。

（6）对与村民关系，表示很满意和较满意的 79 人，占 62.20%；表示一般的 34 人，占 26.77%；表示不满意和很不满意的 4 人，占 3.15%；说不清的 10 人，占 7.87%。

上述 6 项，前 3 项是物质条件，后 3 项是人际关系。在物质条件中，对劳动、工作条件的满意度最高，对住房、生活条件的满意度次之，对劳动、收入的满意度较低。在人际关系中，与村民关系满意度最高，与同事关系满意度次之，与干部关系满意度较低。总体而言，外来人员对人际关

系的满意度高于对物质条件的满意度，这很可能是外来人员能够长期留在巡检村的主要原因，也是外来人员已在一定程度上融入村民群体的具体体现。

六　对外来人员帮助最大三人的情况

表 27　第一人与本人的关系

单位：人，%

项目	合计	亲戚	上级	下级	同事	同行	邻居	朋友	同乡	同学	其他
人数	126	76	14		12	5	5	10	2	2	
比重	100.00	60.32	11.11		9.52	3.97	3.97	7.94	1.59	1.59	

表 28　第二人与本人的关系

单位：人，%

项目	合计	亲戚	上级	下级	同事	同行	邻居	朋友	同乡	同学	其他
人数	84	28	9	1	17	3	5	18	2	1	
比重	100.00	33.33	10.71	1.19	20.24	3.57	5.95	21.43	2.38	1.19	

表 29　第三人与本人的关系

单位：人，%

项目	合计	亲戚	上级	下级	同事	同行	邻居	朋友	同乡	同学	其他
人数	48	14		1	6	4	1	15	2	4	1
比重	100.00	29.17		2.08	12.50	8.33	2.08	31.25	4.17	8.33	2.08

以上 3 表的数据说明：有效回答 258 人次。其中，亲戚 118 人次，占 45.74%；上级 23 人次，占 8.91%；下级 2 人次，占 0.76%；同事 35 人次，占 13.57%；同行 12 人次，占 4.65%；邻居 11 人次，占 4.26%；朋友 43 人次，占 16.67%；同乡 6 人次，占 2.33%；同学 7 人次，占 2.71%；其他 1 人次，占 0.39%。这就是说，对外来人员帮助最大的三个人：第一是亲戚，118 人次，占 45.74%；第二是朋友，43 人次，占 16.67%；第三是同事，35 人次，占 13.57%；三者合计 196 人次，占 75.97%。

第三部分 收支和结余情况

据127名外来人员的有效回答，2009年他们的收入、支出和结余情况如下。

一 2009年工资收入情况

表30 2009年全年收入

单位：万元，人，%

项目	合计	<0.6	0.6～1.2	1.2～1.8	1.8～2.4	2.4～3.6	3.6～6.0	>6.0
数量	127	31	23	22	26	18	6	1
比重	100.00	24.41	18.11	17.32	20.47	14.17	4.72	0.79

据表30的数据计算，127人全年收入约2115000元，人均收入16654元。其中，人均收入12000元及其以下的54人，占42.52%；12000～24000元的48人，占37.79%；24000元及其以上的25人，占19.69%。总体看，呈现出上窄下宽的金字塔形。

据调查，2009年巡检村外出人员人均收入20399元，外来人员人均收入16654元，后者比前者少3745元，即少18.36%。这说明，巡检村的收入水平仍然低于外出人员所在地的收入水平。这正是巡检村外出人员多于外来人员的根本原因。

在127名外来人员中，有78人的家庭成员还有收入，他们的收入情况如下。

表31 其他家庭成员的收入

单位：万元，人，%

项目	合计	<0.6	0.6～1.2	1.2～1.8	1.8～2.4	2.4～3.6	3.6～6.0	>6.0
数量	78	32	15	14	9	4	4	
比重	100.00	41.03	19.23	17.95	11.54	5.13	5.13	

据表 31 的数据计算，78 名其他家庭成员全年收入约 974000 元，人均收入 12487 元。其中，人均收入 12000 元及其以下的 47 人，占 60.26%；12000～24000 元的 23 人，占 29.49%；24000 元及其以上的 8 人，占 10.26%。总体看，也是上窄下宽的金字塔形。

此外，有 22 人在工资外还有其他收入，合计 147545 元。按 22 人计算，人均 6706.59 元；按 127 人计算，人均 1161.77 元。

如果加总计算：127 人全年收入 2115000 元 + 78 名其他家庭成员收入 974000 元 + 22 人工资外其他收入 147545 元 = 3236545 元。按 127 户计算，户均 25485 元。据调查，巡检村村民 2009 年户均纯收入 34149 元，[①] 外来人员户均收入比村民低 8664 元，即低 25.37%。应该说，这个差距是外来人员可以接受的。

二　2009 年支出情况

表 32　2009 年的支出

单位：元，人，%

项目	合计	交通	房租	水电	通信	医疗
数量	127	63630	35658	74400	71650	214980
比重		2.98	1.67	3.49	3.36	10.08
户均		501	281	586	564	1693

项目	生活	衣着	其他 1	其他 2	合计
数量	766615	595298	91080	218800	2132111
比重	35.96	27.92	4.27	10.26	100.00
户均	6036	4687	717	1723	16788

表 33　支出合计分组

单位：元，人，%

项目	合计	<1000	1000～2000	2000～5000	5000～10000	10000～20000	20000～30000	30000～50000	>50000
数量	127	2	4	13	31	51	14	8	4
比重	100.00	1.57	3.15	10.24	24.41	40.16	11.02	6.30	3.15

① 参见本书《巡检村村民家庭问卷调查报告》。

表 32 和表 33 的数据说明：

（1）从支出水平看，户均 16788 元，占户均收入 25485 元的 65.87%。这就意味着，外来人员户均只能带 8697 元回家，即比外出人员平均带回 9229 元[①]少 532 元。

（2）从支出结构看，首先是生活消费支出，占 35.96%；其次是衣着支出，占 27.92%；第三是医疗支出，占 10.08%；第四是交通、通信支出，占 6.34%；第五是房租、水电支出，占 5.16%。另外，其他支出，占 14.53%。据了解，其他支出的主要内容是："赶情送礼"、孩子读书和文化消费，等等。与外出人员支出结构相比较，生活消费支出少 5.76 个百分点；交通、通信支出少 8.28 个百分点；房租、水电支出少 14.08 个百分点；衣着支出多 16.79 个百分点；医疗支出多 5.2 个百分点；其他支出多 6.12 个百分点。[②] 这说明，巡检村的食、住、行费用较低，因而能将较多的钱用于衣着、医疗、人情、文化等方面的消费。

（3）从支出分组看，10000 ~ 20000 元组人数最多，占 40.16%；5000 ~ 10000 元组人数次之，占 24.41%；20000 ~ 30000 元组人数第三，占 11.02%；2000 ~ 5000 元组人数第四，占 10.24%；不足 2000 元的占 4.72%；30000 元以上的占 9.45%。

三 2009 年结余情况

表 34 收入大于支出

单位：元，人，%

项目	合计	<1000	1000 ~ 2000	2000 ~ 5000	5000 ~ 10000	10000 ~ 20000	20000 ~ 30000	30000 ~ 50000	>50000
数量	103	19	13	24	18	16	9	4	
比重	100.00	18.45	12.62	23.30	17.48	15.53	8.74	3.88	

① 参见本书《巡检村外出人员问卷调查报告》。

② 参见本书《巡检村外出人员问卷调查报告》。

表 35　支出大于收入

单位：元，人，%

项目	合计	<1000	1000～2000	2000～5000	5000～10000	10000～20000	20000～30000	30000～50000	>50000
数量	24	3	3	3	3	3	3	3	3
比重	100.00	12.50	12.50	12.50	12.50	12.50	12.50	12.50	12.50

表 34 和表 35 的数据说明：（1）在有效回答 127 户中，收入大于支出 103 户，占 81.1%；支出大于收入 24 户，占 18.9%。（2）在收入大于支出的 103 户中，2000～5000 元组人数最多，占 23.3%；2000 元以下的占 31.07%，其中不足 1000 元的占 18.45%；5000 以上的占 45.63%，其中 20000 元以上的占 12.62%。总体计算，这 103 户户均收入大于支出 8531 元。（3）在支出大于收入的 24 户中，8 个组每组平均 3 户，各占 12.5%。总体计算，这 24 户户均支出大于收入 17913 元。据了解，这 24 户支出大于收入的原因主要有三：一是，经营不善，出现亏损；二是，疾病缠身，医疗费用较高；三是，家大口阔，负担过重。

四　享受社会保障情况

表 36　享受社会保障情况

单位：人，%

项目	合计	养老	医疗	生育	工伤	其他
数量	125	8	108	2	6	1
比重	100.00	6.40	86.40	1.60	4.80	0.80

表 36 的数据说明：在有效回答的 125 人中，享受医疗保险的人数比例最高，达 86.4%；享受其他社会保险的比例较低，均未超过 10%。这说明，外来人员的社会保障工作还有必要大大加强。

第四部分　经商、办企业情况

在 127 名外来人员中，在巡检经商办企业的有 24 户，占 18.9%。他们的情况如下。

一 开始经商办企业情况

表 37 哪一年开始?

单位：户，%

项目	合计	1979年前	1980～1984年	1985～1989年	1990～1992年	1993～1995年	1996～1999年	2000～2004年	2005～2008年	2009年
户数	24		1		2	5	3	7	5	1
比重	100.00		4.17		8.33	20.83	12.50	29.17	20.83	4.17

表 38 第一年的经营情况

单位：户，元

项目	合计	投入	营业额	纳税	费用	盈亏
户数	24	477500	747000	128260	250800	367940
户均		19896	31125	5344	10450	15331

表 39 盈亏分组

单位：户，元，%

项目	合计	<1000	1000～2000	2000～5000	5000～10000	10000～20000	20000～30000	30000～50000	>50000
户数	24	1	1	4	4	9	1	3	1
比重	100.00	4.17	4.17	16.67	16.67	37.50	4.17	12.50	4.17

表 37～表 39 的数据说明：（1）从开始的年度看，2000 年以后 13 人，占54.17%；1990～1999 年 10 人，占 41.67%；1990 年以前仅 1 人，占 4.17%。（2）从第一年经营情况看，24 户投入资金 477500 元，户均 19896 元；营业额 747000 元，户均 31125 元，投入资金与营业额之比为 1：1.56。纳税 128260 元，占营业额的 17.17%；费用 250800 元，占营业额的 33.57%；盈利 367940 元，占营业额的 49.26%。投入资金与盈利之比为 1：0.77，即投入 1 元盈利 0.77 元。这个盈利水平是相当高的。（3）从第一年经营结果看，户均盈利 15331 元。其中，盈利 10000～20000 元的占 37.5%，10000 元以下的占 41.67%，20000 元以上的占 20.83%。

二　2009 年经商办企业情况

2009 年，在巡检经商办企业的减少了 1 户，只剩 23 户。他们的情况如下。

表 40　2009 年的经营情况

单位：户，元

项目	合计	资产	人员	营业额	纳税	费用	盈亏
户数	23	1456000	39	2036000	125400	1417600	493000
户均		63304	1.7	88522	5452	61635	21435

表 41　盈亏分组

单位：户，%

项目	合计	<1000	1000～2000	2000～5000	5000～10000	10000～20000	20000～30000	30000～50000	>50000
户数	23	1	—	2	1	9	5	5	—
比重	100.00	4.35	—	8.70	4.35	39.13	21.74	21.74	—

表 40 和表 41 的数据说明：（1）从人员规模看，23 户有经营人员 39 名，户均 1.7 人。（2）从经营情况看，23 户投入资金户均 63304 元，是第一年的 3.18 倍；营业额户均 88522 元，是第一年的 2.84 倍；投入资金与营业额之比为 1∶1.40，比第一年下降了 0.16。纳税户均 5452 元，比第一年增加 108 元，占营业额的 6.16%，下降了 11.01 个百分点，即下降到 64.12%；费用户均 61635 元，占营业额的 69.63%，大大超过第一年的比例；盈利户均 21435 元，比第一年增加 6104 元，但占营业额的比例下降到 24.21%，即下降了 25.05 个百分点。投入资金与盈利之比为 1∶0.34，即投入 1 元盈利 0.34 元，比第一年下降 0.43 元。总体看，投入增加，纳税下降，费用提高，盈利水平下降。（3）从经营结果看，户均盈利 21435 元。其中，盈利 10000～20000 元的占 39.13%，10000 元以下的占 17.4%，20000 元以上的占 43.48%。

第五部分　看法和建议

1. “您认为巡检有哪些优势或长处？”

对于这个问题的有效回答共55项，主要涉及4个方面：（1）交通生活方便。36项，占65.45%。他们的回答主要是：交通方便，生活方便，打工方便，做生意方便，各方面都方便。（2）人际关系好。8项，占14.55%。他们的回答主要是：干部好，村民好，邻居好，社会风气好，照顾老人好。（3）房子多而且便宜。6项，占10.91%。他们的回答主要是：房子多，空房多，房子便宜，好买房。（4）赚钱条件好。5项，占9.09%。他们的回答主要是：水土好，种植业好，加工业好，好办企业，好赚钱。

2. “您认为巡检有哪些缺点或问题？”

对于这个问题的有效回答共41项，主要涉及4个方面。（1）地点偏僻、人流较少、生意难做、发展缓慢。18项，占43.9%。他们的回答主要是：交通虽方便，但地点偏僻，市场萧条，没有大企业，来往人员少，生意不好做。（2）环境很不好、脏乱差严重。11项，占26.83%。他们的回答主要是：做生意的环境差，生活环境也不好，到处是垃圾，环境脏乱差。（3）规划不合理，管理不到位。9项，占21.95%。他们的回答主要是：规划不合理，到处做房子，空闲宅基地多，土地浪费大，管理不到位。（4）物价贵、开支大、费用高。3项，占7.31%。他们的回答主要是：交通费用高，物价比较高，做生意开支大，生活也不便宜。

3. “您对巡检有何建议或希望？”

对于这个问题的有效回答共52项，主要涉及4个方面：（1）加快发展、搞活经济、繁荣市场。16项，占30.77%。他们的回答主要是：加快经济发展，市场要搞活、经济要繁荣，多创造一些就业机会。（2）改造老街道、搞好村镇基础设施建设。15项，占28.85%。他们的回答主要是：加快改造老街道，加强道路、桥梁建设。搞好村镇基础设施建设，改善村容村貌。（3）搞好发展规划、加强村镇管理。12项，占23.08%。他们的回答主要是：做好发展规划，特别是老街道的改造规划，加强建设管理、交通管理、

市场管理和卫生管理。(4) 多办实事、多解决民生问题。9项，占17.31%。他们的回答主要是：多贷款、多扶持，搞好养老保障、最低生活保障、加强退休人员管理，切实解决民生问题。

4. “您对自己的未来有何安排或打算?”

对于这个问题的有效回答共72项，主要涉及5个方面。(1) 发展经济、发展养殖业、多多赚钱。22项，占30.56%。他们的回答主要是：发展经济，搞好养殖业、养蜂业，外出打工，多多赚钱。(2) 安居乐业，做好本职工作。18项，占25%。他们的回答主要是：继续做生意，继续教书，继续做好本职工作，保持现状、安居乐业。(3) 身体健康、安度晚年。14项，占19.44%：他们的回答主要是：搞好身体，健康第一，靠儿子女儿，安度晚年。(4) 帮助孩子成家、把孙子抚养成人。14项，占19.44%。他们的回答主要是：培养孩子成人，帮助孩子上大学、成家，帮助孩子抚养孙子，希望子孙成才。(5) 改善住房条件，赚钱为儿子买房。4项，占5.56%。他们的回答主要是：改善住房条件，帮助孩子在城里买房子。

本篇数据录入：郑江帆、王　莉、胡　慧、张　冉

数据审核：郑江帆、王　莉、柳祥珍

数据统计：王　莉

撰稿人：水延凯

参考资料目录

《嬗变中的古村镇——湖北省应城市巡检村调查》在编写过程中，曾参考了当地的一些历史资料，吸取和借鉴了其中的某些文字记载或数据，特列举如下，并表示由衷的谢意！

湖北省应城市地方志编纂委员会编《应城县志》（1949～1985），中国城市出版社，1992。

政协应城市委员会文史资料委员会：《应城文史》第二十五辑（上、中、下）（2005），鄂孝内图字第30号，2005。

应城民政志编纂领导小组编《应城民政志》（1882～1985），应内图证号：EY9204，1992。

政协应城市委员会文史资料委员会编《应城文史资料》第二辑，内部资料，1988。

应城县地名领导小组编《湖北省应城县地名志》，内部资料，1981。

《应城年鉴》编纂委员会、应城市地方志办公室：《应城年鉴》（1999～2003），内部资料，2005。

应城县统计局编《应城统计年鉴》（1949～1962年），内部资料，1963。

中共应城市委党史办公室编《走近应城》，鄂省图内字第86号，1999。

应城市规划局编《巡检村土地利用规划》。

中共杨河镇委、镇政府：《村“两委”换届资料汇编》（2008年11

月）。

杨河镇政府：《巡检村新农村建设规划说明书》。

杨河镇经济管理站：《杨河统计年鉴》。

撰稿人：苏格清

后　记

《中国百村调查·巡检村》课题，从2007年11月30日提出建议，到2012年6月30日撰写完后记，前后历时1674天，大体经历了以下三个大的阶段。

一　考察选点和课题准备阶段

（2007年11月30日至2009年6月7日，前后历时555天）

2001年5月至2007年7月，中共孝感市委党校曾参与《中国百村调查》，对湖北省云梦县黄湖村进行过调查，出版了一本调查专著《古泽云梦的城边村》。但是，这个村缺乏“农”字特色，因而有人建议再调查一个村。这次，从提出建议、立项，到完成课题设计，前后历时555天。这个阶段，主要做了以下几件事。

1. 建议和决策

2007年11月30日，水延凯（中共孝感地委党校原校长、教授，《中国百县市经济社会追踪调查》总编辑委员会编委，《中国百村调查》总编辑委员会常务编委）接受中国社会科学院《中国百县市经济社会追踪调查》和《中国百村调查》总课题组关于参加12月24～28日海口会议的邀请，水延凯立即向中共孝感市委党校常务副校长李咬明通报了有关情况，并建议党校再承担一个村的调查任务。12月19日，李咬明通过电话告诉水延凯，他已与中共孝感市委副书记、党校校长李亚隆和中共应城市委书记谢思芳商谈过，同意搞一个村的调查，希望水延凯争取总课题组同意。海口会议期间，水延凯口头上向社会科学文献出版社社长、《中国百村调查》总课题组负责

人谢曙光汇报了有关情况，获得谢曙光首肯后，立即电话通报李咬明，希望他尽快安排选点工作。12 月 28 日，李咬明给水延凯短信，说应城方面已安排了三个村供考察、选择。

2. 考察和选点

2008 年 1 月 10 日，李咬明、水延凯、苏格清（中共孝感市委党校理论研究室主任、副教授）、刘洪波（中共孝感市委党校办公室副主任、讲师）等 4 人到应城安排的大普村、保丰村考察。由于大普村是个老典型，有关报道较多，村党支部书记已年过六旬，不太乐意接受调查；保丰村愿意接受调查，但是个城边村，与曾调查过的云梦县黄湖村（已出版《古泽云梦的城边村》一书）类似，因而作罢。2008 年 3 月 4 日，李咬明、水延凯、苏格清、刘洪波等 4 人，第二次到应城西头村、巡检村考察。西头村是应城新农村建设先进村，村容村貌较好，村干部也愿意接受调查，但是新典型，历史底蕴欠厚实。巡检村则具有一些特点：(1) 它是一个古村镇。巡检司设立于明洪武十三年（1380 年），至今已有 630 多年历史，饱经沧桑，能较好地反映中国中部地区农村的历史变迁。(2) 它地处农业区。湖北已出版两本村情调查《古泽云梦的城边村》和《神州第一组》，基本上没有农业、农村特色。巡检地处农业区，具有较显著的“农”字特色。(3) 它是村与镇的合一，既是一个村庄，又是一个农村集镇，在相当长一段时期内还是一个基层行政中心，具有较为丰富的内容。(4) 它有两个行业协会。巡检养猪协会和巡检糯米协会，均已初具规模，对巡检及其周围村庄发挥了较强的辐射、带动作用。(5) 村党支部书记肖建祥比较能干、练达，愿意接受调查。因此，最后选中了巡检村。

3. 申请和立项

选点结束后，我们立即开展课题论证工作，起草了《湖北省应城市巡检村调研工作方案》，并按照规定填写课题申请书，呈报总课题组。2008 年 4 月 7 日，中共孝感市委党校收到总课题组回复，其内容如下。

中共湖北省孝感市委党校：李咬明申报的《湖北省应城市巡检村调查》，已被批准为国家社会科学基金重点课题《中国百村经济社会调查》（批准号为 98ASH001 号）的子课题，课题承担单位是中共湖北省孝感市委党校。由于课题已进入结尾阶段，总课题组的课题经费已经用完，无力资助子课题。

贵（校）院作为子课题承担单位，望在工作上、经费上给予大力支持。特此函告。

《中国百村调查》总课题组（中国社会科学院社会学所科研处代章）
2008 年 3 月 17 日

此后，中共应城市委、市政府也接到相同内容的公函。这就意味着，《中国百村调查 · 巡检村》的申请、立项工作已经完成。

4. 实地考察和课题设计

2008 年 10 月 9 ~ 10 日，水延凯、苏格清、李圣桥（中共孝感市委党校教务科长、副教授）、熊主武（中共孝感市委党校经济学教研室副主任、副教授）再次到巡检村进行实地调查。这次调查，夜宿巡检，历时两天，先后参访了全村的主要街道、建筑、设施、农户和企业，重点参观了养猪场和养猪协会，粮食加工厂和糯米协会，中学、小学和卫生院，以及老街和新街；还邀请七位老农座谈，了解巡检村的历史和现状。通过这次实地参访和座谈，课题组初步掌握了巡检村的基本情况和主要特色，为课题设计打下了良好基础。在选点和实地考察过程中，中共应城市委党校常务副校长何喜元曾多次参与，做了大量工作。

2008 年 10 月 13 日，水延凯赴美国探亲。但是，课题设计照常进行。到 10 月 25 日，已基本完成课题设计，通过电子邮件发回《调查工作方案》《调查提纲》《调查问卷》《调查员手册》和《撰稿技术规范》等五种文件。

由于种种原因，从 2008 年 10 月 26 日至 2009 年 6 月 7 日，课题停顿了 224 天。

二　重新启动和实地调查阶段

（2009 年 6 月 8 日至 2011 年 2 月 2 日，前后历时 605 天）

2009 年 4 月 8 日，水延凯返回孝感。4 月 10 日，水延凯与李咬明商谈重启巡检调查问题，并提出了具体建议。4 月 16 日，总课题组来信询问巡检调查进展情况。李咬明明确表示，课题一定要搞，待培训班结束后立即启动。6 月 8 日，中共孝感市委党校召开校委会议，安排重新启动巡检调查有关事宜。这个阶段，主要做了以下几件事。

1. 再次实地考察，安排重启工作

2009年6月11日，李咬明、水延凯、苏格清、何喜元、李圣桥、熊主武等赴巡检村和杨河镇考察，商定重启调查事宜。根据实地考察与商讨意见，水延凯修改了调查工作方案。6月29日，召开《巡检调查》课题组会议，安排各章节、各专题调查工作，并根据巡检实际状况，提出了调研工作的重点问题：（1）经济结构问题；（2）国土利用问题；（3）劳动力问题；（4）社会阶层和生活质量问题；（5）村镇建设问题；（6）行业协会问题。

2. 国土测量和户口登记

2009年7月7日，水延凯、苏格清、何喜元、何文（中共孝感市委党校副教授）、熊主武、朱华臣（中共应城市委党校副校长）等，与应城市规划局负责人廖洪波、彭伍发研究、部署国土测量工作。7月17至8月17日，孝感学院城建学院组建11人测量小组，携带全站仪等仪器到巡检实地测量，并做数据处理、平面图绘制等工作，到8月20日完成，共83个工作日。几乎与此同时，朱华臣、鲁礼信（中共应城市委党校教师）、蔡俊雄（中共应城市委党校教师）等先后三到巡检村，采取入户登记，分类汇总、划分区域，逐户核实、统一编号等方法，按照村民居住情况，从南到北分为5片、12个居住区，逐户开展户口登记工作。这项工作，由朱华臣负责，从2009年7月25日开始，到8月26日完成，前后历时33天。

3. 培训调查人员，开展入户调查

2009年8月下旬，培训调查人员40多人。集训前，安排调查人员学习调查问卷和《调查员手册》；集训期间，李咬明做了《举两校之力，全力做好巡检课题调研工作》的讲话；水延凯讲解了调查问卷内容和调查方法，并当场解答了参训人员提出的各种问题。

2009年11月下旬，课题组组织14名调查人员到巡检村进行试调查。中共孝感市委党校副校长袁胜华受李咬明委托，主持试调查工作；苏格清对试调查工作做了具体安排。这次试调查，锻炼了调查队伍，发现了许多具体问题。事后，水延凯根据试调查中发现的问题，对《村民家庭调查问卷》做了较大修改。

进村入户调查，是问卷调查成败的关键环节。课题组选择在2010年元月中旬（即阴历腊月上旬）开展入户调查，其主要原因：一是，这时2009

年的经济社会活动已结束，其结果已基本显现，农村进入了农闲时期；二是，外出人员已大部分回家，有利于提高调查成功率，减少无回答或无效回答现象。为了搞好入户调查，课题组做了精心安排。第一，加强领导，明确分工。由中共孝感市委党校主管教学科研的副校长、编写组副主编王顺利带队，负责调查现场的指挥、督导工作，并对问卷调查、审核、录入、后勤等工作做了明确分工。第二，调查文件，人手一册，事先编写的《调查员手册》《问卷调查资料》，提前发给每位调查人员，以便在入户调查过程中，遇到问题随时翻阅。第三，召开会议，明确责任。在入户调查动员会上，李咬明强调精诚团结，相互配合，严肃认真，刻苦努力，确保圆满完成问卷调查任务；苏格清就问卷调查的技术要点和任务分配，做了具体说明和安排。

2010 年 1 月 18 ~23 日，课题组组织 27 位调查人员（包括中共孝南区委党校支援的两位工作人员）进入巡检村做入户问卷调查。当时，正值寒冬腊月，冰雪交加，气温极低，但是，调查人员不畏严寒，克服各种困难，经过五天努力，终于完成了调查问卷 693 份。其中，《村民家庭调查问卷》352 份，《外出人员调查问卷》213 份，《外来人员调查问卷》128 份。在调查过程中，中共应城市委党校在食宿行和人员等方面，给予了大力配合和支持。

据统计，从开始填答问卷到填答结束的时间（不包括与受访者见面、互相介绍、说明来意的时间和调查结束后与受访者攀谈的时间），完成 693 份问卷共花费时间 31731 分钟，平均每份问卷花费时间 46 分钟，其中，《村民家庭调查问卷》平均 59 分钟，《外出人员调查问卷》平均 31 分钟，《外来人员调查问卷》平均 34 分钟。调查结束后，课题组立即组织人员对回收的调查问卷进行初审。中共应城市委党校理论研究室主任、高级讲师对《外出人员调查问卷》《外来人员调查问卷》进行了认真审阅。初审意见表明，这次调查的可信程度比较高，其中“完全可信”205 份，占 29.58%；“基本可信”480 份，占 69.26%；“基本不可信”和“不可信”8 份，占 1.15%。

4. 审核调查问卷，录入问卷数据

为了做好问卷审核和数据录入工作，课题组组建了由郑江帆（中共孝感市委党校办公室副主任）、王莉（中共孝感市委党校教务科副科长）、张冉（中共孝感市委党校图书馆副馆长）、胡慧（中共孝感市委党校办公室档案

员）组成的数据处理小组，水延凯起草了问卷《审核要点》《评估问题》《后编码方法》《野值和极值的处理》等文件，指导问卷审核工作，开展了持续、认真、细致的问卷审核和数据录入工作。2010 年 9 月 8 日，水延凯从美国返回孝感。从 9 月 20 日起，开始对问卷录入数据进行全面审核。据统计，共审核问卷 685 份（“基本不可信”和“不可信”的 8 份问卷没有进入录入程序），指标总数 173731 个，审查出问题 4001 处，占 2. 30%。其中：《村民家庭调查问卷》349 份 × 每份问卷指标 333 个，指标总数 116217 个，审查出问题 2561 处，占 2. 20%；《外出人员调查问卷》209 份 × 每份问卷指标 181 个，指标总数 37829 个，审查出问题 858 处，占 2. 27%；《外来人员调查问卷》127 份 × 每份问卷指标 155 个，指标总数 19685 个，审查出问题 582 处，占 2. 96%。通过审核，纠正了有关错误、处理了有关问题后，才开始进行统计分析。

5. 进行统计分析，撰写调查报告

对于《村民家庭调查问卷》《外出人员调查问卷》和《外来人员调查问卷》，主要做了三方面统计分析：一是，总计值、平均值、最大值、最小值等统计分析；二是，人均收入最高的 20% 户（或人）和最低的 20% 户（或人）的对比统计分析；三是，人均纯收入与影响收入因素的交互统计分析。然后，根据统计分析结果，分别撰写出《村民家庭问卷调查报告》《外出人员问卷调查报告》和《外来人员问卷调查报告》（这三篇问卷调查报告的篇幅，合计为 90960 字），连同《“村民家庭调查问卷”349 户统计数据》《年人均纯收入最高 69 户统计数据》《年人均纯收入最低 69 户统计数据》和《“村民家庭调查问卷”交互分类表》；《“外出人员调查问卷”209 户统计数据》《年人均纯收入最高 42 户统计数据》《年人均纯收入最低 42 户统计数据》和《“外出人员调查问卷”交互分类表》；《“外来人员调查问卷”127 户统计数据》《年人均纯收入最高 25 户统计数据》《年人均纯收入最低 25 户统计数据》和《“外来人员调查问卷”交互分类表》，全部打印成册，分发给各位撰稿人，供他们研究、使用。

应该说明，这个阶段的课题进展，曾遭遇过一次意外波折。原来，课题组选点时是村支部书记、村委会主任肖建祥接待的。肖建祥从 1991 年 10 月至 2009 年 4 月担任支部书记长达 18 年，对村情了如指掌，而且他注重学

习，擅长谋划，善于抓机遇、借外力，因而对我们的课题比较支持，曾提供过许多情况和资料。但是，由于肖建祥5月14日发生了职务变动，由原村党支部委员、村委会副主任陈金清出任党支部书记，原村党支部委员、妇联主任邹玉芳出任村委会主任。新支部书记陈金清由于对《中国百村调查·巡检村》课题不太了解，开始对调查之事大有“新官不理旧事”之意。后经李咬明与中共杨河镇委书记和副书记协调，经过耐心说服教育，新党支部很快改变了态度，对课题组的调查工作，给予了积极支持和有力配合。

三 调研、撰写和统稿、定稿阶段

（2011年2月3日至2012年6月30日，前后历时514天）

《村民家庭问卷调查报告》《外出人员问卷调查报告》和《外来人员问卷调查报告》及其统计数据的下发，特别是2011年4月13日和17日，课题组先后在中共孝感市委党校和中共应城市委党校召开了两次研讨会，统一了思想，解除了疑惑，明确了任务，创造了条件，从而对调研和撰稿工作起了很大促进作用。这个阶段，主要做了以下几件事。

1. 请进来介绍情况，走出去搜集资料

2011年5月7日，乘中共杨河镇委副书记罗海平在中共孝感市委党校乡镇领导干部培训班学习的机会，邀请他向课题组成员详细介绍巡检村的历史、现状和特点，并在课题组的QQ群上发表了他的讲话材料。同时，课题组成员纷纷到应城市各部门、杨河镇各单位搜集有关巡检村的资料，例如，应城县地名领导小组编著的《湖北省应城县地名志》；应城市统计局编制的《应城统计年鉴》；湖北省应城市地方志编纂委员会编纂、中国城市出版社出版的《应城县志（1949~1985）》；应城市规划局编制的《巡检村土地利用规划》；中共杨河镇委和镇政府编制的《村“两委”换届资料汇编》（2008年11月）；杨河镇政府编制的《巡检村新农村建设规划说明书》；杨河镇经济管理站编制的《杨河统计年鉴》；应城市政协文史资料委员会编辑的《应城文史》《应城文史资料》；应城市民政志编纂领导小组编辑的《应城民政志》（1882~1985）；《应城年鉴》编纂委员会编纂的《应城年鉴（1999~2003）》，等等。

2. 进村入户搞调查，深入研究撰书稿

实践证明，进村入户调查和访问，是搞村情调研的又一关键。为了按质按量按期完成调查和撰稿任务，李咬明明确承诺，要钱给钱，要人给人，要时间给时间，从而为深入调研创造了必要条件。在这种有利条件鼓舞下，中共孝感市委党校的苏格清、何文（女）、熊主武、李圣桥、水延凯，以及该校教研人员鲁以雄、金亚慧（女）、程万波、方显峰、詹檐鹏等，都曾多次深入到巡检村做实地调查，其中何文副教授实地考察、访问次数较多，获得了较丰富的调查资料和较深切的亲身感受。中共应城市委党校副校长吴天元和该校教研人员曾晓娥（女）、王慧雄、鲁礼信、彭学军等，则乘地利之便，常去巡检做调查。由于有实地调查做基础，因而调查文稿源源而来。从 2011 年 2 月 22 日至 2012 年 5 月 16 日，共收到总调查报告文稿 9 篇，专题调查报告 8 篇，问卷调查报告 3 篇，合计 20 篇，总篇幅 438238 字。

3. 实事求是统稿，严格规范定稿

为了争取在 2012 年 10 月中共孝感市委党校成立 60 周年校庆前出书，从 2012 年 2 月 21 日到 2012 年 5 月 16 日，按照巡检村实际情况，完成了总调查报告和专题调查报告的统稿工作，其中：总调查报告由原来 9 章合并为 7 章，原文为 265840 字，统稿后为 126080 字，压缩了 139760 字，即压缩了 52.57%；专题调查报告 8 篇，原文为 81438 字，统稿后为 53880 字，压缩了 27558 字，即压缩了 33.84%，合计原文 17 篇合并为 15 篇，原文为 347278 字，统稿后为 179960 字，压缩了 167318 字，即压缩了 48.18%。接着，从 2012 年 5 月 17 日到 2012 年 6 月 20 日，按照出版社规范要求，完成了总调查报告、专题调查报告和问卷调查报告的定稿工作，其中总调查报告由 126080 字，压缩为 121560 字，压缩了 4520 字，即压缩了 3.59%；专题调查报告由 53880 字，扩充为 58080 字，扩充了 4200 字，即扩充了 7.80%；问卷调查报告由 90960 字，压缩为 82080 字，压缩了 8880 字，即压缩了 9.76%，合计由 270920 字，压缩为 261720 字，压缩了 9200 字，即压缩了 3.40%。此外，添加了研究论文，15000 字；后记 6880 字，总篇幅为 283600 字。

本书撰稿人：

《序》：潘启胜

农民工的历史、现状和未来：李咬明、王顺利、水延凯

第一篇　总调查报告

第一章　概述

第一节至第三节：苏格清；第四节：程万波

第二章　经济制度和经济结构

第一节：袁学清；第二节至第四节：李圣桥；第五节：袁学清

第三章　村级组织和村务管理

第一节至第四节：鲁以雄；第五节：苏格清

第四章　文化、教育和卫生

第一节：方显峰；第二节：吴天元；第三节：鲁楚清

第五章　社会建设和社会治安

第一节至第三节：何　文；第四节：詹檐鹏

第六章　婚姻、家庭和生育

第一节：金亚慧；第二节：周　乾；第三节：曾晓娥

第七章　基础设施和居民住宅

第一节至第三节：熊主武

第二篇　专题调查报告

认真搞好人口和土地调查：水延凯

村民收入影响因素分析：王　莉

糯稻之乡的新探索——巡检糯米协会调查：方显峰

协会 + 基地 + 农户的养猪模式——巡检养猪协会调查：方显峰

发展中前进 变革中壮大——巡检村运输业调查：苏格清

宝贵的资源 可怕的浪费——巡检村土地浪费调查：何　文

九年一贯制的巡检学校：吴天元

巡检的社区精英：王慧雄　苏格清　鲁礼信　彭学军　程万波　何　文

第三篇　问卷调查报告：水延凯

参考资料目录：苏格清

后记：李咬明、水延凯、苏格清

在《中国百村调查 · 巡检村》课题即将完成之际，我们要对《中国百村调查》总课题组的立项和指导，中共应城市委、市政府的支持和帮助，中

共应城市委党校、中共杨河镇委、镇政府、应城市规划局、中共孝南区委党校等有关方面的协调和配合，巡检村党支部、村委会和全村村民的理解和参与，社会科学文献出版社的编辑和出版，中共孝感市委党校全体参与人员的共同努力，表示衷心的感谢，诚挚的谢意！

李咬明、水延凯、苏格清

2012年6月30日于孝感

图书在版编目(CIP)数据

嬗变中的古村镇：湖北省应城市巡检村调查/李咬明，水延凯主编.
—北京：社会科学文献出版社，2012.10
（中国百村调查丛书）
ISBN 978-7-5097-3775-0

Ⅰ.①嬗… Ⅱ.①李… ②水… Ⅲ.①乡村-社会调查-调查报告-应城市 Ⅳ.①D668

中国版本图书馆CIP数据核字（2012）第218387号

中国百村调查丛书·巡检村
嬗变中的古村镇
——湖北省应城市巡检村调查

主　　编／李咬明　水延凯

出 版 人／谢寿光
出 版 者／社会科学文献出版社
地　　址／北京市西城区北三环中路甲29号院3号楼华龙大厦
邮政编码／100029

责任部门／皮书出版中心（010）59367127　　责任编辑／王　颉
电子信箱／pishubu@ssap.cn　　责任校对／谢　华
项目统筹／邓泳红　　责任印制／岳　阳
经　　销／社会科学文献出版社市场营销中心（010）59367081　59367089
读者服务／读者服务中心（010）59367028

印　　装／北京季峰印刷有限公司
开　　本／787mm×1092mm　1/16　　印　　张／23.75
版　　次／2012年10月第1版　　彩插印张／0.25
印　　次／2012年10月第1次印刷　　字　　数／371千字
书　　号／ISBN 978-7-5097-3775-0
定　　价／69.00元